東郷茂徳

伝記と解説

萩原延壽

原書房

この本は、一九八五年東郷茂徳記念会編、原書房刊の「外相東郷茂徳」の第二分冊を新装復刊し、普及版としたものである。

目次

■解説　巣鴨獄中の東郷茂徳

伝記　東郷茂徳

――その前半生――

唯一つ妥協したるがくやしくも
　其後のまがつみ凡《すべ》てはこれに
（昭和二十四年一月十四日、
東京巣鴨拘置所にて）

序章　戦いの記録

――『時代の一面』――

東郷茂徳は独得の癖のある字を書く。やや右肩上りの、肘をつよく張ったかたちをしていて、いかにも癇のつよそうな、容易なことでは自分を取り下げそうもない気性の一端が、そこにもすでに見てとれる。あのひとは我がつよいという、その我がどの点画にもにらみを利かせているような字体である。

昭和二十五年（一九五〇）一月五日、東郷は鉛筆をにぎり、そうした文字に托して、「最後の戦い」を開始した。回想録『時代の一面』の執筆である。このとき東郷は「A級戦犯」のひとりとして、東京裁判（極東国際軍事裁判）の下した禁錮二十年の判決を受け、東京巣鴨の拘置所で服役中の身であった。(1)

まず東郷は、「予は茲《ここ》に予の公的生涯を通ずる期間、即ち恰《あたか》も第一世界戦争勃発の頃より第二世界戦争終末に渉《わた》る間に於て、予が直接見聞せる所並びに関与した事件に就《つい》て卒直なる叙述を為《な》さんとするのである」と述べ、つづいて「本書の目的は予の自伝にあらず、又自分の行動を辯解せんとするのでもなければ、日本政府のとった政策を辯解せんとするのでもなく」と、その立場をあきらかにし、「自分が見た時代の動きを記述するを本旨とし、自己が見聞し且つ活動せる所に就き、外交史的」と書いたところで、この「外交史的」を「文明史的」とあらため、「主として文明史的考察を行はんとするのである」とことばをすすめた。(2)

それから本題に移り、最初の在外勤務である大正初年の奉天総領事館から叙述をおこし、昭和十六年（一九四一）六月の独ソ戦争勃発の報をきくところまで、字数にして約十二万字を大学ノート二冊の両面にぎっしり埋めて、第一部の稿をおえた。起稿後三週間の一月二十七日のことである。

つづいて二月九日、自らも外相として政策決定にふかく関与した日米開戦にいたる経緯に主題を移し、今度は厚手の罫紙五十一葉の両面に約十二万字をつらねて、これを第二部とした。稿をおえたのは、やはり三週間後の二月二十八日である。(3)

三月一日、東郷はただちに第三部にすすみ、開戦直後の戦時外交から説きおこし、翌昭和十七年（一九四二）九月の外相辞任、昭和二十年（一九四五）四月の外相復帰、そして、終戦工作に従事して八月十五日を迎えるところまで、第二部とおなじ罫紙三十六葉の両面を使い、これに約七万字をあてて、二週間後の三月十四日に擱筆した。

「（八月）十七日午後、東久邇宮内閣が成立したので、翌十八日午前、外務省及び大東亜省で重光（葵）新任大臣と事務引継ぎを為《な》した上、両省省員に対し戦争終末の経緯を説明すると共に、両省省員の覚悟に付き希望を述べた」というのが、その最後のくだりである。

この日の日記は簡潔にこうしるしている。

「三月十四日　『時代の一面』、終戦迄一応完了。今ノ処二百五十頁ナルベシ。一月五日着手。」

総計約三十一万字、厳冬の季節に耐え、衰弱した肉体を懸命に支えながら、東郷は約二カ月で『時代の一面』を書き切った。

この年の冬はとくに寒波の襲来がはげしく、それが隙間風となって拘置所の独房内にしのび込み、東郷は何度か風邪に倒されたが、看護の手は十分でなく、このころの東郷の日記によると、「三月十九日　昨日以来二日ニ渉《わた》リ衛生兵来ラズ。従テ投薬モナシ」、「三月二十日　衛生兵来ラズ。ココノ『ヂシプリン』（規律）ノナイコト驚クニ堪ヘタリ」、「三月二十一日　衛生軍曹漸ク風邪ノ薬ヲ持参ス」、「三月二十二日　衛生曹長来リ、sick call（患者の有無の確認）ハ常々来リシコトヲ強調ス。論議約一時間」というような状態がくりかえされていた。

いや、そもそも「A級戦犯」に指定され、約四年前の昭和二十一年（一九四六）四月に巣鴨の門をくぐったとき、東郷はすでに狭心症の持病をかかえる不安な健康の持ち主であった。狭心症は終戦工作の激務と心労の後遺症である。

その後これに余病を併発し、東郷は何度も拘置所からアメリカ陸軍病院に移されていたが、『時代の一面』の執筆を開始する約一カ月前にも、黄疸《おうだん》の悪化により、二カ月の入院生活を余儀なくされている。もちろん、一応病状がおさまり次第、そのつど東郷は拘置所にもどされたが、狭心症をふくめて、病状は完治からほど遠い状態にあった。

かくして『時代の一面』の執筆は、なによりもまず病魔との戦いであった。第一部の稿をおえた翌日の一月二十八日、東郷はつぎの三首の歌を詠んでいるが、死の想念は東郷の身辺にふかくたちこめていた。

君の為め世の為めの業《こと》は成し遂げぬ今は死してもさらに惜まじ
死を賭して三つ仕遂げし仕事あり我も死してよきかと思ふ
むらむらと望郷の念湧く日なり天の白雲見ればかなしも

まもなく、何度目かの不吉な徴候がおそってきた。東郷はいそがねばならなかった。

「二月五日　早朝胆嚢カ胆石ノ痛ミ三十分余続ク。尚朝食后心臓ノ圧迫アリ」

太平洋戦争開始の決定をあつかう第二部の執筆がはじめられたのは、この四日後の二月九日である。

「二月十七日　昨夜頭痛激シ。左眼又病ム。午后一時半、軍医ニ、十日前胆嚢ニ痛ミアリ、且心臓部圧迫アリ、昨夜又頭痛、其他ソコヒカ脳溢血ノ徴兆カト覚シキコトヲ話セリ」

しかし、東郷は執筆を中断することなく、二月二十八日に第二部をすませ、ただちに第三部に取り組み、これも三月十四日に脱稿して、病魔の追撃を振り切った。

もちろん、約三十一万字を約二カ月で書き切った背後には、それなりの準備があった。大学ノート二冊と厚手の罫紙八十七葉にしるされた『時代の一面』の草稿を見ると、訂正や加筆の跡があまりにすくないことにおどろかされる。

準備は昭和二十年（一九四五）八月十八日に外務省を去った直後からはじめられたといってよい。まず、終戦時に携行していた手帖に書きとめたメモにもとづき、「終戦に際して」と題する手記が九月末ごろまでに作成された。『時代の一面』の第三部は、この「終戦に際して」を拡大し、補充したものである。[4]

つづいて、東京裁判の審理の過程で、東郷はいやおうなしに昭和六年（一九三一）の満州事変前後にはじまる、破局への突入の十数年の経過について、いっそう認識をふかめたであろうし、とりわけ東郷自身が用意した長文の口供書や、開戦の責任をめぐる検察側との応酬は、『時代の一面』の第二部の叙述に直接つながるものであった。東京裁判そのものが、第二の準備期間であったといってよい。

やがて昭和二十三年（一九四八）十一月、裁判は判決の日を迎え、東郷に禁錮二十年の刑が言い渡された。この判決の特徴を要約すると、開戦時に外相であったことの「形式的責任」を問われ、終戦時に外相として和平工作に精根を傾けたことは考慮されなかった、ということになるであろうが、このときの無念の思いこそ、東郷に回想録の筆を執らせた動機のひとつ、いや、もっとも大きな動機ではなかったかと想像される。[5]

此人等国を指導せしかと思ふ時型の小（さ）きに驚き果てぬ
此人等妥協を旨と心得て風を避けつつ濤《なみ》に押されつ
此人等信念もなく理想なし唯熱に附するの徒輩なるのみ
十年余り火水の中を渡り来ぬ妥協の港に憩《やす》らいもせで

唯一つ妥協したるがくやしくも其後のまがつみ凡《すべ》てはこれにある。

「此人等」とは、他の二十余名の「A級戦犯」を指すものであり、どの歌も判決の約二カ月後に詠まれたものである。

判決後約六カ月の昭和二十四年（一九四九）五月に入ると、東郷はいよいよ回想録のための本格的なノートの作成に着手した。その六カ月のあいだにも、東郷は狭心症のために、一カ月の入院生活をおくっている。回想録の最初の題名は「時代と外交」であったらしい。


「五月五日　『時代と外交』ノ『メモ』ヲ開始ス」

「六月十日　胸部ニ圧迫アリ。狭心症的徴候ヲ見ル」

「六月十一日　回顧録起草開始。太平洋戦争ヨリ着手。七月ニ入リ材料再検討」

「六月二十五日　『メモアール』ハ準備中。『時代と外交』トスベキカ」

「六月二十七日　『メモアール』準備」

「八月八日　目下裁判記録ヲ読ム。最上ノ避暑法。Fighting spirit as two years ago（闘志は二年前と変りなし）」

「九月十二日　其内第一次世界戦争ヨリ第二次ニカケ、自分ノ仕事及感想等ヲ書キタイノデ、目下記憶ヲ辿リテ整理シツツアリ」

「十月一日　先々月来請求セル軍事裁判所判決速記録〔外務省連絡局〕差入レアリタリ」

この記述の直後から、東郷は前にふれた黄疸症状の悪化のために、二カ月の入院生活を余儀なくされ、『時代の一面』の執筆開始は年を越し、昭和二十五年一月五日に持ち越された。

敗戦直後の「終戦に際して」に端を発し、東京裁判の過程を通して積み上げられ、約六カ月の準備作業によってふるいをかけられた知識と思考の集積は、すでに東郷のかたわらにあった。だが、そこにあの無念の思いという焔が点火され、正しさの確信という執着が加わらなければ、寒気をしりぞけ、病魔に抗しながら、約二カ月という短時日のあいだに、堅固な備えをめぐらした約三十一万字の精緻な文章を構築する筆力は生まれない。それは東郷の「最後の戦い」と呼ぶほかはない、壮烈な努力であった。

「最後の戦い」をすませ、『時代の一面』の第三部の稿をおえた日の翌日、東郷は「今一つ仕遂げたきことなり出でぬ　我が世の欲の重なるものか」と詠んでいるが、第一部を書きおえた直後の一月下旬、まだ死の想念が眼前を去来していたころにくらべれば、東郷のこころはなごんでいた。「今一つ仕遂げたきこと」とは、いうまでもなく、出獄である。しかし、それから四カ月後の七月二十三日は、東郷の死の日付である。

東郷の最後の入院生活は、五月十七日にはじまった。その日は朝から悪寒がはげしく、医師の診断をうけると、三十九度五分の高熱とわかり、黄疸という病名が告げられて、ただちに入院が決まった。はこばれた先は、アメリカ陸軍第三六一病院（本所同愛記念病院）である。

その後しばらく病状は一進一退をつづけたが、七月に入ると、回復のきざしが見えはじめ、東郷自身も、その家族も、退院の近いことを信じるようになっていた。六月二十五日に勃発した朝鮮戦争のため、騒然たるけはいが日本の周辺を覆い出したころである。

東郷の病床には、たえず『時代の一面』の草稿がおかれていたようであるが、まず七月七日、令嬢いせに、その第一部が渡され、つづいて七月十八日、夫人エヂ（Edi。Editha の愛称）にともなわれて東郷を見舞った甥の東郷茂樹（十歳年少の東郷の弟茂弘の子息）に、その第二部が托された。第三部は最後まで東郷の手もとにのこされていたのであろうか。

令嬢いせとはこの七月七日が、夫人エヂとは七月十八日が、それぞれ最後の別れになったが、『時代の一面』の草稿がいせと茂樹にあずけられたとき、どちらの側にも最後という予感はなく、ただ読んで感想をきかせてくれというのが、東郷の頼みであったようである。

七月二十一日には夫人と令嬢からの来信を要約し、それを丹念に日記に書きとめる余力があったが、東郷の日記はこの日でおわった。

翌二十二日の夜、容態が急変し、東郷は第三六一病院からアメリカ陸軍ジェネラル・ホスピタル（聖路加病院）に移された。そして、二十三日の未明、だれに看取られることもなく、東郷はその生涯をおえた。満六十七年七カ月であった。

第一章　外務省入省まで

——苗代川・生立ち・上京——

一　苗代川

鹿児島の西北約二十キロ（約五里）、伊集院、市来、串木野とつづく旧街道筋に沿って、伊集院と市来のほぼ中間のあたりの小高いところに、通称苗代川と呼ばれる村落（現在日置郡東市来町美山《みやま》）がある。この村の落着いたたたずまいと、そこにただよう気品にみちた風情とは、この村の特異な歴史と、その中で生きてきたひとびとの深く秘められた感情をしずかにうつし出している。(1)

村の中央を走る旧街道から横に折れると、繁茂する孟宗竹の林の下を、砕かれた陶片が随所で露頭している小路がつづき、それを踏んで空が大きくひらける村の背後の高地へ出ると、島平《しまびら》（串木野）、江口川、神之川（市来）とつづく吹上浜の砂丘を越えて、はるかに東シナ海の波濤が望まれる。

江戸中期の天明三年（一七八三）、薩摩をおとずれた京都の医師橘南谿《たちばななんけい》が、「薩州鹿児島城下より七里西の方ノシロコという所は、一郷皆高麗人《こうらいじん》なり。往昔、太閤秀吉、朝鮮国御征伐の時、此国（薩摩）の先君、彼国の一郷の男女老若とりことなして帰り給い、薩州にて彼朝鮮のものどもに一郷の土地を賜い、永く此国に住せしめ給う。今に至り、其子孫打つづき、朝鮮の風俗の儘《まま》にして、衣服、言語も皆朝鮮人にて、日を追うて繁茂し、数百家となれり。」と書いているのは、この村のことである。ここを訪ねた南谿は、庄屋をつとめるひとの家で厚いもてなしをうけたが、そのときの問答の模様を書きとめている。

「『さて日本へ渡り給いてより何代になり給うにや』と問えば、『既に五代に成れり。此村中にも、長寿にて続きたりしは四代なるもあり。又はやく替れる家は八代にも及べるあり』という。『然らば朝鮮は古郷《ふるさと》ながらにも数代を経給えば、彼地の事は思いも出だし給うまじ』といえば、『故郷忘《ぼう》じがたしとは誰《たれ》人のいい置ける事にや、只今にてはもはや二百年にも近く、此国（薩摩）の厚恩を蒙り、詞《ことば》までもいつしか習いて、此国の人にことならず、衣類と髪とのみ朝鮮の風俗にて、外には彼地の風儀も残り申さず、絶えて消息も承らざる事に従えば、打忘るべきことに候えども、只何となく折節《おりふし》に付けては故郷床《ゆか》しきように思い出で候いて、今にても帰国の事ゆるし給うほどならば、厚恩を忘れたるには非ず候えども、帰国致し度《たき》心地候』といえるにぞ、余も哀《あわ》れとぞおもいし。」

南谿の記述はつづく。

「翌日、案内のもの来たりて、高麗焼の細工場、並びに竈《かまど》を見物す。仰山《ぎょうざん》なる事どもなり。此村半分は皆焼物師なり。朝鮮より伝え来りし法を以て焼く故に、白焼などは実に高麗渡りのごとくにて、誠に見事なり。日本にて焼たるものとは見えず。夫故《それゆえ》に上品の焼物は大守（藩主）よりの御用のものばかりにて、売買を厳敷《きびしく》禁ぜられる。これによりて平人の手に入る事なく、他国にてもてはやせることを見ず。予も案内者に頼みて求めけれども、白焼は得る事あたわず。ようよう黒焼の中の上品の小猪口《ちょく》を得たり。これも予が遠国もの故にて、内密にて得させたる也。携え帰りて今に秘蔵す。」

「都《すべ》て此ノシロコの風俗、皆惣髪《そうはつ》にて、額《ひたい》の上に集めてゆいたり。京の女の櫛巻などいう髪のごとし。礼儀の時は頭《かしら》にまんきん（幔巾）というものをいただく。馬の尾にて網のごとく組みて、底なく、耳の上に錫《すず》或は真鍮にて木の葉の形の金物を左右に付け、巾《きん》は額より後の方へ廻し当《あ》たるもの也。高き巾有り、低き巾あり。高きは高幔巾《まんきん》という、上官也。衣服は茶色の絹にて袖広く法衣のごとく。上《か》み裾分かれたり。先ず裳《も》を着て、又衣を着す。上には桃色の細き丸き帯を結ぶ。下着は日本流の服なり。身幅袖はばとも広く、帯は多く前結《まえむすび》なり。女の髪は礼儀の時は髻《もとどり》を二つに分けて、平生はくし巻のごとくなり。」

「斯《かく》のごとくの風俗にて、馬を追い耕すを見るに、実に此身唐土に有る心地して、更に日本の地とは思わず。斯《かく》無年貢の地を与えて此風俗を立置かるる事、薩摩の広きを知るべし。薩摩の朝鮮通詞は此村の人つとむ。当村にて平生は大方和語に馴れたりといえども、又よく朝鮮の言葉を用ゆるものありて、通事役をつとむる也。都て薩摩は異国の船毎度漂着する故、諸異国の通詞役人あり。此村の人の朝鮮通詞を勤むるは尤《もっと》もの事なり。(2)」

ここで述べられているように、苗代川の来歴は、秀吉が朝鮮に侵攻した文禄・慶長の役（「壬辰・丁酉倭乱」）にさかのぼり、そのさいこれに従軍した薩摩の島津義弘が朝鮮から虜囚として連れかえったひとびとが、この村の始祖である。

古記録には、「慶長三年（一五九八）戊戌冬被召渡朝鮮人、串木野の内嶋平、市来の内神之川、鹿児島の内前之浜、三所に着船仕候」とあり、総計七十余人、二十一姓となっているが、そのうち、島平に上陸した者の数がもっとも多く、男女四十三人、その姓は、安、鄭、李、張、卞《べん》、朴、黄、林、車、朱、盧、羅、何、陳、崔、丁、燕の十七であったという。(3)

文禄・慶長の役は別名「焼物戦争」と呼ばれるほど、これに従軍した諸将は、独自のすぐれた文化をもつ朝鮮から、多くの陶工を日本に連れかえったが、島津義弘も例外ではなかった。島津の場合が例外であったのは、つぎの点である。すなわち、この戦役のさいに虜囚として日本の土をふみ、各地に散っていった二万とも三万ともいわれる朝鮮のひとびと（その中に陶工もまじっていた）のうち、のちに朝鮮から「刷還使節」の到来があり、その結果帰国していった七千五百余人をのぞくと、そのすべてが、やがて朝鮮の氏姓を捨て、日本に同化していったのにたいして、薩摩の苗代川（および、そこから分岐した鹿屋の笠野原と萩塚）に居住したひとびとだけが、母国の氏姓と風俗を保持したまま、二百七十余年にわたって集団生活をつづけ、明治にいたっていることである。(4)

これは、薩摩を支配する島津家の格別の保護と配慮がはたらいたためであるが、串木野の島平に上陸した直後の五年ほどは、国内の戦乱がまだおさまっていなかったためでもあろう、ただ遺棄されたというにひとしく、言語不通の地に取り残された四十三人の朝鮮のひとびとの生活は、じつに悲惨をきわめたようである。たとえば、古記録に、「木之下などにたより哀敷躰《かなしきてい》にて罷居《まかりおり》候処、其辺の百姓共見当て、追追食物を喰せ申候由」とある。

やがてかれらが苗代川に移されたのは、およそ慶長八年（一六〇三）、つづいてその二、三年後に島津家から「居屋敷二、三ケ所」と「朝鮮人介抱高八十七石余」を文給され、代表格の朴平意が「庄屋」に任じられて、

「切米四石」と「庄屋屋敷一ケ所」をあたえられた。かれらが朝鮮からたずさえてきた陶業のわざにいそしむ端緒がひらけたわけである。それからまもなく、かれらはこの村の西北の高地に朝鮮の開祖檀君を祀る玉山宮（玉山神社）を建立し、ここを終のすみかとさだめた。(5)

その後寛永年間（一六二四～四三）に、かつて神之川に着船した三姓十人が苗代川に移り、つづいて寛文三年（一六六三）には鹿児島高麗町に住む八十三家の朝鮮のひとびともここに移住を命じられて、人口はしだいに増加していった。そのため宝永元年（一七〇四）には約三十家が苗代川から鹿屋の笠野原に移されているが、それでも橘南谿がここを訪ねた天明年間（一七八一～八九）のこの村の人口は、約千五百人をかぞえ、それに多少の増減が加わって、明治初年におよんでいる。(6)

さて、江戸期における苗代川の歴史を大いそぎでたどってみると、寛永十五年（一六三八）に襲封し、貞享四年（一六八七）に致仕した十九代の藩主島津光久の治政が、ひとつの転換点であったようである。

それを象徴的に物語るのが、藩主が参覲交代の往路と帰路に立ち寄り、休息する御仮屋が、延宝三年（一六七五）に伊集院からこの苗代川に移されたことであろう。鹿児島を発った藩主が最初の一夜をすごす場所になったわけである。そして、この御仮屋の設置以降、藩主宿泊のおりには、この村に焼物市がたち、村のひとびとは朝鮮の古式に則った装束を身につけて、藩主に朝鮮の神舞や歌謡を披露し、藩主はそれを賞でて、男子に酒をふるまい、女子に銀子などをあたえるのが慣例になったという。島平に上陸した男女四十三人が苗代川に定住の地をあたえられてから、約七十年が経過していた。(7)

島津家の苗代川への関心は、陶業へのそれに加えて、「異国趣味」の如きものをふくんでいたようであるが、御仮屋設置の翌年の延宝四年（一六七六）には、他所の日本人との縁組みを禁じ、他の土地から女子が苗代川に嫁いでくることだけを認めるという措置がとられた。それに付け加えられた説明は、「右仰出之儀は、朝鮮筋目之儀、繁栄仕候様にとの事に御座候」というものであった。(8)

また元禄八年（一六九五）には、「朝鮮筋目之者、太郎、次郎之名、風俗不相応に有之候」として、日本名の使用が禁じられたが、これはそれまでに日本風に改名する者がいたための防止措置であろう。(9)

島津家は苗代川の朝鮮人陶工を、いわば「純粋培養」のかたちで保護しようとしたかの如くであり、寛文六年（一六六六）には、この村の住民に乱暴狼藉をはたらく「他所者」は、本人ばかりでなく、一族までも罪をうけるという厳重な布告が出されたこともあった。(10)

藩の行政機構への組み入れが正式におこなわれたのも、やはり光久の治政下のことで、貞享元年（一六八四）に苗代川地頭が設けられ、つづいて翌貞享二年（一六八五）に苗代川そのものの行政組織の改編がおこなわれ、「庄屋」は「役人」と改称されて三名となり、それぞれに「切米三石六斗」が支給され、その下に「與頭六名」「横目二名」「焼物主取二名」が置かれた。なお、のちにこの苗代川地頭を通しての直轄支配が改められ、享保四年（一七一九）に苗代川は伊集院地頭の支配下に移されたが、陶業に関しては、その後も依然として藩庁の直接支配の下に置かれた。(11)

それでは苗代川の住民の社会的地位は、薩摩藩全体の階層秩序の中で、どのあたりに位置づけられていたのであろうか。これは明治維新以降、旧秩序が解体し、あたらしい秩序の再編成が進行する過程で、かえって切実な意味を帯びてくる問題である。

江戸後期の文政九年（一八二六）の「宗門手札御改人数総之事」によってみると、「苗代川者」という特別の身分に割当てられ、「郷士」「出家」「諸在（在郷の百姓）」よりは下位であるが、「浦浜（漁師）」「野町（一般の農民や町人）」よりは上位であるというあたりが、大部分の苗代川の住民の社会的地位であったようである。[12]

大部分と書いたのは、前に述べた「役人」や、「朝鮮通事」をつとめた数家が「伊集院郷士格」、つまり、伊集院地頭支配下の郷士の扱いをうけたからで、嘉永五年（一八五二）の「宗門手札改條目」によってみると、それは李達馬、伸十圓、朴春益、伸春松、朴春潤（朝鮮通事）の五家であった。そして、この五家については、「嫡子」も「郷士格」の扱いをうけるが、「二男」以下は他の苗代川の住民と同様であると規定された。

なお、この「宗門手札改條目」も、他所の百姓、漁師、町人などの女子が苗代川に嫁いでくることは認められるが、苗代川の男女住民が婚姻のために離村することは厳禁すると述べ、唯一の例外として、鹿児島城中の「大奥」での奉公を首尾よくつとめた苗代川出身の女子の場合だけが、藩主のはからいで何人との婚姻もゆるされると付け加えた。[13]

つぎにこの村の人口の増加に対処する措置として、藩から屋敷、田野、山林などの支給がつぎつぎにおこなわれたことも、記しておかなければならない。これは、とくに島津光久の治世下で顕著であった。[14]

こうしてみてくると、薩摩藩、というより、その当主である島津家は、虜囚として朝鮮から連れかえったひとびとの後裔を厚遇したといってよい。島津家は苗代川を特別の保護の下に置いたのである。もちろん、保護は同時に統制であり、温情は同時に監視であったろうし、さらに藩主の恣意的な「異国趣味」が有形無形の被害をこの村の住民にあたえたこともあったであろうが、江戸期の薩摩において、城下士および郷士以下に位置づけられたひとびとが藩からうけた扱いを考えれば、それとの対比において、やはり厚遇といってよいであろう。[15]

注目をひくのは、苗代川の守護社である玉山宮（玉山神社）が、はやくから島津家の庇護をうけ、宝暦元年（一七五一）には信証院（二十代藩主綱貴夫人）の参詣があり、その後社殿の改築や修繕なども、藩からの寄進にもとづいておこなわれていることである。(16)

しかし、厚遇もこの村の住民にその来歴を忘れさせることはできなかった。むしろ、島津家は氏姓と風俗の保存を命じ、他所との縁組み（出縁）を禁じ、その技芸（陶業）を隔離し、独占することによって、特異な歴史の記憶がこの村で生きつづけ、あたかもいっさいが昨日の出来事であったかの如くに想起され、追慕されることを助けたのである。

天明三年（一七八三）、橘南谿の問いに答えて、庄屋をつとめていた人物は、「厚恩」を忘れたわけでは決してないが、いまでも許されれば「帰国致し度心地候」と語ったというが、それは捕われてきた四十三人の男女が島平の浜辺に降りたったときからかぞえると、じつに二百年後のことであった。

その間、いわば何事も忘れず、しかしすべてを記憶の底にふかく沈めながら、陶芸という高度の技術の所有者としての誇りを糧に、背筋をのばし、天と語り合うようにして、この村のひとびとは生きてきたのであろう。

この村を訪ねるひとは、玉山宮へつづく小路のかたわらに、幕末の薩摩藩家老調所笑左衛門の墓があることに目をとめるにちがいない。

幕末期におけるこの村の陶業の衰退ははなはだしく、当然住民は困窮の生活を余儀なくされたが、弘化二年（一八四五）、藩財政の改革を担当した調所の発案と援助によって、この村に「商売窯」（南京窯）が創設され、民需用の焼物の販路が藩外にもひろがりはじめ、それより苗代川の陶業がふたたび大いに興って、明治年間にいたったとつたえられている。(17)

この村の住民は、この調所と、調所の命を受け、苗代川詰として直接陶業再建の指揮をとった御数寄屋頭村田甫阿弥の遺徳を忘れず、ふたりの死後、その招墓をここにつくったが、嘉永元年（一八四八）の調所の死が、反対派の世子であり、まもなく二十八代藩主を襲封する島津斉彬の策謀にもとづく自殺死であること、さらにその後調所の遺族がたどった悲惨な行路を思い合わせると、この招墓の一事は、苗代川の歴史の中で感動をさそう挿話のひとつである。(18)

何事も忘れずと前に書いたが、自分たちが特異な来歴を背負って生きてきただけに、かつて一度でもやさしい目差しを向け、救援の手を差しのべてくれたひとびとのことは、世評の転変がどうであれ、殺されても忘れるものかという気風が、当時この村に生きていたのであろう。

江戸中期にここを訪ねた橘南谿は、「実に此身唐土に有る心地して、更に日本の地とは思わず」ということばで、この村の温順な人情と自然をなつかしんだが、明治維新までの苗代川は、藩主島津家の庇護の下にある、つつましく閉ざされた辺境の地であった。

しかし、維新にともなう変革は島津家の保護を消滅させたばかりでなく、この村の来歴をいやおうなしに明るみに引きずり出し、かえって民族的偏見を促進し、さらにその陶業をはげしい競争原理の嵐の中に立たせることになった。

「かつては外部から安全に隔離され、気心のよく知れた者同士が集っていた小さな生活共同体」は破壊された。(19)

この村の住民にとって、二百七十余年前、先祖のひとびとが味わった苦難、島平の浜辺から苗代川にたどりつくまでの時期につづく、第二の試練の時が来たのである。

戊辰戦争にこの村から二小隊が藩兵として出陣し、明治十年（一八七七）の西南戦争のさいにも、一小隊九十六名がこれに参加しているが、これらも、あたらしい時代に適応しようとするこの村の努力の一端と見ることができよう。(20)

しかし、第二の苦難の時期を見る前に、西南戦争が勃発する直前、この村に立ち寄ったイギリスの外交官アーネスト・サトウ（Ernest M. Satow）の観察を紹介しておこう。おそらく、サトウは苗代川をおとずれた最初の西洋のひとではなかろうか。

当時駐日イギリス公使館の日本語書記官（Japanese Secretary）をしていたサトウは、本国での賜暇をおえて任地の東京へもどる途中、上海まで来たところで、上司の公使ハリー・パークス（Harry S. Parkes）から政情不穏をつたえられる鹿児島の視察を命じられ、長崎で下船し、阿久根から陸路をとって鹿児島に向い、明治十年二月二日、苗代川を通過したのである。そして、この村の来歴につよい関心をそそられたサトウは、二月六日、再び鹿児島からこの地に足をはこび、翌七日までここに滞在して、くわしい観察記録をのこしたのである。

そのころサトウの旧友ウイリアム・ウイリス（William Willis）が、鹿児島で医学校と病院の指導にあたっていた。そこで鹿児島でのサトウの止宿先は、このウイリスの家であったが、ウイリスの日本人妻八重の女中をしていたのが、苗代川出身のフデという名の五十九歳の女性であった。苗代川再訪のさいは、このフデがサトウに同行してくれた。(21)

サトウがフデに案内されて苗代川をたずねた二月六日は、終日はげしい雨が降りつづき、フデの実家の朴正順宅に着いたのは正午頃であったが、この日の視察は断念せざるをえず、サトウはすすめられるままに朴家の客となり、ここで一夜をすごした。しかし、翌七日には雨があがり、サトウは「玉山会社《たまのやま》」や沈壽官（十二代）の窯に足をはこび、製陶工程についての克明な記録と聞書をのこした。(22)

もちろん、この村の来歴についても、サトウはくわしいはなしをきき出しているが、そのうち、これまでの叙述に登場しなかった点を拾い出してみると、男子とちがい、女子の場合は、フデ、ユキ、トメなど、日本風の名がひろく使用されているという指摘がある。

サトウが紹介している十七姓は、林、鄭、卞、朴、何、金、崔、李、沈、車、陳、丁、白、伸、姜、采、盧であり、人口は千五百、そして、この村の男子は三年前まで頭髪を頭の頂にたばねて結っていたが、いまでは弁髪風に編んでうしろに垂らしているか、あるいは洋風に短く刈っていると、サトウは書いている。

陶工のひとりは朝鮮の装束を身につけて見せ、昔はこうして藩主の前に進み出たものであると、身ぶりをまじえて説明してくれた。フデの実家の朴家ばかりでなく、このときサトウを迎えた苗代川のひとびとは、日本語を自在にはなすこの異国の人物に隔意なく接し、これを親切にもてなしたようである。

そういう接触を通して、サトウがつよい感銘をうけたのは、この村の住民の気位の高さである。

「ここの住民は住民同士のあいだで自由に結婚し、中国の場合と同様に、姓がおなじであることは、結婚の妨げにならない。しかし、相手が士族階級である場合をのぞくと、日本人とはめったに結婚しないようである。この村の住民と話をしてみてよくわかるのは、自分たちの祖先が連れてこられたこの日本の国の人間よりも、自分たちのほうがずっと優秀であると、かれらが考えていることである。(23)」

あわただしい滞在であったが、この二月七日の午後、サトウは苗代川に別れを告げた。「フデの家族はもっと泊っていってもらいたいようであったが、午後三時半、帰途についた。わたしはお礼のつもりで、わずかばかりの金を差し出した。かれらはそんなことはまったく予期していなかったらしく、大いそぎで天井からつるしてある乾海老を取りはずし、それを紙にくるんで、無理矢理わたしの従者に握らせた。[24]」

伊集院まで来ると、村の両端に西郷軍の見張りが立っていて、サトウの連れていた日本人従者をきびしく訊問するという一幕もあったが、サトウがその身分をあかしたので、ことなきをえた。サトウが鹿児島のウイリスの家にかえりついたのは、午後九時半であった。

私学校生徒が草牟田村の火薬局と磯の海軍造船所を襲撃し、武器弾薬を奪ったのは、一週間前のことであり、西郷軍の本隊が熊本を目指して鹿児島をあとにするのは、八日後の二月十五日のことである。すでに西南戦争は事実上はじまっていた。

しかし、サトウの日記によってみるかぎり、この沸騰する鹿児島の政情に呼応する動きは、まだ苗代川には見られなかった。苗代川からの帰途、伊集院まで来たところで、西郷軍の見張りの誰何《すいか》をうけ、サトウはふたたび政情視察という本来の任務に連れもどされた感がある。

維新後、苗代川の住民をおそった第二の苦難の時期を物語る文書として、明治一三年（一八八〇）四月二十五日、この村の男子三百六十四名が連名で県庁に提出した「士籍編入之願」にまさるものはない。以下、その全文を紹介してみたい。[25]

私共儀、往昔之原籍ハ朝鮮国ニ在リテ、慶長年間御征韓之度、彼国王子李金光ナルヲ南源城ニ守衛之兵士ニシテ、多クハ其落城之際ニ当リ降伏ニ罷成候者共之裔ニ御座候。其度旧藩主島津義弘殿へ被召到来〔李金光モ又此中ニ在リト雖《いえども》、和親ノ後国王ノ請ヒニ因リテ本国江帰ヘサル〕、朱嘉善〔攻城ノ際導者トナル〕ナル者之輩数名ハ即チ旧城下士ニ挙ゲラル〔現ニ川畑、川北、前川等数氏ノ祖〕。之レヲ除ク之外、皆所々之民間ニ散居スル多年、以降当村ヘ集挙セラルル者一百余家、先ヅ五畦御免、屋敷〔旧藩政ニ於テ士分ニ限ル御成規ナリ〕御附与相成、家塀門〔旧藩政ニ於テ塀門ハ士分ニ限ル〕建立被成下、伝来之陶製ニ従事スル者ニハ陶器製造所設置、御切米〔旧藩政ニ於テ切米ハ士分ニ限ル〕被成下、其他朝鮮通事〔旧藩政ニ於テ通事ハ士分ニ限ル〕数拾家被召立、御切米頂戴罷在、剰《あまつさ》ヘ人口蕃殖一郭ヲ成スニ及デハ、各郷同様拝セシムルニ役人、組頭、横目及ビ竹木見廻牛馬役〔旧藩政ニ於テ斯クノ称吏ハ士分ニ限ル〕等之称吏ヲ以テシ、而シテ村内之事務ヲ綜理セシメ、且《かつ》祖先代ヨリ私共之次三子ヲシテ出家〔旧藩政ニ於テ出家ハ士分ニ限ル〕志願之者ヘ御許容相成、殊ニ郷士〔従前ノ唱ヘ〕同様瀉《ママ》免ニテ作職高御附与相成、猶《なお》大山地数拾町ヲ以テ所務税御免、自作地所領ト見做シ御附与相成居、諸篇士分之御取扱ニ被到候。最《ママ》モ当村ヘ集挙ノ後ニ於テモ同村同類者共之内、旧城下士ニ挙ゲラレ候例モ数名有之〔現ニ星山、田原、幾、朴、林真川ノ五氏。然ルニ星山、田原ノ両氏ハ陶工ニテ、即チ鹿児島田ノ浦陶器所ノ開山ナリ。他ノ三氏ハ旧藩主島津光久殿ノ小姓ニ召出サレタルモノナリ〕、原籍素《もと》ヨリ士分ニテ兵団ニ充《あ》テラレ、降伏トモ相成候家族之者共ナル故ヲ以テ、尚戊辰之役ニ於テモ一同鹿児島兵士ニテ被召出、禁闕守衛相勤居、北越平鎮ニ及ビ兵士御引揚之節、各兵同一帰軍罷成候処、御維新以来廃藩置県ニ付、明治五年戸籍御改正之際、平民籍ニ御編入相成。然ルニ私共ヘ全ク迢《ママ》越之御取扱ヲ得タル者ニモ非ラザル足軽及ビ陪々臣共ニ於テモ悉皆士籍ニ御編成相成、且又同村同類者共之内、陶工四名先年旧加治木領主ヨリ旧藩主へ願ヒ貰ヒ受ケラレ候者有之、此四名ニ於テモ右戸籍御改正之際、旧加治木領主ノ申立ニ由リ士籍ニ御編成相成、私共ノミ平民籍ニ御編入相成候御趣意ハ素ヨリ了解難仕候ト雖、該時ハ百般之御成規モ弁知不仕、唯黙止罷在候処、今更恐縮之至奉存候得共、前件由緒之者共ニテ一躰士分之御取扱ヲ蒙リ来候者共ニ付、前陳等御洞察被下、特別之御詮議ヲ以テ士籍ニ御編入被仰付被下度、此旨願之通御採用之程只管《ひたすら》奉懇願候也〔但従前者切米等被成下置候得共、今般士籍御編入ニ付テモ家禄等願立ノ意念全ク無御座候。且別紙従前御達書附略写相添差上候〕。

明治五年（一八七二）、いわゆる壬申戸籍が作成されたとき、この村の住民のほとんどすべては、士族にではなく、平民に編入された。明治十五年（一八八二）ごろと推定される史料によれば、この村の人口千五百四十三名のうち、士族は三十四名（男十八、女十六）、平民は千五百九名（男七百六十五、女七百四十四）であったという(26)。

これが、この「士籍編入之願」の背景である。おなじ趣旨の歎願書は、大山綱良が県令をしていた時期（明治七年—明治十年）に一度と、この明治十三年と、つづいて明治十八年（一八八五）と、都合三度県庁に提出されているが、いずれも却下された。

「士籍編入之願」を仔細に検討すると、事実上「士分」の待遇をうけていたことを立証しようとする個所において、かなり誇張があり、かつ事実に反する記述がみられる(27)。

すでに紹介した嘉永五年（一八五二）の「宗門手札改條目」が名前をあげて明記していたように、この村の住民約千五百名のうち、伊集院郷士格の扱いをうけていたのは、五家とその嫡子だけであって、それが前述の明治十五年ごろと推定される史料のつたえる、士族三十四名（男十八、女十六）という数字になってあらわれたわけである。これは島津家のしめした厚遇とは別箇の問題であって、「士籍編入之願」が述べているように、この村の住民全体が「士分」の扱いをうけていたとは、薩摩藩の法制上到底いえることではなかった。

かつて橘南谿に苗代川が「無年貢の地」であると語ったのは、島津家の庇護を誇示するためであり、アーネスト・サトウに士族階級以外の「日本人とはめったに結婚しない」と説明したのは、自分たちも士族階級に属することを強調するためであったと思われる。同様にして、「士籍編入之願」においても、述べられているのは、事実であるよりも、むしろ願望の表明であるといったほうがよい。

しかし、異郷の地の一隅に封じ込められて生きてきたこの村のひとびとにとって、願望は生きることの支えであり、それは語りつがれてゆくうちに、おそらくかれらの中で、いわば「歴史的真実」に変貌していたのであり、「士分」というのは、そういう願望のいっさいを集約したことばであった。

とくに薩摩において、士族であるか平民であるかが、どれほど生活上切実な意味をもっていたかは、明治中期に刊行された『薩摩見聞記』の著者が語ってくれる。(28)

「藩政破れてより既に二十余年、戸籍面こそ士平民の区別もあれ、其実際は最早何の違ひもなき今日に於て、薩摩のみは猶ほ依然たる封建の天地なり。」

たとえば東北地方において、士族はまったく「空名」にすぎないが、「若し一たび薩摩に到ることあらば、茲に始めて士族も、亦一の名誉の称号にして、実際真に大なる有難味ある者なることを悟るべし。即ち旅店に泊りて宿帳に士族と書けば、応答待遇必ず他よりも鄭重なり。余の如きも独り薩摩に於てのみは、士族の空名の下に少なからざる余恵を受けたり。」

「一体に西南地方は士族の勢力何れも盛んなるが、薩摩は実に其極点にて、公共の事業其大小に係らず悉く士族の掌中に在り、国会議員・県会議員・市会並に村会議員・県庁・郡役所・村役場・警察・裁判・登記・山林・諸役所の吏員より高等中学・師範学校の生徒、小学校の教員に至る迄、其九分九厘までは実に士族を以て充たされたり。現に国会議員七名の内一人の平民もなく、又勿論一人の初めより競争だにせんとしたる者なし。」

さらに旧越後長岡藩士である著者本富安四郎は、鹿児島県の人口のうち、およそ四人に一人が士族であり、この県の士族戸数四万六千五百二十九戸（士族人口二十四万六百七十六人）は、東北七県（新潟、福島、宮城、山形、秋田、岩手、青森）の士族戸数の総計四万九千二百五十二戸にほぼ匹敵することを指摘している。(29)

維新後の薩摩においても、士族は「空名」ではなかった。明治五年の壬申戸籍において、士族に編入されなかったことが、苗代川の大部分の住民にあたえた衝撃の大きさは容易に想像できる。

この村のひとびとの場合、自分たちがみな「士分」の扱いをうけてきたと、おそらく祖父や父から教えられ、それを信じ、それを語りつたえてきたのである。たとえ誇張をあえてし、不都合な事実に眼をつぶっても、「士籍編入之願」は書かれなければならなかった。

そこに名をつらねている三百六十四名（明治十三年の場合）は、林十官、朴壽智、姜蘇淳、伸儀伯とつづき、すべて十七姓を名乗るひとびとばかりである。かれらの肩には、「苗代川者」という重荷がふかく喰い込んでいた。

慶長三年（一五九八）、朝鮮から虜囚として連れてこられた四十三人の男女が、島平の浜辺に遺棄されたように、維新後、苗代川の住民は、創成期の近代日本のただ中に遺棄された。

いわば二百七十余年のサイクルが廻って、この村のひとびとは、再び島平の浜辺に立ち、今度はあのとき他郷に連れ去られた同胞とおなじように、母国の姓名を捨て、その言語を忘れ、その風俗を改めて、あたらしく移住してきた土地に同化しようとするが、あのときと決定的にちがうのは、かれらの行く手に民族的偏見という障害が待っていることである。

それは、およそ明治十年代の後半、最後の「士籍編入之願」(明治十八年十二月十一日付)が却下されたころからのことであるが、東郷茂徳の物語がはじまるのは、じつはここからである。

二　生立ち

東郷茂徳は、明治十五年(一八八二)十二月十日、朴茂徳として、この苗代川で生まれた。(30)「士籍編入之願」の提出がくりかえされ、あたらしい時代に如何に対処すべきか、この村の住民が苦しい模索をつづけていたさなかであり、明治十三年の「士籍編入之願」に署名した三百六十四名のひとびとをたどってゆくと、その百三十四番目に、東郷の祖父朴伊駒の名前も見える。この署名順から推して、東郷の生まれた朴家は、この村でほぼ中位の家格と見てよいであろう。

東郷の生家、当時の戸籍名でいえば、鹿児島県日置郡下伊集院村大字苗代川三十八番戸は、現在ものこっている。伊集院からゆくと、ほぼ村の中央の右手にあたる。郵便局の前を通りすぎ、旧小学校跡を左手に見ながら、農協事務所の角を右に折れ、旧街道筋と平行に走る中之馬場と呼ばれる小路を越えると、左手の孟宗竹の林の中に、東郷の生家がひっそりとたっている。

いまではかなり荒れはてているが、それでもしっかりした門構え、大きな土蔵、縁先にのこる造園の跡など、村一番の分限者といわれた父壽勝の往時をしのばせる家の造りである。庭先の中央に、現在東郷を記念する大きな碑が建っているが（昭和三十九年十一月一日建立）、そこに刻まれた東郷の生年月日が明治十五年十月十日となっているのは、大正元年（一九一二）に外交官試験を受けたさい、東郷が外務省に提出した自筆の履歴書の生年月日が、明治十五年十月二十五日となっていることからくる思いちがいであろうか。戸籍の上では、前述の如くである。

朴家にとっては長男の出生であり、このとき父壽勝（安政二年二月二十日生）は二十八歳、母トメ（おなじく朴氏、安政五年三月十二日生）は二十五歳である。

まだ五十歳の祖父伊駒（天保四年三月十日生）も、おなじく五十歳の祖母イト（天保四年二月十四日生）も健在であり、壽勝とトメのあいだには、すでに三歳年長の長女キヨ（明治十二年十二月二十五日生）がいたが、その後、次女アサ（明治十八年七月二十九日生）、次男茂弘（明治二十五年三月二十九日生）、三女トミ（明治二十八年三月二十二日生）の出生があり、壽勝とトメは二男三女にめぐまれることになった。

祖父伊駒についてわかっているのは、戊辰戦争のさい、この村から出陣した二小隊の一員であったことと、前述の「士籍編入之願」（明治十三年）に名前をつらねていることだけである。(31)

明治十九年（一八八六）九月六日、朴家は姓を東郷と改め、平民から士族の身分に移った。最後の「士籍編入之願」（明治十八年）が却下された直後のことであり、長男茂徳の出生後四年のことである。

この日付で、「家名ヲ廃シ入籍ス」と、父壽勝の戸籍台帳に記入されているのが、それである。明治八年（一八七五）十一月以降、鹿児島では旧藩士族の家禄、いわゆる士族株の売買が公認されていたし、とりわけ明治十年の西南戦争以後、鹿児島の士族をおそった困窮を考え合わせると、朴家は東郷某（城下士であろう）の士族株を購入し、その家へ「入籍」するという形式をふんで、東郷を名乗ることになったもののようである。苗代川の住民の提出する「士籍編入之願」がききとどけられることは、もはやあるまいと、見切りをつけたためであろう。

現在鹿児島市の武岡にある東郷家の墓地には、祖父伊駒、父壽勝、母トメ、夭逝した三女トミの墓にまじって、「常冨徳心居士、東郷彌八郎平實古、文久三年癸亥八月五日」という文字を刻んだ墓がたっているが、朴家が士族株を購入した東郷家とは、この東郷彌八郎という男を出した家なのではないだろうか。なお、東郷という姓は鹿児島ではとくにめずらしいものではなく、朴家が「入籍」した東郷家と、提督東郷平八郎の家とは関係がない。(32)

こうして、五歳の時から、朴茂徳は東郷茂徳を名乗るようになった。

祖父伊駒についてはほとんど何もわかっていないが、父壽勝は一代で村一番の分限者になったといわれるほど才覚に富み、時勢の動きをすばやくとらえ、これに合わせて楫《かじ》をとることの巧みであった人物のようである。(33)

伊駒から家督をゆずられたのは、明治二十三年（一八九〇）一月十日、壽勝三十六歳のときであるが、「士籍編入之願」の将来に見切りをつけ、鹿児島で士族であることのもつ格別の意味を考え、さらに長男茂徳の出生をみたことを思い合わせて、明治十九年、東郷家の士族株の購入を思いたったのは、おそらく壽勝であろう。

元来壽勝は陶工ではなかったが、常時数名の陶工を自家に雇い、その製作する陶器類を県外、とくに横浜の外国人社会などで売りさばくことによって、産をなしたとつたえられている。

現在玉山宮（玉山神社）の社殿前にたつ大ぶりな二基の燈籠は、大正六年（一九一七）十月に壽勝が寄進したものであるし、本殿脇の「玉山神社改築記念碑」（大正六年十一月竣工）に刻まれている寄附者名薄の筆頭に名前が見えるのも、壽勝である。村一番の分限者ならではのことであろう。なお、このような父をもったため、東郷は学生時代を通して、金銭上の苦労にわずらわされることはまったくなかった。[34]

壽勝は大正年間に入ると、まず大正元年（一九一二）十月二十一日付で、本籍地を苗代川から鹿児島市西千石町八十二番地の二に移し、つづいて大正八年（一九一九）三月十七日付で、それをさらに鹿児島市西田町百四十五番地に移した。最初の本籍地の移動は東郷の外務省入省がきっかけになったものと思われるが、その点についてはのちにふれることにしたい。西田町の場合は、本籍地の移動であるばかりでなく、住所のそれでもあった。依然苗代川の旧宅はそのままにのこされ、そこで壽勝に雇われた数名の陶工が陶業に従事し、小作人が農耕をつづけていたが、これ以後、東郷家の生活の本拠は鹿児島に移った。

大正十年（一九二一）十二月二十七日付で、壽勝は「祖先之墓」も鹿児島市武町の笑岳寺墓地（現在の武岡墓地）に移し、前述の東郷彌八郎、明治二十六年（一八九三）十月十一日に六十一歳で亡くなった父伊駒、大正五年（一九一六）八月四日に二十二歳の若さで急死した三女玉河トミ（玉河家に嫁いでいた）をここに祀った。しかし、明治三十二年（一八九九）八月九日に六十九歳で世を去った母イト（伊駒妻）の名前がここに見あたらないのは、イトの生家の希望によるものであろうか。

こうして壽勝の代にいたって、東郷家と苗代川をつなぐ糸はつぎつぎに絶たれていった。壽勝は昭和十二年

（一九三七）三月二十三日、八十二歳の生涯をおえた。東郷が外務省欧亜局長の職にあるときである。それから七年六カ月ほどおくれて、昭和十九年（一九四四）十二月二十八日、妻トメが八十七歳で亡くなった。太平洋戦争終結の任務を帯びて、東郷が外相に復帰する三カ月ほど前のことである。壽勝とトメの墓も武岡にある。

しかし、それはまだ後年のことであって、この伝記の主人公東郷茂徳の幼少年期の魂をはぐくんだのは、苗代川の歴史であり、風土である。

明治二十一年（一八八八）四月、数え年で七歳の春を迎えた東郷は、この村にある下伊集院村立尋常高等小学校に入学し、明治二十九（一八九六）年三月、同校を卒業した。[35]

国民皆学を目指す「学制」が明治新政府によって施行されたのは、明治五年（一八七二）であるが、この小学校が創設されたのは、その前年であったとつたえられ、あたらしい時代の風にさらされたこの村のひとびとが、その子女の教育に托した期待の大きさを物語っている。

十五歳で高等小学校の課程をおえた東郷は、明治二十九年四月、鹿児島市の鹿児島尋常中学校（まもなく鹿児島県第一中学校と改名）に進み、明治三十四年（一九〇一）三月、同校を卒業した。

現在のこっている一年および二年のときの成績簿などから推して、東郷は五年間の中学時代をたえず首席ないしそれにちかい成績ですごしたらしく、たとえば二年のときのそれは、総員百三十一名中、首席で特待生であった。[36]

東郷はすでに「郷党の秀才」のほまれをにないはじめていたわけだが、そこに鬱屈のけはいが感じられるのは、「苗代川者」という出自と無関係ではあるまい。

当時の級友のひとり、崎元良夫は、「中学時代の東郷は無口で不必要なことはまったくしゃべらず、冗談などをいうこともなく、ただ勉強一点ばりの男であった」と語っているが、それにすぐつづけて、鹿児島に特有なつぎのような事情を指摘している。

「中学時代の東郷とわたしがとくに仲がよかった理由は、わたしが南薩（摩）地方の出身であり、鹿児島の士族の子弟にたいして、共通の対抗意識があったからである。かれらの大方は健児の舎に属し、柔剣道を得意とし、成績は劣等生が多かった。かれらは学校中を肩で風を切って歩きまわり、乱暴なふるまいが多かったが、とくに平民出身にたいして意地がわるかった。当時尋常中学には士族出身でなければ生活してゆけないような雰囲気があり、平民出身の大方は商業学校に進み、中学に進むのはごく少数で、異端視されていた。この点で東郷やわたしなどには、かれらにたいする共通の対抗意識が生まれ、その反動として勉強に精出すようになったのである。わたしは東郷が苗代川の出身であることを知っていた。しかし、かれが戸籍の上で士族であることは、当時知らなかった。[37]」

「無口で不必要なことはまったくしゃべらず」というのは、生涯つづく東郷の特徴であるが、それが生得の性格であったのかどうか、この旧友の回想はひとつの疑問を投げかけている。

さきに紹介した『薩摩見聞記』の著者のことばを借りれば、「薩摩に於ては万事万端士族ならざれば夜が明けぬなり」という事情があったればこそ、祖父伊駒と父壽勝の代に士族株を購入し、姓を日本風にあらためたのであるが、鹿児島の旧城下士の子弟から見れば、東郷は依然として平民であり、そこに「苗代川者」という「烙印」がさらに加わっていたのだから、東郷の寡黙と勤勉の背後にかくされていた鬱屈した激情を容易に想像することができる。「猶ほ依然たる封建の天地」の感をとどめていた鹿児島にとどまるかぎり、東郷がこの心理的な負担から解放される日はないはずであった。

しかし、明治三十四年三月、中学の課程をおえ、同年九月、鹿児島に新設された第七高等学校造士館にすすんだ東郷から、中学時代の孤独な相貌がしだいにうすれてゆくけはいが感じられるのは、県外からの俊秀を多く交えた青年の集団生活がかもし出す、一種独得の開放的な雰囲気のためであろう。

とくに東郷が入学したこの明治三十四年の七高の入学試験は、新設のために九月におこなわれ、すでに選考をおえていた他の六つの高等学校（一高から六高）の受験に失敗した者を全国から数多く集めることになった。そういうひとりであり、一高の受験にしくじったため、「一年浪人」を覚悟していた東京出身の石黒忠篤のことばを借りれば、思い直して新設の七高を受験してみると、「来るわ来るわ、全国の落武者が鹿児島めがけて集まってきた」のである。(38)

一部（法、文）、二部（工、理、農）、三部（医）をふくめて、第一回の入学試験合格者百四十七名のうち、そういう他県の出身者が多くまじっていたことは、出自にまつわる東郷の閉ざされたこころを解きほぐす上で、大きな役割をはたしたのではないかと想像される。かつて鹿児島の旧城下士の子弟にたいして身につけていた心理的「武装」は、もはや不要になり、鹿児島に在りながら、東郷にとって、七高はおのずとひとつの別天地を形成していたのではないかと推測される。

七高の初代校長は岩崎行親である。岩崎は安政二年（一八五五）に香川の国学の家に生まれ、内村鑑三、新渡戸稲造、宮部金吾らとともに、東京英語学校（のちの大学予備門）と札幌農学校にまなび、その後官界にすすんだが、明治十九年に官職を辞した。そして、明治二十七年（一八九四）に新設の鹿児島県尋常中学校に招かれて、その校長に就任するまで、家塾をひらき、後進の指導と著述にあたった。岩崎は旧友内村をして、「私の友人中で岩崎君が最も善く私の日本魂《にっぽんこん》（『ニッポンコン』と読んで下さい、『ヤマトダマシヒ』には語弊があります）を解って呉れる者であります。それは君自身が日本魂《にっぽんこん》の塊《かたまり》であるからであります」といわしめたほど、熱烈な愛国者であり、かつ敬神家であって、杉浦重剛、志賀重昂らともしたしかった。なお、明治二十七年、閑居していた岩崎を鹿児島に連れ出すにあたって、当時の文部次官牧野伸顕の斡旋があったという。やがて岩崎は七高の創設にも尽力し、明治三十四年、その発足にあたって、初代の校長に就任し、大正元年（一九一二）九月まで在職した。(39)

東郷は七高の一部（法、文）にすすんだが、その成績は中学時代とおなじようにまことにめざましく、一年のときは英語を専攻する一部の学生五十四名中の首席であり、二年以降は一部が法科大学志望と文科大学志望とに分かれ、東郷は後者をえらび、ドイツ語専攻にかわったが、そのクラスで首席と特待生の地位を卒業までつづけた。(40)

東郷の七高一部の同期生の中には、石黒忠篤、川越茂、池田俊彦、大島直道、高橋守雄、黒木重也、片岡直方、藤田栄介、黒見哲太郎、末吉雄治、岸本肇などがいる。なお、後年東郷が二度にわたって外相をつとめたさい、東郷の要請によって外務省顧問に就任し、東郷を助けた隣県宮崎出身の川越は、七高と大学時代を通して、東郷としたしい付き合いをした記憶はなく、東郷と交わるようになったのは、外務省入省以後であると、のちに述べている。[41] また、藤田は東郷と川越よりも三年早く外務省に入省（有田八郎、来栖三郎らと同期）しているが、病弱のため比較的早い時期に退官（昭和十二年、ルーマニア駐剳公使を最後に退官）しているためか、後年の東郷の交友録に顔を見せることがない。

この七高時代に、東郷が出自にまつわる心理的な「負担」から、たとえ一時的にせよ解放されたと思われるのは、東郷の案内で石黒、大島、末吉、岸本ら十数名の級友が、一日苗代川に遊び、東郷家で歓待をうけたという挿話からもうかがえる。

このとき苗代川の東郷家をたずねた級友のひとり、石黒忠篤の「悪戯」について、つぎのようなはなしがのこっているが、笑いが明るくこぼれてゆく先に、東郷も立っていたことはたしかである。

「なにしろ（東郷家は）大邸宅なので、門をはいってから玄関までかなりの道のりがあった。茶目っけのある石黒は途中道で遊んでいた鶏をつかまえ、『なにもありませんが、手みやげがわりに』と玄関で差し出した。彼（等）は大いに歓待されたが、夕方になって鶏を鳥小屋に追い込んでいた作男が、『だんな様、鶏が一羽足りませんよ』と大声をあげたので、ついに露見してしまった。学生らしい茶目っけ躍如たるものがある。」[42]

中学時代の東郷とその級友たちが、このような屈托のない光景を苗代川でくりひろげる姿を想像することはできない。ちなみに、石黒は前に書いたように東京、岸本は大阪、末吉は奈良と、それぞれ他県の出身であり、大島は同県といっても、離島奄美大島の名瀬の出身であった。

この大島は「島人」を蔑視し、差別する鹿児島の風潮に挑戦し、かえってその出身を明示すべく、自分の雨傘に「大島人直道」と大書して持ちあるくような豪放な性格の持ち主であった。のちに内務省にすすみ、逸材の期待をにないながら、外遊中の大正十二年（一九二三）四月十五日、ベルリンで客死した。[43]

しかし、七高時代の東郷について特筆すべきは、法科大学、内務省官吏、県知事という希望を東郷に托していた父壽勝のつよい反対を押し切り、二年のときに文科大学志望を明確にしたことである。

東郷より三歳しか年少でなく、それ故このころの東郷についてもっとも鮮明な記憶をもっている妹アサ（現姓太田）は、東郷の決定が父壽勝の意に反したものであったことをはっきりおぼえており、後年の東郷の外務省入省にふれながら、「私は兄が文学をするものであるとばかり思っていました」と語っている。父壽勝におとらず、当時十代後半の少女アサにとっても、七高にまなぶ秀才の兄の存在は誇らしいものであったにちがいないが、そのアサの胸に忘れがたく刻みこまれた兄の像は、父の反対を排し、文学の道を往こうとする青年のそれであった。(44)

この文学志望の一時期があったことについて、東郷自身は、後年の巣鴨獄中の断片の中で、「中学ノ末期ヨリ高等学校時代　東西文明ノ融合　文明批評家」という簡単な走り書きをのこしているだけであるが、そこに一筋、「苗代川者」という「桎梏」からの脱出という動機がはたらいていたのかもしれない。(45)

この東郷の志望にさらに拍車をかけ、あるいはそれに決定的な影響をあたえたのは、おそらくドイツ文学者片山正雄（孤村）であろう。東郷が二年に進級し、文科大学志望をあきらかにするとともに、ドイツ語専攻にかわった明治三十五年（一九〇二）の秋は、その年の七月に東京帝国大学文科大学ドイツ文学科を「銀時計組」で卒業した片山が、七高にドイツ語の教授として赴任してきたときでもあった。

今日片山はもっぱら古典的な『獨逸文法辭典』（大正五年初版）、『雙解獨和大辭典』（昭和二年初版）、『袖珍獨和辭典』（昭和六年初版）の著者として知られているが、昭和八年（一九三三）に五十五歳で早逝した片山が辞書の編纂という「地の塩」の道に後半生を徹底させていったのは、片山なりの文学上の「断念」があったからで、明治の末十年と大正初年の片山は、主として泰西の思想と文学に拠りながら、当時の代表的な新聞や月刊誌にはなばなしい論陣を張る気鋭の文芸批評家であった。(46)
片山の七高在任は明治三十五年から明治三十七年にかけての二年間、片山二十四歳から二十六歳にかけてであるが、それはちょうど東郷の二年と三年の時期と重なり、文芸部員東郷は片山の愛弟子として、その薫陶をうけたのである。

東郷ら文芸部員は卒業をまぢかにひかえた明治三十七年(一九〇四)四月、『学友会雑誌』創刊号の発行にこぎつけたが、片山はこれに「ゲーテが修養の一面」と題する論説を寄せて、その出発を祝った。

「文芸部員一同」と署名したこの雑誌の「発刊の辞」は、「夫《そ》れ惟《おもんみ》れば、日露の交渉茲《ここ》に決裂し、我帝国が世界的大使命を果すの時期は正に今日にあり。希望の光は已に天の一方に輝けるにあらずや。又翻《ひるがえつ》て思ふに、東西の思潮は偶《たまたま》茲に相接触して、新たに一大発展を試むべき運命を示すにあらずや。是の如き光栄と希望とに充ちて、斯土に降れる吾人の任亦重いかな」と述べていたが、この年はまさに明治日本の命運を賭した日露の戦端がひらかれた年であった。そして、この「発刊の辞」は、「夫《そ》れ文章は経国の大業」とことばをつづけて、あたかも文科大学の門をめざす東郷の行をはげますかの如くであった。

この『学友会雑誌』創刊号の目次に東郷の名前は見えない。あるいは匿名の詩歌の中に姿をかくしているのかもしれないが、「発刊の辞」の中の、「又翩て思ふに東西の思潮は偶茲に相接触して、新たに一大発展を試むべき運命を示すにあらずや」というくだりは、四十五年の歳月を越えて、『時代の一面』の冒頭の「文明史的考察」を説くくだり、巣鴨獄中の東郷の筆致となにやらひびきをかよわせている。「発刊の辞」に東郷の筆が加わっていたことは、まずまちがいないであろう(47)。

やがて日露の役にもまさる大戦争の外交指導を担当する東郷も、明治三十七年、まだ志すところは「文章」の道であった。

三　上京

明治三十七年（一九〇四）九月、東郷は東京帝国大学文科大学ドイツ文学科に入学した。

つづいて東郷のあとを追うようにして、この年の十二月、今度は七高の旧師片山正雄が新任の学習院教授として上京してきた。まもなく東郷は片山の旧師で、当時東京高等師範学校教授をしていたドイツ文学者登張信一郎（竹風）に引き合わされ、登張のいう「三代会」、「山（口）高で片山を教へてドイツ語の手引をしたのが私で、七高で東郷を教えたのが片山である。大学では何れもドイツ文学を研修したのだから、三代会は取も直さず、嫡々相承の学統三代続き、水入らずの他人不可容の楽しい会」の一員になった。

この「三代会」は、毎週木曜日の夜、白山御殿町の登張の家に集まり、「この夕べだけは来客謝絶の張紙をして、粗餐を喫しながら、祖（登張）・子（片山）・孫（東郷）の三人だけで、気焔の吐き比べをする」のをつねとしたが、毎回それだけではおさまらず、「相当酔ってからが、極ってそこいらをぶらつかうとなり、本郷下谷を舞ひ歩いて、更に盃を重るのが常例」であったという。

そういう席で、東郷は「黙々としておぢいさん・おとうさんの対話を謹聴している殊勝さであつたが、時たま発する片言隻句にはなかなか鋭い機鋒を見せ、酒量に於いては祖子両人を凌駕し、真に後生可レ畏此子不レ可レ侮と感嘆せしめられたものであった」というが、明治三十九年(一九〇六)九月、片山が仙台の第二高等学校教授に転じて東京を去るときまで、つまり、東郷上京後最初の二年間の生活は、もっぱらこの「三代会」の庇護の下にあって、東郷の文学修業の場所も、籍をおいていた文科大学の教室ではなく、むしろこのサークルだったようである。(48)

東郷がドイツ文学科に入学した翌年の明治三十八年(一九〇五)五月九日は、たまたまドイツの詩人・劇作家フリートリッヒ・シラーの歿後百年にあたり、この機会に東京帝国大学文科大学系の雑誌『帝国文学』は大冊四百十頁の臨時増刊「シルレル記念号」を発行したが、これに寄稿した十四人の中に、登張、片山とならんで、大学入学後一年にみたず、他の寄稿者とちがってまだなんの肩書きももたない東郷茂徳の名前を見るのは、「三代会」の格別の支援とはからいがあったからであろう。

他の寄稿者は、国文学者の文学博士芳賀矢一、哲学者の文学士深田康算をのぞくと、すべて文学士の肩書きをもつドイツ文学の専家、すなわち、石倉小三郎、葉山萬次郎、三浦吉兵衛、藤代禎輔、山岸光宣、櫻井政隆、橋本忠夫、藤沢周次、それに登張と片山である。東郷と入学年次がおなじのドイツ文学科の学生の中には、成瀬清(無極)、吹田順助、小牧健夫など、後年日本のドイツ文学界を担う俊秀たちがまじっていたが、この「シルレル記念号」の目次に学生の身分で名前をつらねていたのは、東郷ひとりであった。ちなみに、四年の文科大学在学中、東郷が『帝国文学』に登場するのは、このときが最初で最後である。

十四人の寄稿者はシラーの生活と思想と文学の全貌を概観すべく、それぞれ項目を分担して執筆しているが、東郷にわりあてられたのは、円熟期のシラーの傑作史劇のひとつ、『マリア・スチュアルト』であった。東郷は約一万字をもって、この史劇の内容と特徴について過不足ない紹介を書いてみせた。

東郷の立論はおよそ三部にわかれ、まずシラーが素材にしたスコットランドの女王メリー・スチュアートとイングランドの女王エリザベス一世の史実を点検し、つぎにシラーがこれにいかなる「詩的形象化」をほどこしたかを論じて、そこにレッシングの『ハンブルグ演劇論』の影響を指摘する。

「注目すべきは、シルレルが史実を増減して此作をなせど、歴史上の人物の性格を変更することなきにあり。是れ史劇作者の一考に値するものとなす。凡そ史実を資料として戯曲を作る所以は如何にと云ふに、当時の世態を明かにせんが為にあらず、史的発展の隠微を披《ひら》かんとする為めにもあらず、只歴史を依信する力は吾人をして史実より取れる劇中の事件が実《まこと》らしきと考へしむるに都合よければなり。是れ事実をそのままに写さんとする歴史家と、史劇家の任務を異にする所以なり。是れ已《すで》にレッシングが『ハンブルギッシュ・ドラマツルギー』に於て明快に論ぜし所なり。然して歴史中の人物の性格を変更することは、此実らしき念を起すに大なる阻礙《そがい》となり、史劇に於ける史実採用の目的に背《そむ》く。されば如レ此事は宜しく作劇者の避く可き処とす。之に反して、史上に於ける各個の出来事は、必ずしも詩的要求に従ひて発展するものにあらず。左れば此等の事実を劇中の所作として用ゐる場合には、其人物の性格を変ぜざる限りに於て、幾分の擶捨を加ふるは必要のことにして、又正当の事とす。シルレルが此用意は、レッシングに得たること疑ふ可らず。」

つづいて東郷はシラーによる「詩的形象化」の具体例をあげてゆくが、たとえばシラーが主人公メリー・スチュアートにほどこした「詩的形象化」と、それが戯曲全体におよぼす効果について、つぎのように説く。

「注意すべきは、主人公マリア（メリー・スチュアート）がダーンレー（先夫）を殺せしやう仕組みしことなり。若き血潮に満ちて、夫の暴虐に快からず、他に心を迷はす情人あり、然かも幼時より軽薄なる生活に慣れて、貞操の観念に乏しき女王が悪《に》くき夫を殺すに至りしことは、詩人ならでも考へ及ぶ所なるが、此処にて研究すべきは、此罪悪が戯曲全般に及ぼす影響なり。マリアの此罪悪に対する悔悟が如何に痛切にして、如何に自然らしく、其心理的径路を残りなく描き出したるかは、後に詳述すべけれど、吾人はここに良心に苦しむマリアの心情が荘重なる悲壮美を表はし、又此れを懺悔して光風霽月の別天地に遊ぶが如き心情は最高の壮美を表はすことを言ひ、此等の動機となるべきマリアの罪悪を執り来りたるシルレルの霊腕を讃美せんとす。かくシルレルはマリアのダーンレーに対する罪悪を以て、悲壮の美を構成せしが、一面にはエリザベット（エリザベス一世）に対する陰謀を心底より否定せしめ、ここにエリザベットの不正を悪くむと共に、マリアに対する同情の念を盛んならしめたり。此れ亦史上に判明せざる事実を断定して用ひたるものにして、不正の苛責に苦しみ、正義の憤怒に充てる女王の境遇は、吾人の感情を動かすこと大なりとす。」

以下、メリー・スチュアートの「悔悟」と「憤怒」がたどる「心理的径路」を詳述した東郷は、最後に断頭台に足をはこぶ場面にふれて次のように書く。

「マリアが自己の頭上に落ち来るあらゆる苦病を以て罪悪に対する呵責と見做《な》したる道義的態度と、自己の死が冤罪《えんざい》に出づるとの自覚は、現世を軽くし、死を歓迎せしむるに至り、苦悶霧散、風月従容として死につかしめしなり。マリアはかくして苦悶を折伏し、自己の慾望を折伏し、エリザベットを折伏し、現世をも折伏して、永《とこしな》へに無限の自由を得たり。実に悲壮の真面目を発揮せるものと言ふべし。マリア自白して曰く、『最終の運命は敗壊せる人間をも高尚ならしむ』と。シルレルが史実を離れ、臨終のマリアをして喪服の代りに純潔の白衣を纏《まと》ひ、勝利の王冠を戴かしめしことは、甚だ興味あることとなり。」

要するに、東郷は「荘重なる悲壮美」をもって、この戯曲の特徴と見ているわけであるが、論旨のすすめ方は

着実であり、好論文というべきであろう。(49)

執筆にあたって、東郷がどの程度「三代会」の登張や片山の指導と援助をうけたか、不明であるが、文科大学入学後まだ一年にみたない東郷は、『帝国文学』の誌上をかりて、その「文学的出発」をはなやかにかざったかにみえる。

この論文のほかに、文科大学時代の東郷の文章がもうひとつ残っている。それは明治三十九年（一九〇六）一月に刊行された片山の著書『男女と天才』に寄せた序文で、ここで東郷は後年まで使用する青楓という号を、はじめて使用している。この片山の著書は、オットー・ワイニンガーの『性および性格』の内容を紹介し、それに解説を付したものだが、目次にならぶ四人の名前を見ると、これも「三代会」同人の所産とみるのが適当であろう。すなわち、「序言―谷本梨庵」、「はしがき―竹風酔人」、「序―東郷青楓」、「自序―片山正雄」とあり、谷本は登張の師であったという。

明治乙巳（三十八年）歳暮の日付をもつ東郷の序文は、この書を「男女教育に好箇の指針盤を興ふるもの」と称えたのち、つぎのように語を結ぶ。

「孤村片山先生静読多年、徐《おもむ》ろに立ちて文壇に為さんとす。近者已に筆を評論に逞くし、精察透徹、今又此好訳あり。意気壮なりと謂《い》ふべし。然りと雖《いえども》此事先生該博の識を以てす、亦易々ならんのみ。予の望まんとする所更に大なる者あり。当今の文壇正に混沌暗澹、一の先覚なく、一の大光明なし。由来為す可き事尠《すくな》しとせず。創作可なり、評論亦可なり。急転直下、文芸の根底に向って炬火を投ぜよ。本書に序して華々しき首途を祝したる予は、他日文壇の大光明として、先生を謳歌するの光栄を有せんと希ふものなり。(50)」

「一の先覚なく、一の大光明なし」とは、ずいぶん勇ましいことばであるが、これは師の片山におくる祝辞であるばかりでなく、東郷自身のこころいきを語ったものであったのかもしれない。東郷が文科大学の門をくぐってから、約一年がすぎたころのことである。

このまま順当にすすめば、大学卒業後、高等学校のドイツ語教授などをへて、どこかの帝国大学のドイツ文学科教授に就任し、そのかたわら評論の筆をとり、あるいは詩歌、小説にも手を染めるという人生行路が東郷を待っていたはずであるが、そうはならなかった。なぜであろうか。

この文科大学時代から外務省入省にいたる八年間において、まちがいなく東郷の肉声をつたえているのは、上述の二つの文章だけであり、その間に東郷が経たと思われる心理的な曲折について、東郷自身が書きのこしている記録は、後述する巣鴨獄中時代の数語をのぞくと、何もない。そこで、以下において、たぶんに想像をまじえながら、はなしをすすめてゆくよりほかはない。

いったんは『帝国文学』誌上に名前をつらね、さらに師への祝辞の機会を借りて、「文芸の根底に向って炬火を投ぜよ」と書いた東郷が、なぜまもなく身をひるがえして、官界への道をえらぶに至ったのか。

まず考えられるのは、上京以来、東郷にとって事実上文学修業の場所であったらしい「三代会」が、前述の片山の著書『男女と天才』が刊行された直後から、解散のやむなきにいたったことである。登張の回想はその経過をつぎのようにつたえている。

「明けて翌年の明治三十九年の春であつた。『男女と天才』の出版と共に意気軒昂、気焔当るべからざる孤村(片山)は、屠蘇の酔が過ぎたものか、正月早々病床の人となつた。余はかりそめの違和とのみ思つてゐた。が、意外にも、診断の結果はチブスであつた。大学病院に入院した。経過は良好で、四十余日の療養の後退院はしたのであるが、これより後、その性格は一変した。といふよりも、孤村本然の姿に還元したのかもしれない。折角三代会で鍛え上げた陽性は恐ろしく憂鬱性となり、寡言沈黙となり、厭世となり、『毎朝の納豆売の声は聞くに堪へません、あの沈痛な声を聞くと自殺したくなります』などといふ。これでは東京の地を去つた方が好いのではないか、と思つてゐた矢先き、仙台から青木昌吉君が上京して来た。有りやうを話して見た。二高に迎へてよろしい、といふことになつた。孤村はそれを喜んで、再び地方落ちとなつて、九月を以て青葉城下の人となつてしまつたのである。一方余は、この年の十月、孤村とは一ヶ月遅れて、筆禍のために、高師を退職するの已むなきに至つて、直ぐさま東京を引き上げ、大森の八景園裏に浪宅を構へ(た)(51)。」

チブスがきっかけで神経症とは、やや奇妙なはなしであるが、ともかく東郷にとって七高以来の旧師であり、文学上の先達でもあった片山は、明治三十九年(一九〇六)の秋、この疾患をかかえて、仙台へ去っていった。東郷が上京してきた翌年、『帝国文学』誌上に「神経質の文学」を連載(明治三十八年六月―九月、十二月)し、世紀末ドイツの象徴派と耽美派、ゲオルゲやホフマンスタールなどを紹介して、文名とみにあがっていた片山も、このとき敗残のおもかげがあったのであろう。

この片山について、「詩人的熱情と科学的明確とを一身に備えた氏は、動《やや》もすればショーペンハウエル的厭世感に陥り、文芸そのものの価値を疑ひ、専ら語学に向ひ、かの『片山の独和辞書』を初め、教科書・文法辞典等の編集に没頭した」という評語がのこっているが、後年片山自身がえらんでゆくのが、東郷の期待を寄せた「文壇の一大光明」への道ではなく、辞書の編纂という地道な別種の世界であったのは、奇しき因縁である(52)。

つづいておこったのが、登張の筆禍事件である。登張によれば、十月の某日、高師の校長嘉納治五郎から呼び出しをうけ、次のようなはなしをつたえられて、辞表の提出を求められたという。問題になったのは、ニーチェの紹介者である登張の「超人」に関する言説であった。

「この頃のことださうな、ある高位の人が文部省に来て、『普通教育の源泉たる高等師範学校に、怪しからぬ言論を唱へるものがゐるさうぢや、以ての外のことではないか。ニーチェとか超人とか何とか言つとるさうぢや。超人などといふ思想は突き詰めてゆくと、恐れ多くも上御一人（天皇）の……（中略）上御一人の御身はどう遊ばせばよろしいというのであるか』とその人は言つたのださうな。で、『全く以つて恐懼の至りぢや。左様な人非人を、文部省は何で今まで不問に付してゐるのぢや云々』と膝詰談判であつたさうな。」

これが文部省から嘉納へ、嘉納から登張へとつたえられたのだそうである。嘉納は、「事は旧聞に属することで、目下は左様な思想は毛頭説いてはゐない」と登張が約束すれば、「多少の取り成しは出来ようかと思う」が、それができなければ、即刻辞表を出してもらうより仕方がないといったそうである。登張はこれをきいて、「自分の不明不徳のいたすところ」と、さっそく辞表を提出し、明治三十九年十月二十日付で高師を依頼免官になった。(53)

右に紹介したのが晩年の回想であるためか、あるいは元来が磊落な人柄であるためか、登張はこのときの嘉納の措置に不満をもらしていないし、この事件そのものについても、思想的な公憤を語っていないが、このときから明治四十三年（一九一〇）の秋、外遊する片山の後を埋めるかたちで、仙台の二高に赴任するまでの四年間、登張の身過ぎの道は、明治大学講師であり、『やまと新聞』記者であり、『新小説』同人であった。生活はあわただしく、暮らしむきは容易ではなかったと想像される。

こうして、上京してから二年後、東郷が文科大学の最終学年を迎えたころ、それまで東郷を庇護し、文学的にもこれをはぐくんできた「三代会」の二人の先達、登張と片山は、それぞれ挫折と敗残のおもむきで東京を去っていった。「三代会」は消滅したわけである。

もっとも、登張の場合、東京を引き払ったといっても、本郷の白山御殿町から大森の八景園裏に移ったのであるが、そのさい東郷も登張の後を追って下宿を大森に移しているのは、ふたりの親密な関係を物語るものであろう。以下は、このときから東郷が外交官志望に転ずるまでの、登張の回想である。

「孫たる東郷は、私が大森へ逃げると一緒に、宅の近所の橋爪といふ家に下宿することになり、前後二年も滞在してゐるうち、無事に学士様となり、母校の七高からの招聘も辞退して、ぶらぶらしてゐた或日、一大事が起つた。午後の五時頃でもあつたらうか。東郷と私と、拙宅の縁側で、両人とも浴衣がけで盛んにビールの満を引いてゐると、突然『火事だ火事だ!』といふ声、続いて『東郷さんの御宿です!』と叫んで知らせた人がある。飛び立つて駈けつけて見ると、火は既に家一面に拡がつて、全く手のつけやうもない。東郷は浴衣一枚のつんつるてんになつて、多年蒐集したドイツ書も、悉く灰燼に帰してしまつたのである。それから幾日か、拙宅の二階にくすぶつてゐるうち、東郷の心機一転して、外交官志望となつた。(54)」

この大森の下宿の火事は、前後の事情から推して明治四十一年(一九〇八)の夏ということになろう。登張の回想でもっとも注目をひく部分は、東郷が母校七高からの招聘を断わったと述べているくだりであり、「三代会」の消滅とならんで、ここに東郷が文学志望を捨ててゆく心理的動機をさぐる鍵がひそんでいるように思われる。

すでに動揺は東郷の中ではじまっていて、火事という不幸な事件は、それに踏ん切りをつける機会にすぎなかったのではないだろうか。

文学志望の学生の場合、さしてめずらしいことではないが、講義への出席という意味では、東郷は「勤勉」な学生ではなかったらしい。これを裏返していえば、それだけ東郷の「三代会」への依存度がつよかったということになるであろう。東郷は明治三十七年（一九〇四）九月、文科大学ドイツ文学科へではなく、いわば「三代会」へ入門するために上京してきたと考えたほうが、その後の経過がいっそう理解しやすくなる。

まず、東郷はふつう三年ですませる文科大学の課程に四年をついやし、明治四十一年（一九〇八）七月に卒業しているが、そのさい同時に卒業した六名のドイツ文学科の学生のうち、その成績は最下位であった。すなわち、林久男、小宮豊隆、近藤清作、茅野儀太郎（蕭々）、塩釜正吉、東郷の順である。[55] このこと自体、なんら奇異なことではないが、東郷が鹿児島一中と七高をほとんど首席で押し通してきたことを考えると、文科大学時代の東郷が前述の意味で「勤勉」さを欠いていたことのひとつの証拠にはなろう。

しかし、それよりも興味ぶかいのは、後年、外相時代の東郷がたまたま小宮豊隆（当時東北帝大教授）と出逢う機会があったとき、東郷は小宮を知らなかったというはなしがのこっていることである。[56] 東郷より一年おくれて入学し、東郷と同時に卒業した小宮も、「勤勉」な学生ではなかったのかもしれないが、毎年十名足らずの卒業生しか出していないドイツ文学科の教室に四年在籍した東郷が、同時に卒業した小宮の顔をおぼえていなかったというのは、やはり異常である。東郷はよほど教室に姿をみせない学生のひとりだったのであろう。

東郷は当時のドイツ文学科の主任教授カール・フローレンツ（Karl Florenz）になじめなかったというはなしもつたわっているが、文学志望の学生が文科大学の講義にしばしば飽き足りない思いをするのは、今も昔もよく見かける現象である。東郷はドイツ文学科の教室のかわりに、「三代会」の集りに足しげく通い、そこで文学修業の手ほどきをうけていたのであろう。そして、その成果が『帝国文学』の誌上をかざった「戯曲『マリア・スチュアルト』評論」だったのであろう。「三代会」がそのままつづいていたら、東郷の後半生は別の進路をとることになったかもしれないのである。

しかし、その「三代会」も、東郷上京後の二年目に消滅してしまった。しかも、その消滅は、東郷が文学志望者の前途についていだいていたらしい楽観を打ちくだくような仕方で訪れた。片山は文学についての懐疑と無縁ではない神経症の疾患をかかえて仙台へ下り、登張は表現の自由を咎められて、浪々の生活に入った。『帝国文学』への登場がはなやかであっただけに、東郷が味わった動揺ははげしかったにちがいない。

ここで、東郷の文学志望とは、この程度のことで動揺するほどたわいもないものであったのかと、ことばを尖らせてみても意味がないであろう。後年、東郷は「三代会」の時代の記憶に触れられるのを好まなかったふしがあるが、外交界に転じてからの東郷の意識のどこかに、七高での片山との出逢いにはじまる「三代会」との付き合いは、自分を文学という「迂路」に誘い込んだ「悪縁」という思いがひそんでいたのかもしれない。(57)

「三代会」が消滅してから大学卒業までの二年間は、東郷にとって「煩悶」の季節であったのだろう。後年の巣鴨獄中時代の断片の中に、「大学　Dilettantism　ノ文学ニ不満　永遠ノ詩人トシテハ足ラズ　活動欲」という文字が見えるが、それは「煩悶」の足取りの要約であるかの如くに読める。(58)

その頃ドイツ文学科に在籍した田中梅吉（のちに京城帝大教授）や小野秀雄（のちに東京大学教授）の回想も、これを裏書きしている。ふたりの回想がつたえているのは、教室にはめったに顔を見せず、口数はいたってすくなく、親しい友人もほとんどいないらしく、たまに下宿を訪ねてみると、部屋の中にひとりで坐っている、といった東郷の姿である。

小野は「東郷君も、早いうちに、一年くらいで法科大学にかわればよかったので、そうすれば簡単だったのである」と語り、田中は記憶にのこる東郷のことばとして、「命を打ち込んで文学を研究するというのならいざ知らず、あるいは本当の教育者になるというのならいざ知らず、たんに高等学校の教師になって、他の卒業生よりも一足先に世に出るとか、文学者にかぶれて詩をいじくるとか、そういうことは僕のいさぎよしとするところではない」を紹介しているが、要するに「三代会」の庇護が失われ、ふたりの先達を見舞った不運を目撃するうちに、青年期にありがちな文学という「憑き物」が東郷から落ちたのであろう(59)。

東郷が大学に四年在学したのは、一年間病気療養のために休学したからである。そのさい東郷は日光の中宮祠のあたりで静養につとめたというが(60)、この文学という「憑き物」と訣別するにあたって、東郷も師の片山とおなじように、神経症のくらがりぐらいはくぐったかもしれない。いったんは父の意向にそむいて、文学志望を決意した東郷である。おそらく訣別にいたるまでには、かなりの心理的な曲折があったものと想像される。

やがて四年の課程をおえて、卒業を迎えたとき、ただちに母校の七高からドイツ語教授として招聘されたのは幸運であったといってよいが、東郷はこれを辞退した。この傲慢とも思える選択と、文学との訣別と、いずれが先であったか、はっきりしないが、「苗代川者」にたいする偏見の支配する鹿児島に、到底東郷はかえる気にはなれなかったであろう。

東郷はそのまま東京にのこり、翌明治四十二年(一九〇九)一月から明治大学ドイツ語講師となり、明治四十三年(一九一〇)八月までこの職をつづけている。明治大学に職を得たのは、やはり同大学の講師をしていた登張の斡旋によるものであろう。

東郷は明治大学を辞任してから外務省に入省するまでに、もうひとつ職についている。それは明治四十五年（一九一二）二月から入省までの半年ほどの短い期間であったが、明治維新に関する外国書取調べのための嘱託という資格で、前年の五月に文部省が設置した維新史料編纂会に勤務していることである。(61)

東郷がいつ外交官志望に転じたのかを推定するのはむずかしいが、最初の受験（「外交官及び領事官試験」）が明治四十三年九月であることを考えると、文科大学卒業から明治大学講師にかけての時期ということになろう。大学卒業後まもなく、大森で火事に会った東郷は、本郷にもどり、大学の正門にちかい森川町の蓋平館別館に下宿するようになったが、ちょうど東郷が明治大学講師のころ、やはり鹿児島県の出身で、東郷より十歳年長、しかも夫人が東郷とおなじ苗代川の出身という外交官赤塚正助が、在外勤務をおえて帰国した。本省の通商局第一課長に就任するためである（明治四十二年六月十四日付）。帰国した赤塚が居を定めたのは、本郷の西片町十番地であった。

赤塚は豪放闊達な人物で、夫人も虚飾がなく、部下などの面倒をよくみる、親切で気さくな人柄の持主であったらしい。(62)しかし、赤塚夫妻の人柄もさることながら、東郷にとって何よりも救いであったのは、赤塚家では「苗代川者」という負い目を感じなくてすんだことであろう。東郷はよく赤塚家を訪ねるようになったというが、そういう機会に赤塚から外交官志望をすすめられたことは、十分考えられることである。(63)

東郷にとって、外交官志望とは、ドイツ文学への愛着とその教養を生かしつつ、官吏をのぞむ父壽勝の要請にもこたえ、かつ自分の出自にまつわる懸念を封じる道ではなかったろうか。いったんは「苗代川者」という「桎梏」からの脱出の夢を、文学に托したかにみえた東郷であったが、その行路の多難さを目撃する衝撃から立ち直ったとき、東郷がえらんだのは海外へはばたく道であった。

東郷は明治四十三年(一九一〇)九月から「外交官及び領事官試験」の受験を開始し、この年と翌明治四十四年のそれとに失敗した後、大正元年(一九一二)の三度目の受験でこれに成功している。当時この試験に二度目ないし三度目の受験で合格するのが、むしろ通例といってよく、東郷の場合、それに文科大学出身という不利な条件が加わっていたわけである。

明治二十六年(一八九三)に制定された「外交官及び領事官試験規則」によれば、出願者は履歴書にそえて、課題論文(邦文と、英、独、仏の三ケ国語のうち、いずれかによる訳文)の提出を求められ、その書類審査を通過した者だけが、受験の資格をあたえられることになっていた。東郷が合格した大正元年の論文の課題は、「新国家ノ承認及ビ新政府ノ承認ヲ論ズ」であった。

つづいて、作文(邦文と、その外国語訳)、外国語、公文摘要(邦文)、口述要領筆記(邦文)、体格検査からなる第一次試験が九月におこなわれ、これに合格した者が、ひきつづきおこなわれる第二次試験にすすむことになる。ちなみに、大正元年の作文の題は、「南京陥落ノ状況ニ関シ、在南京帝国領事ヨリ外務大臣ニ対スル報告」であった。

第二次試験は筆記試験と口述試験とにわかれ、前者に合格した者だけが、後者の受験資格をあたえられた。筆記試験は、憲法、国際公法、国際私法、経済学の必修課目と行政法、刑法、民法、商法、刑事訴訟法、民事訴訟法、財政学、商業学、外交史、商業史の選択課目(二課目選択)からなり、大正元年に東郷が選択したのは、刑法と外交史であった。なお、東郷は明治四十三年と翌明治四十四年と、いずれもこの第二次筆記試験で不合格になっている。

大正元年の必修課目と、東郷の受験した二つの選択課目の問題を、こころみに紹介しておこう。

憲法　一、内閣ノ連帯責任トハ何ヲイフカ。帝国憲法ハ内閣ノ連帯責任ヲ認ムルヤ否ヤ。二、帝国憲法中ニ於ケル左ノ用語ノ意義ヲ略述セヨ。(イ)、司法権、(ロ)、特別裁判所、(ハ)、政府、(ニ)、既定ノ歳出。

国際公法　一、外国ノ領水ニ在ル軍艦ノ地位ヲ論ゼヨ。二、極メテ簡明ニ左ノ諸語ノ意義ヲ略述セヨ。(イ)、治外法権、(ロ)、義務的仲裁裁判、(ハ)、国際審査委員会、(ニ)、戦時禁制品。

国際私法　一、法人ノ国籍ヲ論ズ。二、手形行為ノ効力ノ準拠法ヲ論ズ。

経済学　一、固定資本ト流動資本トノ差異ヲ論ジ、併セテ其ノ国民経済トノ関係ヲ説明スベシ。二、外資輸入ノ利害ヲ論述スベシ。三、賃金鉄則トハ何ゾヤ。併セテ之ヲ批評スベシ。

刑法　不明。

外交史　一、千八百五十六年ノ巴里会議及千八百七十八年ノ伯林会議ニ於ケル土耳古《トルコ》及バルカン半島諸国ニ関スル決議事項ヲ簡明ニ記述スベシ。二、極メテ簡明ニ左ノ諸語ノ意義ヲ記述スベシ。(イ)、欧州協調、(ロ)、国民主義（若《もし》ハ民族主義）、(ハ)、帝国主義、(ニ)、権力平衡（若ハ均勢）。

第二次試験のうちの口述試験は、以上の課目について、ふたたび口頭でおこなわれる審査である。大正元年の場合、第一次試験が開始されたのは九月十二日、最後の口述試験がおわったのは、十月十二日である。

この年の出願書は八十二名であったが、その後つぎつぎの試験でふるいにかけられ、十月十九日の合格者発表（『官報』）に名前をみせたのは、つぎの六名、すなわち、北田正元、坪上貞二、東郷茂徳、川越茂、天羽英二、吉田東作である。順序は受験の成績にしたがっている。各人の出身校と受験回数は、北田（東京帝大法科、一回）、坪上（東京高商、四回）、東郷（東京帝大文科、三回）、川越（東京帝大法科、三回）、天羽（東京高商、二回）、吉田（東京帝大法科、一回）である。

東郷の父壽勝が本籍地を苗代川から鹿児島市西千石町八十二番地の二に移したのは、『官報』の掲示後、じつに二日（十月二十一日）というあわただしさであった。ちなみに、東郷が出願のさいに外務省に提出した自筆の履歴書（大正元年八月二十一日付）には、本籍地　鹿児島県日置郡下伊集院村三十八番地とあるだけで、大字苗代川の文字は省略されている。

合格が発表されると、各人について、寄宿先と出身地の双方の警察による身上調査がおこなわれたが、東郷の場合、なかなか興味ぶかい記述をふくんでいる。

まず東京の下宿先（当時は本郷区森川町一番地蓋平館支店）あたりで聞き込んだのであろうが、警視総監安楽兼道名義の報告（大正元年十月二十五日付）は、「一、性質　沈着剛毅にして寡言、稍々《やや》頑固の傾きあり、二、品行　方正にして何等の悪評なし」と記している。他の五人の合格者の場合、その「性質」について、ただ簡潔に「温順」「温和」「温良」「沈着」と書かれているだけである。東郷の場合、いささか様子がちがうのは、よほど「頑固」という評判がたっていたためであろう。つぎに鹿児島県知事谷口留五郎名義の報告（大正元年十月二十七日付）は、「一、性質　沈着にして温順、思想周密なり、二、品行　方正」と述べ、参考として、「実父は動産五、六万円、不動産四万円位を有し、中流以上の人物なり」という但し書きをつけている。資産家であるという、県知事による保証であるが、こういう生家にたいする言及は、他の五人の場合にはまったく見られない。

文学という「迂路」を経た東郷は、このとき三十一歳であった。

第二章　最初の在外勤務

——奉天・ベルン・ベルリン——

一　奉天

合格発表につづいて、大正元年（一九一二）十一月十五日、北田正元、坪上貞二、東郷茂徳、川越茂、天羽英二、吉田東作の六名にたいして、外交官補（高等官七等）に任ずる旨の辞令が交付され、六名は正式に外務省の門をくぐった。

この六名のうち、川越は、すでにふれたように、七高における東郷の同期生であるが、明治四十一年（一九〇八）七月に東京帝国大学法科大学を卒業後、鉄道院書記などをつとめたのち、外交官志望に転じたのである。川越は宮崎県の出身であるが、前年の十一月に亡くなった同郷（飫肥藩）の先輩小村寿太郎の感化をうけて、外交官を志すようになったといわれている。七高時代、東郷と川越のあいだにしたしい付き合いはなかったが、これ以後、最晩年まで、川越は東郷がこころをゆるした数少い外務省の友人のひとりであった。

ここで東郷らが入省した大正元年をはさむ前後三年間に、「外交官及び領事官試験」に合格して入省した者の氏名を紹介しておくと、つぎのようになる。のちに昭和の日本外交において、さまざまな役割を演ずる人物の名前が、そこに見られるはずである。

明治四十二年　徳川家正、伊藤述史、岡部長景、藤井貫一郎、熊崎恭、矢野正雄、有田八郎、横田誠一郎、来栖三郎、藤田栄介。

明治四十三年　斎藤博、岡本武三、斎藤良衛、堀田正昭、泉小次郎、武富敏彦、二瓶兵二、赤松祐之、山崎平吉。

明治四十四年　重光葵、芦田均、縫田栄四郎、栗野昇太郎、堀内謙介、村上義温、酒匂秀一、桑島主計。

大正二年　矢野真、岩手嘉雄、加藤外松、栗山茂、谷正之、藤井啓之助、白鳥敏夫、朝岡健。

大正三年　沢田廉三、原田万治、田村幸策、村井倉松、三宅哲一郎。

大正四年　越田佐一郎、石射猪太郎、加来美知雄、横山正幸、玉木勝次郎、栗原正、富井周、二見甚郷。

外務省入省以降の東郷をもっともよく知る川越は、後年、昭和十年代に外相をつとめた有田八郎、重光葵、東郷の三人を評して、人間味において有田、政治性において重光、頭脳において東郷と、それぞれの特徴を指摘したが、その有田は東郷よりも三年前に、重光は東郷の前年に、それぞれ入省している(1)。

東郷らが入省したころの外務省は、まだ陸奥外交、小村外交の残照の中にあった。以下は同時に入省した北田正元の回想である。

「その時分の省内の気風は、職員の人数が少なく、上下が非常に密接な接触を毎日保っておりました。たとえば高等官食堂のごときは一室しかなく、二つの長いテーブルが相対して並んでいて、一方には大臣、次官から局長ぐらいまで、他方には課長から私ども末輩に至るまでが同席して、食事をとりました。食後も、仕事の話もしたり、雑談もしたりして、和やかで非常に気持のよい、完全に上下が一致融和した状態でありました。殊に当時は、いわゆる陸奥、小村外交で日本の外務省が非常に名声をあげ、国民から深い信頼を受けており、外務省幹部は、はなはだ意気があがっていた時代がまだ続いておりました。小村寿太郎さんは、私が任官する一ケ年前に亡くなられましたが（明治四十四年十一月二十六日没）、その弟子であった山座（円次郎参事官）さん、阿部（守太郎政務局長）さんなどのベテランが省首脳部になっておりまして、実に意気高らかとして、気持がいい思いでした。」

任官早々の外交官補といえども、高等官であったのだから、東郷ら六名も、入省直後から、小村などの面影が色濃くただようこの高等官食堂に出入り、上司と食事をともにすることができたわけである。

北田の記憶にのこる入省直後の東郷の姿は、つぎのようなものである。のちに述べるように、それぞれ別の理由で、北田と東郷のふたりは、坪上、川越、天羽、吉田の四人にくらべて、外地赴任が数カ月おくれ、その期間、阿部守太郎の主管する政局で事務見習をつづけていたのである。

「東郷君と私は、おもに各種の公文の書き方と調査事務を習いましたが、外務省の諸公文は伝統的の特徴や美点があり、これに関する要領を会得することは、そうむずかしいことではありませんでした。当時は毛筆で書く定めになっていましたが、東郷君は達筆で、殊に文科出ですから、詞源も豊かであり、また漢文の簡潔さも会得していたので、在来の他の人々が書く以上に名文を書いて、上司に差し出しましたから、上司はほとんど手を入れて直すようなことはしませんでした。また、たとえば私どもが在外公館あての公文を書かせられる場合には、事案の成り行きや訓令の趣旨等を、事前に丁寧に教えてくださるので、仕事は実に有益でありました。阿部局長でも課長でも、いつでもその部屋にうかがうと懇切に指導してくださり、種々貴重な教えに与かりました。東郷君は頭も良く、文才に秀でていましたので、普通の人のように詳しく教えないでも、呑み込みが早いものですから、上司から重宝がられ、しまいには松井慶四郎次官なども、直接東郷君を呼んでおられました。(2)」

いったんは文学を志望した東郷の素養が、ここではものをいっているけはいであるが、後年東郷は同僚や部下の起草する訓令案や報告類にたいして、じつに手きびしい批判や添削を加えることで有名であった。文章については、という自負は、のちのちまで東郷にのこり、それは遺稿『時代の一面』にも息づいているように思われる。

それでは東郷らが入省した大正元年(一九一二)が政治的にどういう時期であったかというと、この年の十二月、閣議が二個師団の増設を否決したことを理由に、陸相上原勇作が単独で辞表を提出し、その結果第二次西園寺公望内閣が総辞職を余儀なくされ、つづいて第三次桂太郎内閣が発足するが、今度は護憲運動の強圧をうけて、わずか二カ月の短命におわり、そのあとをうけて、大正二年二月、第一次山本権兵衛内閣が登場するという、めまぐるしい内閣交替劇がくりかえされた時期である。

他方、中国に眼を転じると、辛亥革命(一九一一〜一二年)によって清朝政府が崩壊し、中華民国が成立した直後の動乱期にあたり、その余波は外務省にもおよんで、東郷が外地に赴任してからまもないことであるが、大正二年九月、東郷らが省務の手ほどきをうけた政務局長阿部守太郎が中国にたいする「軟弱外交」の非難をあびて、二名の暴徒の襲撃をうけ、死亡するという事件がおきている。

軍部(倒閣を誘引した上原陸相の辞表提出)と中国問題という、のちに東郷外交に大きな軛《くびき》をかける二つの主題は、東郷のあたらしい門出にあたって、すでにくらい旋律をかなではじめていた。

さて、大正元年十一月に入省した東郷ら六名は、当時の慣例にしたがって、政務局と通商局とで短い実習期間をすごした後、ただちに任地に向うことになっていたが、北田は大学院の課程を修了したいという希望が認められたため、そして東郷は病気のために、大正二年一月から二月にかけて、坪上がウラジヴォストークへ、川越がハルビン(哈爾賓)へ、天羽が安東へ、吉田が天津へとそれぞれ赴任してゆくのを見送りながら、本省勤務をつづけることになった。やがて北田も五月末にベルリンへ旅立ち、東郷の出発はもっとおくれることになった。その病気は腎臓炎であるが、入省後まもないころの発病と思われ、年を越して大正二年四月に入ると、「尚両参ケ月間不良ノ気候ヲ避ケ、療養且ツ経過観察ノ必要」があると記された医師の診断書が二度も提出されている。

東郷の任地として最初に予定されていたのは漢口であったが、こうして東郷赴任の時期の見通しがはっきりつかなくなったためであろう、漢口総領事芳沢謙吉のつよい要請にこたえて、外務省は前年入省し、奉天総領事館に勤務していた桑島主計を東郷の身代りとして、急遽漢口に転任させることを決めた。

しかし、ほどなく東郷の健康も回復したらしく、七月二十一日付で奉天勤務を命じられ、東郷は任地へ向かった。東郷の奉天到着は八月二十五日である。回想録『時代の一面』の記述も、ここからはじまる。(3)

東郷は『時代の一面』の冒頭で、「大正初年の奉天、すなわち、今の瀋陽は、当時に於ける日本の対外発展の最重要基点であった」と書いているが、このことばの通り、日露戦争の勝利の記憶につながり、日本が自国の勢力範囲と見なしていた東三省（満州）南部および東部内蒙古の中心部に位置する奉天は、当時の日本の大陸政策の拠点であり、その前哨基地であった。

その大陸政策の夢と野望をのせて走る南満州鉄道は、この奉天をほぼ中間地点にして、南は大連、旅順へ、北は長春へとのび、さらに奉天と朝鮮国境に接する安東とのあいだを、その支線（安奉線）が結んでいた。

この要衝の地に総領事館が設置されたのは、日露戦争直後の明治三十九年（一九〇六）六月であり、初代総領事は萩原守一である。その後奉天総領事館は、東三省南部の各地につぎつぎに設置される領事館を統轄する役割をもはたすようになったが、東郷とおなじように、官補として最初の在外勤務を奉天ですごしたひとびとの中に、吉田茂と有田八郎がいる。

東郷が着任したころの総領事は落合謙太郎、やがて二年後の大正四年（一九一五）十月に落合がローマに転勤した後は、矢田七太郎（総領事代理）である。総領事のほかに、領事一名、外交官補一名ないし二名、書記生三名、通訳生三名というのが、だいたい当時の奉天総領事館の構成であった。

ここで東郷は大正二年（一九一三）八月から大正五年（一九一六）五月まで、約二年九カ月をすごすことになったが、東郷の経歴の中で、中国勤務はこれが最初で最後である。

東郷の奉天時代を見るにあたって、まず記すべきは、着任後ちょうど一年の大正三年（一九一四）八月、ヨーロッパで第一次大戦が勃発し、それがさまざまな波紋をアジアでひきおこしていったことであろう。

日本も連合国側に立って参戦し、中国におけるドイツの権益が集中している山東半島に出兵し、十一月には膠州湾にのぞむドイツの租借地青島を攻略したが、その直後に東郷は青島、天津、北京をめぐる視察旅行を命じられ、その見聞を通して、「支那は日本なくとも存立し得るが、日本は支那なくしては存立し得ない」という感想を得たと、後年の回想で記している。(4)

約三年前の辛亥革命によって、清朝は崩壊し、中国はすでに革命的動乱の時代に突入していたが、第一次大戦の結果、ヨーロッパ勢力が中国から不在である機会に乗じて、大正四年（一九一五）一月、日本政府は突如として「二十一ケ条要求」を中国につきつけ、その受諾をせまった。

日本が東三省（満州）南部と東部内蒙古で獲得していた権益の拡大と強化、山東半島における旧ドイツ権益の譲渡など、広範囲にわたる項目をつらねたこの要求は、中国の内外できびしい批判と抵抗にさらされ、交渉は難航をかさねたが、けっきょくこの年の五月、日本側が要求の一部を撤回するかたわら、軍事力の威圧の下に最後通牒を発するにおよんで、交渉はようやく妥結をみた。

しかし、中国側がこの最後通牒に屈服した五月九日を「国恥日」と名づけたように、「二十一ケ条要求」は辛亥革命以来昂まりつつあった中国のナショナリズムをつよく刺戟し、中国本土の各地、上海、漢口、広州などではげしい抗日運動をひきおこした。このときの日本政府の首相は大隈重信、外相は加藤高明である。

「二十一ケ条要求」の余波は、当然奉天にもおよんだ。「奉天総領事館は調査、電報の継受等に一方ならざる多忙を見るに至り、大正四年五月、遂に支那側に最後通牒を発し、万一の場合に備える第五師団一部兵力の集結、居留民の立退き準備を行ひたる為め、一時奉天の空気は甚だ緊張せるものがあつた」というが、「二十一ケ条要求」そのものについての東郷の評価は、つぎの二点に要約できる。

まず、日本側の要求が広範囲におよんだことについて、東郷は、「其大部分は南満（州）鉄道及び安奉線、遼東半島租借の期間延長による日本の満州に於ける地位の確保と、山東省に於ける独逸利権の幾部（幾分）継承と云ふので、日本よりすれば、日露戦争及び対独戦争（第一次大戦）により、満州及び山東省を支那の手に取り止めた代償として、当然許さるべきと考へたのであって、当時としては無理はない」としている。つぎに、最後通牒という手段に訴えたことについて、東郷は、「袁世凱（大統領）自身強要せられた形を装ひて、国民の了解を便ならしめむ為め、我日置公使（日置益。北京駐在）に使嗾する所があつたとは、其後自分は同公使より直接聴取した」と述べている。(5)

しかし、「二十一ヶ条要求」にたいしては肯定的な態度をしめした東郷も、奉天在勤の末期に目撃したもうひとつの事件、後年の張作霖謀殺や満州事変の先駆ともいうべき「第二次満蒙独立運動」については、批判的であったようである。

すでに辛亥革命のさいにくわだてられ、流産におわった類似の計画をひきついだこの運動は、日本側の意向に反して帝制復活を画策していた袁世凱にたいする反対工作の一環として、外務省や参謀本部の暗黙の承認と支援の下におこなわれたもので、まず清朝の後裔粛親王を擁する宗社党と蒙古騎馬隊の一首領巴布扎布（パブチャップ）とを提携させることによって事をはこぼうとする、大陸浪人川島浪速、陸軍大佐土井市之進、陸軍少佐小磯国昭らの暗躍が先行し、つづいて当時奉天将軍の地位を狙っていた張作霖の蹶起をうながすのが、より実際的であるとする、奉天領事矢田七太郎などの主張が登場し、謀議は複雑に交錯し、統一をみないうちに、大正五年（一九一六）六月、当の袁世凱が急逝するにいたって、日本政府の方針も一変し、まもなくこの運動に中止の決定が下されたのである。(6)

東郷はこの中止の決定の直前に、あたらしい任地ベルンに向うため、奉天をあとにしたのであるが、「之が満州独立の第一着手、成功すべしとは思へずとの感を以て去る。同時に満州が日露支の間にあり、日露戦役の後を受けて、非常に重要地域となれり。但し之を支那の一部とせず、独立せしめんとせば禍根とけず。依て之を緩衝国とし、同時に支那との間に関税同盟、以て永く平和、然らずんば、支那も安心せず、日本も安心せず」というのが、東郷の感想であったという。(7)

こうして第一次大戦は、アジアにおいて、日本の大陸進出への意欲と野望をいっそうかきたてるという副産物を生んだが、主戦場のヨーロッパにおいては、当初予想された早期決着の期待がまもなく破られ、戦線は膠着し、戦争の帰趨についても、容易に予断をゆるさない状態がつづいていた。

大正五年(一九一六)五月、日本政府は中立国スイスの首都ベルンに公使館を新設し、戦局の推移について情報収集にあたらせることを決定した。初代公使に三浦彌五郎が任命され、公使館員のひとりに東郷がえらばれた。

二 ベルン

ベルン赴任に先立ち、東郷はひとまず帰国を命じられたが、東京にもどってみると、任地へ同行するはずの三浦公使は、どういうわけか、すでに出発した後であった。大正五年七月中旬、東郷はその後を追うようにして、あわただしく東京をはなれ、シベリア経由でスイスへ向った。

敦賀から船でウラジヴォストークに渡り、さらに東支鉄道、シベリア鉄道と約二週間の旅をつづけて、七月三十日、東郷はロシアの首都ペトログラード（ペテルブルグ）に到着した。ペトログラードに着く数日前から、東郷は発熱をおぼえ、下痢になやまされる状態がつづいていたらしく、同地駐在の本野一郎大使も東郷の健康を案じて、数日間の休養をすすめたというが、任地へいそぐ東郷の足をひきとめることはできなかった。

当時交戦地域である中部ヨーロッパを通過してスイスに入ることは不可能であった。ペトログラードをあとにした東郷は、フィンランドを汽車で北上し、トルニオ、ハパランダからスウェーデン領に入り、今度は一転して南下の旅をつづけ、ストックホルムから行路を西にとって、ノルウェーのベルゲンに出た。ベルゲンからドイツの潜水艦が出没する北海を船で渡り、イギリスのニューカースルを経て、八月九日、東郷はロンドンまで来た。

しかし、強行軍をつづけてきた東郷の足も、ここで停止せざるをえなくなった。ロンドン到着直後、東郷は高熱を発し、同地滞在中の日本人医師辻寛治によって腸チブスと診断され、ただちに入院を余儀なくされたからである。入院後数日間は人事不省の状態がつづき、一時は絶望をつたえられるほどであったというから、よほど病状が悪化していたのであろう。病菌はシベリア旅行中に得たものらしく、東郷の入院生活は約二カ月におよんだ。

東郷の十三歳年少の末の妹で、玉河久雄（工学士）に嫁していたトミが、結婚後わずかに五カ月、二十二歳の若さで病死したのは、東郷がスカンジナヴィア半島を横断中の八月四日のことである。その悲電を東郷はロンドンで手にしたはずであるが、東郷家にとってはあいつぐ不幸の発生であり、そのため東郷の希望を入れて、東郷自身の病気のことはしばらく留守宅に通報されなかった。

危地を脱し、退院した東郷は、イギリス海峡にのぞむトーケイ（Torquay）などで、さらに約一カ月の療養生活をつづけ、このときの東郷のイギリス滞在は通算すると約三カ月をかぞえた。その後東郷にイギリス在勤の機会はなく、イギリスでの長期滞在といえるのは、これが最初で最後であった。(8)

十一月上旬、健康を取り戻した東郷は、ロンドンをあとにし、イギリス海峡を無事に渡り、ルアーブル、パリを経て、十一月十二日、任地のベルンに到着した。

東郷が着任したころの日本公使館は、三浦彌五郎公使、東郷、書記生一名という小世帯で、場所も旧市街のベルナーホーフ (Der Bernerhof) というホテルの一室にあったが、まもなくアーレ (Aare) 川の対岸の住宅地区の一画、キルヒェンフェルト街 (Kirchenfeld Strasse) 五十六番地に居を移した。また公使館員として、その後奥田竹松、井田守三、伊藤述史などが加わってきた。

東郷は大正八年(一九一九)三月にドイツ出張を命じられるまで、アルプスの連山をのぞむこの風光明媚な町で、約二年五カ月をすごすことになったが、その間、のちに述べるような理由で、大正七年(一九一八)六月、突然三浦公使に帰国命令が出されるという事件があり、そのあとをおそって、十月から本多熊太郎が公使をつとめた。東郷自身は、大正七年六月に外交官補から三等書記官に昇進している。このベルンでも、東郷はスペイン風邪をこじらせ、肺炎をわずらったというが、その時期ははっきりしない。

いうまでもなく、当時スイスは戦乱のために二つに引き裂かれたヨーロッパにあって、中立を保持していた唯一の国であり、スイスで発行される新聞や雑誌などは、戦争の経過と見通しについて、ヨーロッパでもっとも冷静かつ客観的な記事を提供することで知られていた。日本政府がここに公使館を新設し、情報収集の任務を課したのも、そのためであるが、東郷はベルン在勤中にふかい感銘をうけた事柄として、「民主的政治」、「自然の風物」、「永世中立に対する熱意」の三つをあげている。

「あの難局に立ちて中立を維持し得たのは、政治的利益に迷はさるることなく、先づ侵入し来るものを敵とするとの簡明なる方針の下に、国民一致の団結が出来たからである。これ『ウイルヘルム・テル』に現はれた如き、独立自由の気象が凝結せるもので、一朝一夕の業ではないが、中立維持に関心あるものの採つて以て範とすべき所である。(9)」

またおなじ中立国であるという理由で、当時スイスはヨーロッパの平和主義者、反戦運動家、革命家の避難所の観を呈していた。そういう亡命者の中に、レーニンもまじっていたが、のちにふれるように、東郷はそのレーニンの顔を見たという。

東郷がベルンに到着してまもなく、膠着状態をつづけていた戦局の様相を一変させる事件が双方の陣営で相ついでおこり、第一次大戦は終幕にむかって急速に動き出した。

その口火を切ったのは、大正六年(一九一七)一月、ドイツが連合国側の船舶にたいして、潜水艦による無差別攻撃を開始したことであろう。その結果、四月にアメリカがドイツに宣戦を布告し、六月には新鋭のアメリカ軍がヨーロッパ戦線に姿をみせはじめた。

他方、この年の三月、ロシアで「二月革命」が勃発し、ロマノフ王朝が崩壊して、ケレンスキーなどのひきいる臨時政府が発足し、ロシアは革命的動乱の渦中に投げこまれた。

この「二月革命」の報を亡命先のチューリッヒで聞いたレーニンは、ただちに帰国の決意を固め、やがてスイス社会党員フリッツ・プラッテン（Fritz Platten）を介して、ドイツ参謀本部からドイツ通過の許可をとりつけた。そして、四月九日、チューリッヒの停車場から、夫人クルプスカヤ、ジノヴィエフ、ラデックなど、他の三十一名のボルシェヴィキとともに、いわゆる「封印列車」でペトログラードへと旅立った。このときから「世界の時計の進行が変わった」といわれる、有名な歴史の一齣である。

ドイツ参謀本部の狙いは、レーニンという「強力な政治的ダイナマイト」を敵国ロシアへ送りこむことにあったが、その余波が自らの足もとにも押し寄せて、約一年半後にドイツ革命をひきおこすことは、ルーデンドルフ将軍らも予測することができなかった。

帰国したレーニンは、この年の十一月（「十月革命」）、ソヴィエト政権を樹立し、翌大正七年（一九一八）三月、ブレスト・リトウスクでドイツと単独講和を結び、かくしてロシアは戦線から離脱していった。

ところで、東郷はレーニンをいつ、どこで見かけたのであろうか。レーニンがスイスを去ってから約二年後、東郷は敗北したドイツの首都ベルリンで、或るドイツ人の質問に答え、つぎのように語っている。そのドイツ人は、東郷がベルンに在勤したことを知って、「レーニンを識っていたか」と尋ねたのである。

「東郷氏は、話しをしたことはないが、見たことはある、レーニンは非常に賢こそうで、且つ精力的な感じがした、あの眼の表情から推して、かれは観念に憑かれた男（Idealist）であると答えた。[10]」

東郷のベルン着任からレーニンのチューリッヒ出発まで、期間にして約四カ月である。東郷がレーニンの存在を知ったのは、スイスに亡命している反戦主義者や革命家の動静について、公使館に情報を提供してくれる者、つまり、東郷の言う「其消息に幾分通じて居る者」の手引きによってであろう。

やがて東郷は「『マルクス』、『エンゲルス』等の研究を始め、ロシア革命の勃発頃より『レーニン』の著書等も書肆の店頭を飾ることとなったので、第一には『国家と革命』(レーニン)に就きて、所謂『ボルシェヴィズム』を研究した」というが、それはまだすこし先のことであろう(11)。

前述の四カ月のほとんど大部分の期間、レーニンはチューリッヒに滞在し、昼間は同市の図書館を自分の「仕事部屋」にしていたというから、東郷はチューリッヒへ出張した機会に、ここでレーニンを見かけたのかもしれない。「二月革命」が勃発する直前の一月九日、レーニンはチューリッヒでひらかれた青年労働者の集会で、「おそらくわれわれ老人は生きているうちに、この来るべき革命の決戦を見ることはないであろう」と、沈鬱なことばを語っているが(『一九〇五年の革命についての講演』)、このときの聴衆の中に東郷もまじっていたのであろうか。

しかし、いっそう可能性がつよいのは、ベルンにおいてである。レーニンの『伝記年譜』によると、レーニンは「封印列車」に乗り込む直前の四月六日から四月九日にかけて、ボルシェヴィキの同志などと帰国の打合わせをするため、ベルンに滞在している。そして、レーニンがベルンに来た四月六日には、スイスの社会民主党左派機関紙『ポリティーケン』(Politiken)が、「ロシア急進社会主義派の指導者」と題して、前年(一九一六年)のレーニンの写真をはじめて掲載し、そこに「まもなくレーニンはロシアの解放のために帰国する。そこではロシアの同志たちが、首を長くして、すばらしい指導者の到着を待ちわびている」という解説を附していたからである。この『ポリティーケン』の記事が「其消息に幾分通じて居る者」の目にとまり、それが東郷につたえられ、

東郷はレーニンがベルンに来ていることを知ったのではないだろうか。(12)

四月九日、レーニンはベルンの中央停車場からチューリッヒに向い、おなじ日の午後、チューリッヒから「封印列車」に乗り込むのであるが、東郷がじっさいにレーニンを見かけたのは、ベルンの街頭か、カフェか、中央停車駅か——いずれにしても、奇遇というほかはない。

東郷自身、この点について何も書きのこしていないが、東郷はペトログラードへ帰還する直前のレーニンを目撃した稀な日本人である。後年外務省を代表するソ連通といわれる東郷とロシアとの関係は、なにやら不思議な因縁の糸で結ばれているかの如くである。

大正七年(一九一八)三月のロシアの戦線離脱に勢いを得たドイツは、この年の春から夏にかけて、西部戦線で最後の猛反撃をこころみたが、もはや頽勢を挽回することができず、十月にいたって、連合国側に和議を申し入れた。そのさいドイツが援用したのは、この年の一月、アメリカのウイルソン大統領が将来の講和の基礎として提案した民族自決などをふくむ、「十四ケ条」(Fourteen Points)の原則であった。

このドイツの申し出が受け入れられ、休戦条約が調印されて、約四年四カ月の長きにわたった第一次大戦が終結を見たのは、東郷がベルンに着任してから、ちょうど二年目の大正七年(一九一八)十月十一日である。その二日前にドイツ皇帝ウイルヘルム二世が退位してオランダに亡命し、エーベルトを首班とする社会民主党政権が発足していた。ドイツの敗北は、同時にドイツ革命の開始であった。

大戦の終結に伴い、中立国スイスで戦局の推移を観察するという東郷の任務もおわり、まもなく東郷はあたらしい任務につくため、ベルンを去ることになるが、それを見る前に、東郷がベルンで経験した二つの出来事を記しておかないわけにはゆかない。

ひとつは、東郷が「外務省人事の上に自分が第一に目撃した不愉快の事件」と呼んでいるものであるが、後年東郷自身も、駐独大使の時代に、やや類似の運命に見舞われることになる。

事件の経過は、ベルンの公使館付武官であった陸軍大佐佐藤安之助が、三浦公使となにか「事務上」のことから「衝突」をおこし、佐藤はこれを参謀本部と、個人的に親しい外相後藤新平（寺内正毅内閣）とにつたえ、その結果、大正七年（一九一八）六月、三浦に帰国命令が出されたというものである。後藤は一時佐藤の公使昇格も考えたというが、外務省の同意が得られず、三浦の後任には本多熊太郎が任命された。

この佐藤は東郷の奉天在勤時代、南満州鉄道奉天公所長をしていたので、東郷はその「長所」も「短所」も熟知しており、あらかじめ三浦に警告をしていたが、ついに「衝突」、延いては三浦公使の更迭を防ぐことができなかったという(13)。

以上は東郷による事件の説明であるが、このときの佐藤の後藤外相宛ての手紙（大正七年五月二十一日付）がのこっている。「参謀本部へ託ス」、「必親展」と表書きをしたこの手紙は、まず後藤の外相就任（大正七年四月二十三日付）を祝した後、具体的に名前こそあげていないが、あきらかにそれとわかるかたちで、三浦の行動を非難し、あわせて外交官一般にたいする批判と不満をぶちまけている。後藤と佐藤の関係は、後藤が南満州鉄道の初代総裁（明治三十九年―明治四十一年）をしていたころにさかのぼるのであろうが、よほど親しい間柄であったとみえる。

「外務官吏の宿弊は閣下も常々熟知せらるる所に候が、外国に在りては殊に之を感ずる事著《いちじる》しく御座候。高等官の総人員が一枚の紙にて尽くる如き少数にも拘らず、門戸を閉鎖して他より入るを許さず、而《しか》も上級者は縁を求めて民間会社又は大商の重役に出で、若《も》しくは貴族院議員に勅選せらるるといふ情況故、常に悪貨のみ残り、人材の不足するも当然に候。海外に在る外交官が其国の真情にも通ぜず、単に政府の代表己れ一人の自負を以て、居留民を眼下に見下し居るは有名なる事実にて、殊に小生の知れる某公使の如き、在任二年間にタッタ一度、十六人の招宴を行ひしのみ。交際季節が来るも、他より招待を受くるも、吾れ関せず焉を以て専心経費の節約に是れ腐心し、些々たる官給の邸舎に留学生同様の貧生活を倣し、其仕事たる、毎日館員を督して新聞の翻訳のみ、他は全くゼロなりといふ情況に有ㇾ之候。如ㇾ此始末にて日本の外交の振ふべき筈は無ㇾ之候。若し在勤俸が少くばウント増加し、夫れを活用せざるものは遠慮なく淘汰し、省内に人なくば他より之を登用し、以て新人材を活躍せしめざれば帝国の仕事は延び難しと存じ候。切に閣下の御勇断を是《これ》祈り候。(14)」

このベルン発の佐藤の手紙の日付（大正七年五月二十一日）と、本省から出された三浦への帰国命令の日付（大正七年六月二十六日）とを照らし合わせてみると、後藤が佐藤の意をうけて、ただちに三浦の更迭を決定したことがうかがわれる。

東郷は上司の三浦の人柄や行動についてひとこともふれていないが、三浦はとかく奇矯なところのある人物であったらしい。明治三十八年（一九〇五）に朝鮮の馬山の領事をしていたころ、来訪した愛国婦人会の創立者奥村五百子とのあいだで何かいざこざをおこし、この奥村を評して、「小生ヲ免職セシメザレバヤマズ杯揚言シタル模様」と本省に訴え出ている記録ものこっている。三浦はスイス公使を免じられた翌年、公使の資格のまま、平和条約実施委員として再びヨーロッパに来ているが、この事件の三年後の大正十年（一九二一）、「慢性腎臓炎

及ビ神経衰弱症」を理由に外務省を辞している。どこか外交官としての適格性に欠けるところがあったのかもしれない。(15)

しかし、後年「外交大権」ということばをよく口にするほど、外務省の地位と立場のつよい擁護者であった東郷は、公使としての三浦の適格性がどうであれ、公使館付陸軍武官の一片の「私信」によって、公使の更迭が実現されたことは、到底我慢のならないことであったのだろう。東郷はこの事件を軍部の「術策」と呼んでいる。

なお、この事件の翌年のヴェルサイユ講和会議のさいに、日本全権団の随員としてパリに集まった少壮外交官中の四名、有田八郎、斎藤博、重光葵、堀内謙介の討議に端を発するという外務省革新運動(「外務省革新同志会」の結成)は、「門戸開放」、「省員養成」、「機構の拡大強化」を三大目標にかかげたが、それが前述の佐藤の手紙の趣旨と一脈通じ合うものをもっていたことを指摘しておく。(16)

もうひとつは、東郷の感情生活を横切った或る女性の物語である。

キルヒェンフェルト街の公使館から徒歩で約十五分、高級住宅地区のエルフェン街(Elfenstrasse)六番地のメナール(Meynard)家に、東郷がいつから寄宿するようになったのか、正確な日付はわからないが、東郷宛ての手紙の表書きからみて、それはベルン到着後半年以内のことと思われ、東郷は約二年をこのメナール家ですごしたことになる。

現在ウルグアイ公使館(一九七一年現在)の標札が掲げてあるこの宏壮な家に、当時富裕な実業家メナールの未亡人、娘のマリー＝ローズ(Marie-Rose)、息子のレオン＝ギョーム(Leon Guillaume)の三人が住んでおり、寄宿人東郷は最上階の三階に部屋をあたえられて、家族の一員のように遇されていたという。満でかぞえて、東郷が三十四歳から三十六歳にかけて、十六歳年少のマリー＝ローズが十八歳から二十歳にかけての時期である。

ブリュッチュ（Brütsch）と姓をかえて、いまも健在なマリー＝ローズの端麗な容姿から、東郷がメナール家に寄宿していたころのマリー＝ローズのおもかげを想見すると、楚々たる美少女ということばしか思いあたらない。おそらく、はじめ東郷はマリー＝ローズに妹のような感情をいだき、それが次第につよい性質のものにかわっていったのであろうが、ベルンにおける東郷とマリー＝ローズの物語は、「わたくしはまだ若すぎて、東郷さんの愛情を十分理解できなかったのです」という、マリー＝ローズ（ブリュッチュ夫人）の短いことばの中に、言い尽くされているようである。(17)

しかし、この物語をここで打ち切るわけにゆかないのは、その後マリー＝ローズの側に東郷の記憶がながくのこり、やさしい挿話を生み出しているからである。

このときから約二十年後の昭和十四年（一九三九）から昭和十五年にかけて、のちに東条英機首相の秘書官をつとめた陸軍中佐赤松貞雄は、駐在武官としてベルン在勤中、偶然このメナール家に寄宿し、まだ独身をつづけていたマリー＝ローズに会っているが、よくマリー＝ローズの口から、東郷をなつかしむことばが出るのをきいたという。(18)

やがて第二次大戦がおわり、東郷が「A級戦犯」として訴追されたことをベルンの新聞で知ったマリー＝ローズは、マッカーサー将軍にあてて、東郷の人柄を説明し、その無実を訴える嘆願書をおくったのである。この事実を巣鴨拘置所内の東郷は知らなかったにちがいない。

その後マリー＝ローズは、昭和二十二年（一九四七）、四十八歳のとき、ブリュッチュ氏に嫁した。以下、筆者のブリュッチュ夫人訪問記をまじえて、はなしをつづけてみたい。

昭和四十六年（一九七一）五月、筆者はエルフェン街六番地メナール家の旧宅にちかい、フリカルト通り（Frikartweg）十七番地のブリュッチュ家に夫人を訪ねた。高齢のブリュッチュ氏は身体が不自由なように見うけられ、その面倒をみながらの筆者との応対であったから、いきおい夫人のことばはすくなく、かつ控え目であった。それに元来がつつましい人柄なのであろう。そういう夫人の口から、わずかにこぼれ落ちたのが、先に引用したことばである。夫人はこのとき七十二歳であるが、その挙止は匂うようなうつくしさをまだとどめていた。夫人は東郷の形見だといって、日本の扇などを見せてくれた。

短い訪問をおえてフリカルト通りを歩いていると、うしろから駆けてくる足音がきこえた。ふりかえると、ブリュッチュ夫人であった。庭で摘んだという小さな花束をさし出し、よく訪ねてくれたというブリュッチュ夫人、いや、マリー＝ローズの眼に涙が光っていた。夫人は手紙を書くからとひとこと言い、すぐ逃げるように引き返していった。

エルフェン街のすぐ背後にひろがる広大なデールホルツリ（Dählholzli）公園に東郷が散策の足をはこぶとき、そのかたわらに、しばしば花を摘み、草にたわむれるマリー＝ローズの姿があったのかもしれない。東郷は回想録『時代の一面』の中で、ベルンの自然に惜しみない賛辞をささげているが、その自然の風物の中に、マリー＝ローズのおもかげも溶け入っていたのかもしれない(19)。

やがて帰国した筆者のもとに、ブリュッチュ夫人から手紙をそえて、東郷の書類箱がひとつ送られてきた。すぐ後で見るように、東郷がベルンを去り、ベルリンで新しい任務についたとき、最初それは一時的な出張という性質のものであったため、東郷はこの書類箱をマリー＝ローズのもとにのこしていったのである。依頼をうけたマリー＝ローズは、これを五十余年も保管していたことになる。あけてみると、東郷にあてた手紙類、写真、辞令、身分証明書などが出てきた。夫人の手紙に、万一東郷に不都合なものがまじっていたら、伝記に使用しないでもらいたいという一行があった。(20)

三　ベルリン

第一次大戦の終結によって、中立国スイスでの任務をおえた東郷にまず出されたのは、帰国命令（大正八年一月二十一日付）であったが、それが撤回されて、ドイツ出張の辞令（同年三月二日付）が交付されるまでに、つぎのようないきさつがあった。

まず、「瑞西《スイス》ヨリ帰朝ヲ命ゼラレタル東郷書記官、六月迄船便無ク、出発不可能ナル事情モアリ。当地（パリ）ニ引留メ講和事務ニ従事セシメタキニ付、至急御発令アル様御詮議アリタシ」（大正八年二月二十七日付）という駐仏大使松井慶四郎の電報がしめすように、帰国の便船が容易に得られなかったことである。もちろん、革命直後のソ連経由で帰国することは不可能であった。なお、ヴェルサイユ講和会議に出席する日本全権団の一行は、このころパリ到着を開始していたが、松井は日本側全権のひとりに任命されていた。

つぎに、この前日に打電されたおなじ松井大使の報告によって、日本側がドイツに軍事視察団を派遣する件について、他の連合諸国に異存のないことが確認されたことである。この軍事視察団派遣は大戦終結の直後から、参謀本部が提案していたものであるが、連合国側との協調を重んじる外務省は、日本が他国に先んじて単独行動

に出ることを好まず、英仏米などの意向を打診していたのである。(21)

そして、この二つの報告に接した外務省は、急遽予定を変更し、帰国のために待機中の東郷のドイツ派遣を決めたのである。

大正八年(一九一九)三月中旬、東郷はマリー＝ローズやメナール家のひとびとに別れを告げ、ベルンをあとにした。しかし、このときの東郷の身分は依然スイス在勤のままだし、ドイツ出張は一時的な性質のものと考えられていたから、東郷は前述の書類箱をマリー＝ローズのもとにのこしたのであろう。東郷のパリ到着は三月二十二日である。

それから約三週間のパリ滞在中のことであろうが、東郷は日本側がヴェルサイユ講和会議でおこなった二つの提案、すなわち、人種差別の撤廃と、中国の山東半島における旧ドイツ権益の継承とについて、つぎのような意見を具申したと、後に書いている。いうまでもなく、日本は前者の主張においてやぶれ、後者の要求において所期の目的を達成したが、後者は中国の反日感情に決定的ともいえる刻印をのこし、有名な五・四運動を触発する導火線になった。

「其頃予は珍田(捨己)、伊集院(彦吉)両全権及び落合(謙太郎)事務総長等に対し、曩《さき》に予が現地に就て見た所に依り、山東利権の価値を過大に評価するの過りなること、従て山東に占拠するは、北京に対する圧力の支柱となるを眼目とすべきが、日本の満州よりの圧力は先年日支交渉(「二十一ケ条要求」に関連する交渉)の成立により充分にして、其れ以上は徒《いたずら》に支那人の感情を刺激し、経済的に損するの虞《おそ》れ大なり。之に反し人種平等の主張は、人類の正義に合致するのみならず、南方資源の獲得にも資する所大なるにより、山東問題に付き徒に体面に捉はるることなく、譲歩すべきは思ひ切り譲歩し、他方人種平等の声明を推進するを可とすべしとの意見を述べたが、右は青年外交官の空論にして、時宜に適せずとて顧みられなかつた。[22]」

さて、三月二十二日にベルンからパリに到着した東郷は、集結していた陸海軍視察団に同行して、ただちにドイツへ向う予定であったが、予期しない出来事が重なり、陸海軍側のつよい督促にもかかわらず、一行の出発は約三週間おくれた。

最初外務省側が予定していたのは、東郷のほかに、東郷よりも一年早く入省し、日本全権団の随員のひとりとしてパリに来ていた重光葵と、それに書記生一名の計三名を、陸海軍視察団に同行させることであった。しかし、まず重光が「流行性感冒」のためにパリをうごくことができなくなり、つぎに同行する書記生の候補にあげられていたスイス在勤の弓削哲三が、事務多忙を理由にする公使館側の反対にあって参加が不可能になり、けっきょく予定されていた三名のうち、のこるは東郷ひとりになった。そして、東郷は、たやすく自説を撤回するような人物ではなかった。

「同国（ドイツ）ノ形勢益々険悪ヲ加ヘントスル今日、一人ノ助手ヲモ帯同セズ、単独入独スルモ、充分ナル調査ヲ為スコト到底不可能ナリ」というのが、東郷の主張であり、視察団を監督する立場にあった松井大使も、原則的には東郷の意見を支持していた。このときの東郷の主張は、よほど執拗なものがあったらしく、しびれを切らした陸海軍側は、ついに陸軍大佐渡辺錠太郎の名前で、参謀総長に打電するにいたった。

「外務省派遣者タル東郷書記官ハ随行者ナシニハ出発シ得ズト主張スル為、今以テ出発時日ヲモ定メ得ザル情況ニアリ。依テ外務省ヨリ、東郷書記官ニ随行者ヲ待タズ速ニ出発スル如ク命ズルカ、或ハ陸海軍丈ニテモ出発シ得ル様松井大使ヘ命令アル様、至急御取計アリタシ。」(大正八年四月九日付)

しかし、武官のみを派遣するのは、連合国側との了解に反するという事情があり、やむなく松井大使は、この参謀総長あての電報が打たれた四月九日、東郷を外務省の代表として、単独でドイツへ派遣することを決めたのである。そのさい、松井大使は、「旅行ノ範囲及ビ引揚ゲノ時機ヲ本人(東郷)ノ考量ニ一任シタル外、視察調査モ外観的ニ止ムルモ可ナリ」という一項を訓令に付したが、もちろん、これは東郷の主張を考慮に入れたためである。東郷は自由な行動の許可を得たも同然であった。軍部と渡り合う後年の東郷の姿を、はやくもここで垣間見る思いがする。ちなみに、このとき陸海軍側の代表としてパリに集結していたのは、前記の渡辺陸軍大佐のほかに、陸軍少佐今井清、陸軍大尉鴨脚光弘、海軍主計総監宇都宮鼎、海軍大佐横尾尚の計五名であった。[23]

軍事使節団の一行と東郷は、大正八年(一九一九)四月十四日にパリを出発し、ケルンを経由して、四月十七日にベルリンに到着した。宿舎はカイザーホーフ(Der Kaiserhof)である。

ここは大戦直前に文部省研究員としてドイツに留学した東郷の旧師片山正雄(当時第二高等学校教授)が、「エスプラナード、アドロン、ブリストル、カイザーホーフは、贅沢ホテルで、いづれも富豪貴紳のみ出入りするところで、吾々平民の窺い知る限りで無い」と書いた著名なホテルであるが、戦勝国日本の外務省を代表する東郷は、臨時代理大使出淵勝次が着任するまでの約一年間、ここを宿舎にして活動をつづけることになった。[24]

かつてはドイツ文学者を志したこともある東郷である。東郷にとって、ベルリンはさまざまな連想をかきたてるなつかしい場所であったはずだが、いま見るベルリンの姿は、敗戦による疲弊、革命による混乱、苛酷な講和条件と戦争責任の一方的転嫁とによる屈辱に喘ぐ、いたましい重病人のそれに似ていたにちがいない。

敗戦とともに開始されたドイツ革命は、各地ではげしいストライキや暴動をひきおこしてきたが、この年の一月のベルリンには共産党（スパルタクス団）による武装蜂起の可能性も存在し、一月十五日にはその指導者カール・リープクネヒトとローザ・ルクセンブルクが逮捕され、虐殺されるという事件がおきていた。

憲法制定国民会議のための総選挙がおこなわれたのは、その直後の一月十九日であるが、この選挙において社会民主党は第一党の地位を獲得し、それにつづく中央党、民主党とともに、ワイマール共和国の樹立に向って第一歩をふみ出した。しかし、革命的情勢はまだドイツの各地に存続し、容易に前途の予断をゆるさない状態がつづいていた。じじつ、三月にはベルリンで大規模なゼネストが決行されたし、東郷がベルリンに入った四月中旬には、まだバイエルンの首都ミュンヘンで、「レーテ共和国」の旗がひるがえっていた。

ベルリンに到着した東郷と軍事使節団の一行は、さっそくドイツ外務省を訪問し、視察団の目的として、第一にドイツに抑留されている日本人捕虜の本国送還、第二にドイツの政情視察の二点を申し入れたが、ドイツに抑留されている日本人捕虜は存在しないことが判明し、前者の目的は消滅した。後者の目的については、ドイツ側は総領事ティール（F. A. Thiel）と通訳一名を助手として貸与し、視察団への協力を約束した。

このドイツ側との最初の会談の内容を要約したドイツ外務省の記録は、一行のひとりひとりについて簡単な印象を書きとめているが、東郷については、「社会問題、とくにボルシェヴィズムがドイツで勝利をおさめるかどうか」につよい関心をもっていると述べ、一行のうちでもっともたくみにドイツ語を話したのは、渡辺錠太郎陸

軍大佐であると記している。(25)

これ以後、出淵勝次代理大使が着任するまでの約一年間、ドイツ外務省の窓口として、東郷と接触をつづけたのは、このティールである。ティールは一八六三年の生まれだから、東郷より十九歳年長になる。明治二十三年（一八九〇）に通訳生として来日して以来、ひきつづき東京、神戸、横浜で領事館勤務をつづけ、大戦が勃発する直前は横浜総領事の地位にあった日本通である。そして、ティールは日独間に外交関係が再開されると、大使館参事官として再び来日することになる。東郷との接触は、このティールによって、そのつどドイツ外務省に報告されたようである。(26)

東郷は、つづいて四月二十五日、ベルリン到着後八日であるが、ベルリン商科大学（Handelshochschule Berlin）のパウル・エルツバッハー（Paul Eltzbacher）教授を訪問し、二時間余にわたって、興味ぶかい意見の交換をおこなった。ドイツにおけるボルシェヴィズムの将来に関心があるという東郷の希望にこたえて、ドイツ外務省が斡旋したものであろう。

エルツバッハーは、『アナキズム』（Der Anarchismus,1900）、『外交政策の手段としての新聞』（Die Presse als Werkzeug der auswärtigen Politik, 1918 und 1919）などの著者であり、当時『ボルシェヴィズムとドイツの将来』（Der Bolschewismus und die deutsche Zukunft, 1919）と題する小冊子を執筆中であったから、東郷の問題関心からいって、意見を打診するにふさわしい人物のひとりであった。このエルツバッハーは、「ナショナル・ボルシェヴィスト」（Nationalbolschewist）、あるいは「左翼がかった右翼」（Linke Leute von rechts）と呼ばれたひとりであり、ドイツ外務省内の有力なグループ、ヴェルサイユ体制打破の手段として、対ソ接近を主張するマールツァン(Argo von Maltzan)などのグループとも接触を保っていたのであろう。やがて三年後の大正十一年(一九二二)にジェノア近郊のラパロで締結されるソ連との友好条約の推進役になったのは、このグループである。(27)

他方、エルツバッハーにとって、来訪した東郷は戦勝国の一員である日本の外務省代表である。当然エルツバッハーは東郷との応対がパリの連合国側につたわることを予期し、会談の中にその点を意識した発言をからめてきた。連合国側が講和条件を正式にドイツ側に提示するのは五月七日であるが、新聞報道などを通して、およその内容はすでにドイツ側につたわってきていた。そして、ドイツ外務省も、東郷の発言に無関心ではいられなかったらしく、その要請にもとづいて、エルツバッハーは会談の翌日、東郷とのやりとりを記録した覚書を作成し、これをドイツ外務省に送付した。以下に紹介するのは、そのエルツバッハーの覚書である。

「予想したように、東郷氏の目的は、ドイツにおけるボルシェヴィズムの将来について、わたしの意見を打診することにあった。しかし、同氏がイギリスの利益を念頭に置いているのか、あるいは日本の利益を念頭に置いているのか、必ずしも明瞭ではなかった。そこで東郷氏がその感想をイギリス側に伝達する場合に備えて、わたしはつぎのような作戦をたてた。すなわち、ドイツへの食糧の供給を増大すること、ドイツに賠償金を押しつけないこと、この二つがいかに重要であるかを指摘し、とくにイギリスがこの点を十分認識する必要があることを強調することである。それに加えて、わたしは東郷氏から、日本と英米との関係、さらに現下の諸問題についての同氏の意見を極力聞き出そうとした。」

このとき東郷は三十八歳、その身分はまだ三等書記官にすぎなかったが、ともかく敗戦国の首都ベルリンで日本の外務省を代表する唯一の存在であり、エルツバッハーはそれにふさわしい注意をもって、東郷との会談にのぞんだようである。

「東郷氏は、まず社会化(Sozialisierung)についてどう思うかという、無難な質問から切り出してきた。さっそくわたしは、どういう理由でわたしの意見に興味をもっているのか、われわれドイツ人が社会化についてどう考えているかを知りたがっているのは日本なのかどうかと、逆に質問してみた。これにたいして、東郷氏は、自分にはなんの政治的な動機もなく、ただ学問的な関心があるだけだと答えた。もちろん、わたしは同氏のことばを額面通りに受けとっていないが、よくわかったと答えておいた。」

「つづいて東郷氏はボルシェヴィズムについてのわたしの意見を求めた。私見によればと断わった上で、わたしはつぎのように述べた。ボルシェヴィズムは、われわれドイツにとって唯一の救済策である、と。そして、敗戦後の数カ月、ドイツ民族は絶望に押しつぶされた状態にあったが、いまや過度の圧迫を受けた結果、これに抵抗する運動がおこっていること、この意味でわたしは連合国が非常に度をすごしたことをしてくれたことを大きな幸福だと思っていると述べた。」

「東郷氏は、それではドイツにおけるボルシェヴィズムの今後の見通しはどうか、これにたいするドイツの国民感情はどうかと尋ねてきた。それにたいするわたしの答えは、つぎのようなものである。国民感情は捕捉するのが困難なもので、だれもそれについて確かなことは言えない。しかし、確かだと言えることが、ただひとつある。それは、悪い食糧事情、侮辱的な待遇、我慢できない講和条件を与えられる見通しなど、いわば培養菌をたっぷりふくんだ雨を注がれれば、すでに存在しているボルシェヴィズムの胚種は自動的に繁茂することである。わたしは信頼できる筋、とりわけ右翼の関係者から多くの手紙をもらっているが、それらはつぎのことをわたしにつたえている。すなわち、ドイツ国民の中でも、とくに強い祖国愛にみたされているひとびとは、連合国の奴隷の地位から脱却するために必要とあらば、よろこんでボルシェヴィズムに身を投じるつもりである、と。」

「これを聞いて、東郷氏は、ありとあらゆる反論をわたしに投げかけてきた。その狙いは、あきらかに、わたしが本当に以上のようなことを考えているのかどうか、それともわたしの議論はたんなる恫喝にすぎないのかどうか、その点をたしかめることであった。東郷氏はとくにつぎの点を強調した。ボルシェヴィズムの経済的な価値は非常に疑わしい、ボルシェヴィズムを実践することがドイツにとって有益であるかどうか、反省してみるべきである、と。」

「わたしはつぎのように答えた。今日われわれドイツ人にとってもっとも重要なのは、名誉である。忍従という消極的な状態から脱出し、再び行動に復帰する解放感である。われわれはもはや叩かれるだけの鉄床《かなとこ》であることを欲しない。とくに日本人である東郷氏は、この点をよく理解できるはずである。ドイツにとって有益であるかどうかという点であるが、最初はほとんど気づかれないけれども、長期的に見ればドイツの死を意味する連合国による搾取よりも、ボルシェヴィズムのもたらす荒廃のほうが、はるかに小さな悪であるとわたしは考えている、と。」

「東郷氏は、ドイツがそのような進路をとることに伴う危険を指摘したが、それにたいして、わたしは、危険は危険な道を往くことによってしか回避できないという、マキァヴェリのことばを引用した。さらにわたしが、じつはロイド・ジョージとクレマンソーが度をすぎたことをしてくれたことにたいして、わたしはむしろ感謝しているのだと述べると、東郷氏は、かれらには先見の明がないと言い、さらに政治家の大部分は愚鈍であると付け加えた。これは同氏の本心から出たことばであるという印象をうけた。」

つづいて、エルツバッハーは東郷の「挑発」にかかった。

「会談の途中から、わたしは東郷氏を誘導して、その意見を聞き出そうとした。わたしは、この戦争の本当の敗者はドイツと日本であると言った。最初、東郷氏は非常に驚いた様子であったが、ドイツとロシアの崩壊によって、日本は英米との関係で、背後からの援護を喪失したことになるとわたしが言うと、同氏は大きな留保を付した上で、その意味は理解できると答えた。」

「われわれはかなり打ちとけてきたので、わたしは東郷氏がドイツにおけるボルシェヴィズムの将来について知りたがっているのは、イギリスとフランスへの影響を考えてのことなのか、それとも日本への影響を考えてのことなのかと、尋ねてみた。東郷氏は非常にはっきりした口調で、日本という観点からのみ、この問題に関心があると答えた。しかし、わたしはそのことばを百パーセント信用していないが。」

「つぎにわたしは、世界革命になった場合、ボルシェヴィズムが中国と日本に波及する可能性について、東郷氏の意見を聞いてみた。同氏は、中国の場合のほうが、その可能性がはるかにつよい、貧富の対立がずっとはげしく、その上多くの中国人労働者が働いているシベリアを経由して、すでにボルシェヴィズムへのある程度の感染が中国ではじまっていると答えた。それに反して、日本にボルシェヴィズムが波及することはまずありえないというのが、同氏の意見であった。」

「さらにわたしは、ボルシェヴィズムがドイツと西ヨーロッパに侵入した場合、それが日本に及ぼす影響についてどう考えるかと、質問をすすめた。東郷氏は、まず好ましい影響と好ましくない影響の二つがあると述べた。好ましくない影響とは、日本製品のヨーロッパへの輸出が打撃をうけることであると言った。それでは好ましい影響とは何かと追求すると、すこし喋りすぎたと感じたのであろう、東郷氏はわたしの質問にそれ以上答えようとしなかった。」

「これはわたしの解釈であるが、日本はボルシェヴィズムがイギリスと、できればアメリカとに波及することをねがっていると思う。そうなれば、英米による世界支配の危険が回避されるからであり、このアングロサクソンによる世界支配こそ、『アジア人のためのアジア』という日本の根本原理を非常に危くするものだからである。おそらく、日本自身は、ボルシェヴィズムの影響をまぬがれることを望んでいるが、現在の世界秩序の固定化よりも、日本をも巻きこんだ世界革命のほうが、まだしもましだと日本は考えていると、わたしは思う。」

「この点に探りを入れるために、わたしは英米による世界支配の脅威のことを話題にしてみた。東郷氏は、歴史はその可能性を否定している、イギリスとアメリカは再び袂をわかつであろうと答えた。それは疑問であると、わたしはことばをつづけ、国家間の協力のもっとも確実な基礎は搾取の対象を共有することである、英米同盟はこの数十年来、ロシアと中国という共通の搾取の対象を継続的に保有してきたのではないかと、東郷氏に指摘した。これにたいして、東郷氏は、あたかも日本はこの危険をとくに深刻に受けとめていないかの如きふりをした。しかし、まさにそういう東郷氏の態度から、わたしはつぎの感想を得た。すなわち、日本は中国における自国の利益という観点からいっても、ボルシェヴィズムがイギリスと、できればアメリカとへ波及することが望ましいと考えている、と。」

「最後に、われわれの会談は非常に打ちとけたものになったので、わたしは東郷氏がレーニンを識っていたかどうかと、聞いてみた。これにたいして、話しをしたことはないが、見たことはある、レーニンは非常に賢こそうで、且つ精力的な感じがした、あの眼の表情から推して、かれは観念に憑かれた男だと、同氏は答えた。」
「東郷氏はあと数カ月ベルリンに滞在する予定で、もう一度わたしを訪問したいと言った。今回の訪問は二時間十五分におよんだ。」

この会談から得たエルツバッハーの東郷についての感想は、つぎの如きものであった。

「わたしは東郷氏から非常に良い印象をうけた。真剣であり、聡明であり、且つドイツの事情に珍しいほど精通している。(28)」

引用が長くなったが、このエルツバッハーの覚書は、筆者の知るかぎり、外交官東郷の風貌が外国人によってくわしく描き出された最初の記録である。そして、それをたどってゆくと、つぎの感想がうかぶ。
第一に、このとき東郷は三十八歳、まだ身分は三等書記官であったが、エルツバッハーの「挑発」をたくみにかわして、ベルリンにおける外務省代表の面目をよく保っていることである。東郷がたやすく「挑発」に乗って粗大な言辞を弄する男でないことは、この覚書からもよく読みとれる。エルツバッハーは、たとえば「英米による世界支配」という罠を仕掛けてみたが、ついに東郷から何の言質も引き出すことができなかった。いうまでもなく、当時日本はエルツバッハーの言う「英米」をふくむ、連合国の一員であった。

第二に、ベルンで勉強を開始した共産主義に関する知識と、ドイツについての一般的な教養をもって、東郷がエルツバッハーと知的な意味でも、互角に渡り合っている様子がうかがえることである。東郷はドイツ語を話すことが必ずしも得意ではなかったといわれているが、それがエルツバッハーとの会談で妨げになった形跡はみられない。おそらく、東郷はドイツ外務省が貸与した通訳の助けを借りてはなしを進めたのであろうが、知識人エルツバッハーが東郷を手応えのある相手と感じたことは、「真剣であり、聡明であり、且つドイツ事情に珍しいほど精通している」という評語からあきらかである。

第三に、ベルリンに入った東郷が、劈頭から、「ボルシェヴィズムは、われわれドイツにとって唯一の救済策である」と主張する、いわば絶望のラディカリズム、急進的な「ナショナル・ボルシェヴィズム」の思想にふれたことの意味である。それは外交官としての東郷の後年の経歴、独ソ問題の専門家として成長してゆく東郷の歩みを考えると、なにやら象徴的な意味合いを帯びている。しかし、この第三の点を別にしても、エルツバッハーの覚書がつたえているのは、まぎれもなく、有能な一外交官の誕生であった。

東郷はエルツバッハーとの会談のさい、ドイツの「政界および経済界の指導的人物」と面談し、ドイツの現状と将来について意見を交換したいと語っているが、東郷が歴訪した人物の中に、当時巨大な電力企業アー・エー・ゲー（AEG: Allgemeine Elektrizitäts Gesellschaft）の総帥で、大正十一年（一九二二）に独ソ間で締結されるラパロ条約のさいの外相であるワルター・ラーテナウ（Walther Rathenau）もまじっていた。このラーテナウのことは、つぎに紹介する東郷の報告の中にも登場するが、後年の回想の中でも、東郷はもっとも感銘をうけた見解のひとつとして、当時ラーテナウが披瀝したソ連観と共産主義観を紹介している。

「自分（ラーテナウ）は労農政府は世人の言ふが如く早く崩壊するものとは考へない。又よし露国の『ソヴィエト』政府がつぶれても、共産主義思想は絶滅するものとは考へない。労農政府の施設は人類の一試験であるから、暫らく藉するに時を以てして成功するや否やを見ることが尤もいいと思ふ。しかし、右の制度は『ロシヤ』の如く国土大にして、自給自足の可能なる地域に非ざれば試験期を経過することさへ困難となるから、独逸の如き資源不足し、多数国との交易に由らずしては生存の出来ない国柄に於ては実行不可能なるにより、共産主義制度は独逸には実現の余裕なし(29)。」

さて、四月二十九日、ベルリン到着後十二日であるが、東郷は最初の報告をパリの松井大使におくった。この報告は、今日われわれが目にすることのできる東郷の電報のうちの、おそらく最初のものである。そこですこし長くなるが、つぎにその全文を紹介しておく。この電報の日付は、講和条件が正式に提示される八日前であるが、それが苛酷なものになることは、すでに十分予想されていた。冒頭でふれられている「一部ノ憂国民理想家〔主として学者〕」とは、エルツバッハーなどを指すのであろう。

東郷は、まず講和条件にたいする予想されるドイツの反応を取り上げる。

「講和問題ニ関シ、一部ノ憂国民理想家〔主トシテ学者〕及ビ極端ナル政府反対者〔独立社会党ノ多数及ビ共産主義者〕ヲ除キ、平和ヲ渇望セザルモノナク、新聞紙上対外硬論ハ一種ノ『マニウブル』〔探リ〕ト看做《みな》サレッツアリ。四月二十三日、在伯林《ベルリン》佛国捕虜委員『ジュボン』将軍ト会談ノ折、同将軍ハ独逸《ドイツ》政府ハ迚《とて》モ聯合側ノ講和条件ヲ承諾シ得ザルベク、結局国民議会又ハ一般投票ニ依リ決セラルル事トナルベキガ、何レモ之ヲ可決スル事ナカルベシト言ヘル処、本官（東郷）ノ今日迄得タル印象ニ據レバ、現政府ハ国民ノ要望一ニ平和ノ速進ニ在ルヲ認メ、此際速ニ和ヲ講ジ、食料及ビ原料ヲ得ルノ外、独逸国民ヲ救フノ途ナシトナスモノノ如ク、永遠ノ利害ヲ講究スルヨリモ、先ヅ講和ノ速決ニヨリ、食料、原料ノ供給ヲ得、依テ諸方面ニ不評判ナル現政府ノ命脈ヲ継ガントスルニ急ナリト認ムベキ理由アリ。畢竟《ひっきょう》現政府ハ聯合側ト密談ノ上、成ル可ク講和条件ヲ軽減セシメタル上、兎《と》モ角条約ニ調印シ、講和ヲ成立セシムルニ努ムベク、諸条件ノ実行ノ可能如何ハ事実ノ問題ニ残シ、国民議会ニ対シテモ、之ニ協賛セシムルノ手段ヲ採ルベシト予想サレッツアリ。而シテ聯合側トノ接衝ニ対シ、独逸ノ最依頼スルトコロハ『ウイルソン』ノ友好的態度ニシテ、山東問題、太平洋問題ニ対シテハ割合ニ冷淡ナルモノノ如ク、全権一行中ニ極東通ヲ加ヘムトスル外務省側ノ主張スラ、実現セラレザリシ位ナリト言フ。」

つづいて、東郷はドイツの社会情勢に目を転じる。

「独逸国内諸般ノ物資、特ニ食料品ノ欠亡其極ニ達セリ。『ケルン』・伯林間ノ実験ニ徴スルニ、耕地ハ何等荒廃ノ跡ナキモ、肥料不足ノ為、戦争以来収穫低減シ、革命後秩序紊乱《びんらん》ノ為、食料ノ密売買、著シキ配給不行届ヲ来タセリ。入独後、汽車沿道各地及ビ伯林市民ニ就キテ見ルニ、十中八九ハ顔色蒼白、形容枯槁、戦前ニ比シ体重三分ノ一以上ヲ失ヘリト言フモノ尠《すくな》カラズ。住民一般モ気力衰ヘ、現状惨憺タルモノアリ。又原料品欠亡ノ為、多数工場ハ閉鎖同様ノ状態ナルガ、復員兵卒ノ大多数ハ競フテ大都会ニ流込ミ、全国失業者ノ数ハ日ニ増シ、目下伯林ノミニテ約二十五万ノ失業者アリト言フ。而シテ革命後労働者一般ニ勤勉ノ念ヲ失ヘルノミナラズ、一日八馬克《マルク》乃至六馬克ノ失業者給与制度ハ労働者ニ遊食ノ念ヲ盛ナラシメ、共産主義ノ風潮ニ感染スルモノ増加シ来タレリ。尚官吏、資産階級、中流階級ニ属スルモノノ意気沮喪、労働者ニ対シ更ニ甚ク、之主トシテ中産階級ガ戦争及ビ革命ニ依リ労働者ヨリ遥ニ大ナル精神的打撃ヲ受ケタルト、食料配給率並収入増率ガ労働者ニ比シ小ナルトニ起因スルモノナラムモ、兎ニ角彼等大多数ハ出来得ベクンバ外国ニ移住避難セムトスル等、唯自己ノ生命財産ヲ保持セムトスルニ専ニシテ、何等ノ活気ナシ。又富裕者、殊ニ成金ノ輩ハ早晩高率ノ財産取立又ハ社会化ノ実現セラルベキヲ予想シテ、奢侈ヲ恣《ほしいまま》ニシ、下流細民ノ反撥ヲ拡張シツツアリ。要スルニ、独逸国民ハ四ケ年半極度ノ耐忍ニ気力困憊《こんぱい》シテ、前途又暗澹タル為、自暴自棄ノ念ニ駆ラレ、国民ノ大多数ガ自制ト気力ヲ喪失セル事ハ、本官ノ会見シタル官民多数ノ殆ド全部ノ是認スルトコロニシテ、各種ノ娯楽場ハ連日満員ノ状態ナルト、徹宵舞踏ニ享楽スルモノ尠カラザルトハ、這般ノ消息ヲ洩ラスモノナリト思考ス。」

最後のくだりは、ベルリンの代表的なホテルのひとつ、カイザーホーフに止宿していた東郷が日夜目撃していた事実であろう。最後に東郷は共産主義運動の現状を報じる。

「共産主義運動ハ、伯林ニ於テハ目下政府軍ノ為圧倒セラレ居ル感アルノミナラズ、実業家、智識階級、其他指導的地位ニ在ルモノハ、共産主義者ノ主張ニ幾分ノ真理ヲ認ムルモ、広汎ナル範囲ニ亘《わた》ル社会化ハ少クトモ独逸ニ於テハ実行不可能ナリトシ、又掠奪殺人ヲ事トスル彼等一味ニ対スル一般人民ノ嫌悪甚大ニシテ、直ニ該運動ノ成功ヲ見ルニ困難ナル事情アリト雖、一般人民ハ彼等ニ脅カサレ、之ニ対抗スル気力ト準備トヲ有セズ、偏ニ政府軍ニ依頼スルノ実情ナル処、政府軍兵卒ノ多数ハ失業者ノ集団ナルヲ以テ、充分ノ信頼ヲ置キ難キ模様アリ。現ニ三月騒擾ノ際、政府軍士官トシテ働キタルモノノ言ニ據ルニ、政府軍隊間ニ共産主義的風潮ニ感染スルモノ漸ク多カラムトスル傾向アリトノ事ニ有之、一方又前述ノ如ク失業者ノ増加ト共ニ共産化スルモノ日ニ多キヲ加フル情勢ナルヲ以テ、講和会議ノ進行ニ伴ヒ一大騒擾ヲ見ルニ至ルベシト予測スルモノ多シ。而シテ該運動ノ将来ニ関シテハ、政府部内ノモノハ一般ニ楽観的意嚮ヲ有シ、少クトモ伯林ニ於テハ政府軍ノ勝利ニ帰スベシト予測シ居ルモ、民間側、実業家及ビ新聞関係者中ニハ悲観的意嚮ヲ有スルモノ尠カラズ。」

「右ニ関シ、昨（四月）二十八日、独逸有数ノ企業家ニシテ、同時ニ著述家タル『ラーテナウ』ハ、本官ニ対シ、『現政府ハ中産階級ノミナラズ、社会主義者ノ多数ヨリモ不満足ノ念ヲ以テ迎ヘラレ居レリ。其地位決シテ鞏固ナリト言フヲ得ズ。然レ共諸問題中、殊ニ社会化問題ハ独逸ノ国情ニ適セザルヲ以テ、何レノ政府ト雖之ヲ実現スル事不可能ナリ。従テ独立社会党乃至共産主義者ノ政府樹立セラルルトモ、一般人民ノ満足ヲ博シ得ザルノミナラズ、其ノ場合ニハ国民会議ニ多数ヲ制シ居ル分子（社会民主党、中央党、民主党）トノ衝突甚大トナルベキヲ以テ、是等政府モ永続スル事困難ナルベキモ、兎ニ角今後暫クノ間、政治的実権ハ漸次極左社会主義者ニ移リ行クベキ傾向アリト見ルハ、妥当ノ観測ナルベシ』ト告ゲタリ。(30)」

五月七日、連合国側は講和条件を正式に提示したが、それはドイツ側の予想をはるかに越える苛酷な性質のものであった。国際連盟規約、領土の割譲、軍備の制限、戦争責任、賠償、保障占領とつづく、この十五編四百四十条から成る尨大な文書は、ドイツ側にはげしい反撥を呼びおこした。それは、たとえば東郷が面談したことのあるラーテナウのつぎのことばの中にこだましている。

「いまや何をなすべきか。まずわれわれはヴェルサイユで、この条約（講和条件）の徹底的な改訂のために全力を注ぐべきである。それに成功したならば、これに調印すべきである。もし成功しなかったならば、どうすべきか。その場合は積極的な抵抗も、消極的な抵抗も試みるべきではない。わが国の代表ブロックドルフ＝ランツァウ伯（Ulrich von Brockdorff-Rantzau。外相）は、憲法制定議会を解散する正式の布告と、大統領以下全閣僚の辞表とを敵国政府に手交し、ただちにドイツの主権と全政府機構とを引きつぐことをかれらに要請すべきである。かくすることによって、平和にたいする責任、統治にたいする責任、いや、いっさいのドイツの行動にたいする責任は、かれら敵国政府のものとなる。かれらは世界と歴史と自国民の前で、六千万のドイツ人の面倒をみなければならなくなる。これは歴史上前例をみない国家の破滅の仕方であるが、それこそがドイツ人の名誉および良心と両立する方法である。[31]」

しかし、東郷が予測したように、ドイツ政府はこれを受諾する以外に方途がなかった。ドイツ側は、まず広範囲な改訂を求める提案をおこなったが、これは拒絶された。つづいて五日以内の受諾を迫る連合国側の最後通牒を受けるにおよんで、シャイデマン（Philipp Scheidemann）を首班とする内閣は倒壊した。そして、はげしい討論を経たのち、国民議会が賛成二三七票、反対一三八票で条件受諾を承認し、つづいて六月二十八日、新内閣の外相ミュラー（Hermann Müller）が講和条約に調印した。

この講和条件の提示から調印にいたる期間、東郷は連絡のために一時パリにもどっていたようである。前に述べたように、東郷の行動はドイツ外務省が連絡役として貸与した総領事ティールによって、逐一ドイツ外務省に報告されていたが、東郷の名前がふたたびティールの報告に登場してくるのは、八月に入ってからである。

その間、講和条約の承認につづいて、七月三十一日、ドイツ国民議会はあたらしい共和国憲法を採択し、ここにワイマール共和国が正式に発足した。しかし、いわゆる「紙の上でのみ美しい憲法」と「紙の上でも悪いヴェルサイユ条約」とをかかえた共和国の前途は、非常に多難なことが予想された。(32)

当時東郷はドイツ復興の見通しについて、日本全権団中では比較的急速であることを主張する少数派に属していたが、それでも「約一世代」(三十年)というのが東郷の説であり、その点で「十五年」という説をとなえた大野守衛(ハンブルグ総領事)の意見のほうが正しかったと、のちに東郷は回想している。(33)

やがて来独する日本人の数もしだいに増大し、東郷はその応接に追われるようになるが、その中には、「独逸の技術を日本に移入する好時期と思う」という趣旨の東郷の報告に触発された陸海軍人の一行もまじっていた。(34)たとえば、陸軍省は、五月下旬、「同国(ドイツ)ノ戦役間ニ於ケル諸施設、特ニ技術ニ関スル発明、設備等ニシテ学ブベキモノ甚ダ多ク、且ツ目下工場等ヲ解放シ、研究視察ノ便宜アリ。依テ陸軍ヨリ軍用技術調査研究ノ為、佐尉官約十名ヲ差遣セントス」という決定をおこなっているが、ドイツが講和条約によって軍備を極度に制限され、とくに軍用航空機と潜水艦の製造を全面的に禁じられた事実が、この決定の背後にあったことはいうまでもない。(35)九月中旬、東郷は海軍少将加藤寛治以下九名の海軍軍人の入国許可をドイツ外務省に申請しているが、この一行はとくに潜水艦技術の調査を目的としたものであった。(36)

大正八年（一九一九）十一月に入ると、オランダに亡命中の前ドイツ皇帝ウイルヘルム二世の引渡し問題をめぐって、総領事ティールと議論をたたかわしている東郷の姿が、ティールの報告の中に見える。

ヴェルサイユ条約の第二百二十七条は、ウイルヘルム二世の戦争責任を英米仏伊日の五ケ国で構成する国際裁判所によって審理すること、この目的のために、オランダ政府にウイルヘルム二世の引渡しを求めることを定めていたが、オランダ側はこの連合国側の要求に応じることを拒否していたのである。

「東郷氏は、オランダが皇帝を連合国側に引渡すことを拒み、そのかわりに皇帝にドイツへ帰ることを命じた場合、ドイツ政府はいかなる態度をとるかと尋ねた。つまり、そうなった場合、ドイツ政府は連合国側の要求にしたがって、皇帝を連合国側に引渡すことを義務と考えるかどうか、これが東郷氏の質問である。わたしは、この問題にたいする政府の態度を知らないがと断わったうえで、もしわたしが政府の一員であれば、つぎのような立場をとるだろうと答えた。」

「講和条約の第二百二十七条は、連合国のオランダ政府にたいする皇帝引渡しの要求を記しているだけで、ドイツ政府に皇帝の引渡しを義務づけてはいない。ドイツが講和条約中の苛酷きわまる諸条項の受諾を最後通牒によって強要された事実、さらに他ならぬ同条約中の第七編（制裁条項、第二二七条―第二三〇条）がドイツの名誉を傷つけるものだとして、抗議の焦点になった事実を考えると、ドイツ政府に期待できる限度は、オランダによる連合国への皇帝の引渡しを黙認することだけであり、それ以上のことをドイツ政府に期待することはできない、と。」

「これにたいして、東郷氏はつぎのように反論した。第一に、第二百二十七条の精神にしたがえば、ドイツは皇帝の訴追を実現するという目的のために、協力することを義務づけられていると見なしうるのではないか、第二に、すくなくとも政府内部の社会民主党系の閣僚は、皇帝のドイツ滞在をまちがいなく希望していないのだから、第二百二十七条の拡大解釈をよろこんで受け入れるものと想定してよいのではないか、と。」

「わたしは第一の点をはっきりと否定した。第二の点については、判断を下せる立場に居ないと答えた。しかし、皇帝がドイツへの帰国を強要され、ドイツ政府が帰国した皇帝を連合国側に引渡そうとすれば、かならず反革命的な叛乱がおこると付け加えた。東郷氏の口ぶりから察して、連合国側は、オランダ政府が皇帝の引渡しを今後も拒否することを予期しているかの如くであり、むしろオランダ政府が皇帝にドイツへの帰国をすすめる公算のほうがつよいと見ているようである。[37]」

講和条約受諾後、歴代のドイツ政府の目標は、条約の改訂、履行の延期、あるいは条約上の規定を巧みに回避する方策の発見、この三点に向けられていたと言っても過言ではない。その意味で、このときの東郷も、ドイツの外交戦略の渦の中に巻き込まれていたのであって、東郷に対するドイツ外務省の意向の表明は、当然日本をふくむ連合国側への「宣伝工作」という性格を帯びていた。

じじつ、このウイルヘルム二世引渡し問題についての総領事ティールの発言は、十一月下旬から十二月初頭にかけて、東郷が報告のためにパリにもどる直前におこなわれたものであり、東郷を介して、それが駐仏大使松井慶四郎につたわることを意図したものであったと思われる。

このとき、東郷は、十一月二十三日にベルリンを発ってパリに向い、帰路はスイスのベルン経由で、十二月四日にベルリンにもどっているが、ベルンのマリー＝ローズ・ブリュッチュ夫人が、「東郷さんがわたしの誕生日に、パリから会いに来てくれました」と語っているのは、このときのことである。夫人の誕生日は十二月一日、マリー＝ローズにとっては二十一歳の誕生日であった(38)。

すぐあとで見るように、このパリ旅行のさい、東郷は松井駐仏大使に帰国の許可を申請した模様である。そして、東郷は、帰国に先立って、もう一度マリー＝ローズを訪ねるつもりでいたのであろう。前にふれた東郷の書類箱は、このときも依然としてマリー＝ローズに預けられたままであった。

しかし、これが東郷とマリー＝ローズとの別れになった。帰国の申請は受理されず、東郷のベルリン滞在はつづいたが、その後東郷が再びベルンに足をはこんだ形跡はなく、書類箱と、やさしい記憶だけが、マリー＝ローズのもとに残された。そうなったのは、まもなく東郷がのちに東郷夫人となるドイツ人女性と、ベルリンで出逢ったからであろう。

さて、ベルリンにもどった東郷は、さっそく東郷担当の総領事ティールの来訪をうけ、パリの印象をたずねられた。

「昨日、スイス経由でパリからかえった東郷氏は、同地で得た感想を打ち明けてはなしてくれた。同氏によると、強力なドイツが再び登場するのではないか、ドイツの復讐があるのではないかという、ほとんど病的とも言うべき脅怖心が、いまなおフランスを支配しているという。とくにヒンデンブルクが尊敬を集めていることや、調査委員会でのルーデンドルフの自信に満ちた態度は、ドイツが反革命的な運動の前夜にあって、しかもその運動は成功するという確信を、フランス人のあいだに呼びおこしているそうである。」

ここでふれられているのは、東郷のパリ行きの直前の十一月十八日、かつての参謀総長ヒンデンブルク元帥と第一幕僚長ルーデンドルフ将軍のふたりが、大戦中の責任問題を究明するためにドイツ国民議会が設置した調査委員会に出頭したさいのことである。このときヒンデンブルクは昂然たる態度で、軍隊は最善をつくしたが、国民と政党に裏切られた、ドイツ軍は背後から刺されたのも同然であると述べ、敗戦の責任を国内の諸勢力に転嫁し、いわゆる「匕首伝説」が流布するきっかけをつくった。

「東郷氏は、同氏自身の観察にもとづき、且つわたしがくりかえし述べているドイツの現状についての解説を援用して、かかる恐怖が根拠のないことを日本代表の松井大使に説明し、松井大使もこれを了承したと語った。しかし、ドイツにたいするフランスの脅怖心はじつに根強く、到底冷静な議論ではたち打ちできないそうである。さらに東郷氏は、クリスマス以前に講和条約を発効させることができるとは、パリではだれも信じていないと語った。」

「また東郷氏は、パリ滞在中、とくにフランス人の間で、つぎのような意見を耳にしたという。それは、アメリカ上院での講和条約批准の妨げになったさまざまな障害から、ドイツは利益を引き出そうとしているという意見である。わたしは、その解釈はまったくまちがっていると、東郷氏に説明した。ドイツは、アメリカ上院の講和条約反対派が、決してドイツに好意をもっているわけではないことを良く承知しているし、またつぎの点も十分理解している。すなわち、その障害なるものは、フランスがドイツから攻撃をうけた場合、アメリカはただちにフランスを軍事的に援助するという約束のことであるが、この障害は、戦略的な理由からラインランドの割譲を要求しているフランスのナショナリストたちの、むしろ思うつぼであることである。この説明にたいして、東郷氏は、自分もおなじ見方を松井大使につたえ、その点で大使と完全に意見が一致したと語った。[39]」

東郷はティールなどを介してつたえられるドイツ外務省の意向を、すべて鵜呑みにしていたわけではないであろうが、苛酷な講和条約の下で喘ぐドイツに対する同情は当然あったであろうし、英仏米などにくらべて、ドイツとの利害関係が比較的うすい日本の代表であるだけに、より冷静且つ公平なドイツ側の意向の伝達者たりえたのであろう。ドイツ外務省にとっても、東郷は重要な存在になっていたはずである。

やがて年を越して、大正九年（一九二〇）一月十日、ヴェルサイユ講和条約が発効した。この日、或るドイツの自由主義者は、その日記につぎのような予言的なことばを書きつけた。

「戦争は終った。ヨーロッパにとって、嵐を予告する雲が厚くたれこめているような、恐しい時代が始まる。この時代は、おそらく世界大戦（第一次大戦）よりも、もっとすさまじい爆発となって終るであろう。ドイツにはナショナリズムの継続的な増大を物語る徴候がいたるところにある。[40]」

東郷は前述のパリ旅行のさい、やがてこの日の来ることを予期し、講和条約の発効とともにベルリンでの任務を完了して、帰国したい旨の申請を、松井駐仏大使を介して本省に提出したわけである。元来東郷のドイツ出張は一時的な措置であったから、この申請はごく自然なものと受けとられたはずである。なお、東郷は帰国に先立つ二、三カ月間をバルカン諸国の視察にあてたいことも、申請のさいに書き添えたそうである。

この情報を総領事ティールにつたえた日本人教授某は、ティールの日本在勤中からの友人であるが、さらにつぎのように語ったという。

「この申請が受理された場合、東郷氏の後任として、現在パリの日本大使館の書記官をしている重光（葵）氏が、臨時の外交代表の資格でベルリンに派遣されてくることになろう。重光氏を正式の代理大使に任命するには、まだ外務省での経歴が短かいからである。大使がただちに任命されない場合、だれが正式の代理大使になるかはまだわからないが、大使の候補としては、日置（益）氏と船越（光之丞）男爵のふたりが、もっとも有力である。」(41)

東郷はよほど重光と因縁がふかいらしい。そもそも東郷のドイツ出張にあたって、当初外務省が予定していたのは、重光、東郷の両名のドイツ派遣であったが、それが重光の病気で変更になった。そして、いま東郷の後任に擬せられているのは、おなじく重光というめぐりあわせである。

しかし、けっきょく東郷の帰国申請は受理されなかった。それにかわって、東郷が受けとったのは、「大使館三等書記官、ドイツ在勤ヲ命ズ」（大正九年二月二十八日付）という辞令であった。出張は在勤に切りかえられ、東郷のベルリン生活はさらにつづくことになった。また、同日付で、出淵勝次がドイツ駐剳の代理大使に任命されたが、出淵が着任する三月下旬まで、ひきつづき東郷がベルリンにおける日本の外交代表の役割をつとめた。

講和条約の発効にともない、来独を希望する日本人や渡日を希望するドイツ人の数もしだいに増加し、かれらとの応接も東郷の任務のひとつになった。そして、つぎの電報がしめすように、この仕事を分担してくれる書記生はおらず、東郷はひとりで万事をとりしきらなければならなかったから、カイザーホーフの一室（一四〇号）でつづけられた東郷のベルリン生活は、日を追って繁多なものになっていった。

「入独日本人ノ増加、之ニ伴フ旅券査証ニ類似スル事務及ビ日本行希望独乙人《ドイツ》ニ対スル旅券ノミニテモ、手数ヲ要スルコト一方ナラザル次第ニ付、書記生一名ニテモ出来ル限リ速ニ御派遣相願ヒ度シ。(42)」

あとでくわしくふれるが、東郷がドイツ人女性エディータ・ド・ラランド（Editha de Lalande）、すなわち、のちの東郷夫人と出逢うのは、このような事情がひとつの背景になっている。

また講和条約の発効によって、日独外交関係の再開に備えることも、東郷の任務のひとつになったが、そういう中には、ドイツ外務省が最初の駐日大使に予定していたウイルヘルム・ゾルフ（Wilhelm Solf）との面談もまじっていた。

ゾルフはサモア総督、植民大臣、そして大戦の末期には外務大臣もつとめたドイツ外務省の有力者で、学識もふかく、且つリベラルな意見の持ち主として知られていた。ドイツ政府がこのような「大物」を日本に送りこむのは、日本との「特殊な関係」の樹立を画策しているからではないかという、根拠のない疑惑を英米諸国の一部に掻きたてたほどであった。「特殊な関係」とは、そのころ一部のひとびとの口に上っていた「日独（ないし日独ソ）同盟」のことであり、その狙いは、日本は中国において英米勢力との対抗上ドイツの支援を期待し、ドイツは講和条約で課せられた巨大な賠償金額削減の努力を日本に期待するというものであった。前年の四月、ベルリン到着早々の東郷を「煽動」したエルツバッハーの論旨も、これと類似していたわけである。(43)

東郷がそのゾルフとはじめて会ったのは、二月十二日のことである。さっそく東郷は感想を報告にまとめた。

「昨十二日（二月）、『ゾルフ』『クニッピング』（外務省東亜部長）、三人ニテ会食後、種々雑談ニ亙リタル処、其間『ゾルフ』ハ、同人ガ大学ニテ梵語ヲ修メ、右研究ヲ継続スルノ目的ヲ以テ、『カルカッタ』ニ在リタル関係上、東洋ニ興味ヲ有スルコト元来鮮《すくな》カラズ、爾後南洋『サモア』ニ十二ケ年間在勤、其内日本ニ赴カント計画シタルコト有ルモ、遂ニ之ヲ果ス能ハザリシハ遺憾ナルガ、今回同国ニ赴任スルヲ得バ、大ニ欣幸トスル処ナリト述ベタリ。同人ガ『ウイルソン』ヲ『センチメンタル・アイデヤリスト』ト評シ、彼ハ休戦十四ケ条ヲ実行セントノ目論見アリタルハ事実ナルモ、英独其他、欧州一般事情ニ通ゼザリシ為、遂ニ其主張ヲ貫徹スルヲ得ザリシナリトノ意見、及ビ英人『キーンズ』(ケインズ)ノ『講和ノ経済的結果』ヲ評シ、斯ノ如キ意見ノ発表ヲ見ル以上、其背後ニ何等カノ支持アル可シト云ヒテ、幾分英人ニ講和条約改訂ヲ望ムノ口吻アリタルガ如キ、何レモ世評ノ如ク、同人ノ英米贔屓ナルヲ立証スルノ点アリ。又同人ノ談話中、同人ガ独乙革命後、瑞西《スイス》ニ在リテ、英米人ヲ通ジ、独乙ニ有利ナル講和ヲ為サントシタルノ当時ノ風説ヲ立証スルガ如キ談アリタルモ、全体ニ於テ、同人ガ立憲民主的立脚地ニ立チ、『リベラール』ノ思想ヲ有シ、所謂『ゼントルマン』型ノモノナルハ世評ノ一致スル処ナルガ、之ガ為現政府ノ首脳トハ良好ナル関係ヲ持続セルモ、全独論者一派トハ大ニ容レザル処アルモ、之亦事実ナルガ如シ。」(44)

この大正九年(一九二〇)二月十二日の、ウイルヘルム・ゾルフとの最初の「会食」のときであろうか、日本を知るにはどうしたらよいかというゾルフの質問に答えて、東郷は、「日独間に差当り政治上の重大問題はなく、又日本の研究を其方面より始むることは却て真相を失するの虞れがあるから、精神的、文化的方面より着手するに優れるはなく、又其方面に於ても仏教、儒教、神教より入るを可とする」と述べ、とくにゾルフがサンスクリット語を知っているのだから、「仏教中の大乗教より入れたら尤もいいと思う」とすすめたそうである。

ゾルフにたいする助言がそうであったばかりでなく、「由来、外国人が他国を見る場合、政治的、経済的利害関係より入りたる者は、時勢の動きにより好悪変転するを例とするが、精神的、文化的方面より充分の研究があれば、其好悪も判断を誤つことがない。外交官に於ては殊に留意すべき点と思う」というのが、東郷の持論であったというが、これはドイツ文化についての素養が、このベルリン時代の東郷の活動を助けたという経験に裏打ちされた発言であろう(45)。

日本に赴任するゾルフの任務は、大戦によって中断された日独間の信頼関係を、政治的な意味ばかりでなく、文化的な意味でも回復することにあったから、このときの東郷の助言は適切なものだったわけである。なお、ゾルフは、この年、すなわち、大正九年（一九二〇）の八月に東京に着任し、それから昭和三年（一九二八）まで、約八年のながきにわたって駐日大使をつとめ、日独関係の改善に大きな貢献をすることになる人物である(46)。

さて、総領事ティールの報告に登場する東郷の姿をもうすこし見ておこう。三月下旬に出淵勝次代理大使が着任すると、当然出淵が日本の外交代表となり、その結果東郷の動静をつたえるドイツ外務省の記録は、あまり見あたらなくなるからである。つぎに紹介するのは、さまざまなレベルでひそかにはじまっていた独ソ接近への動きに探りを入れる東郷の姿である。

「三月六日、当地の日本代表東郷氏が、ロシア問題について話しをしたいと言って、わたしを訪ねて来た。わたしは外相が他の連合諸国の代表に説明したのとおなじ趣旨のことをくりかえし、とくにつぎの点を強調した。すなわち、コップ（Victor Kopp。ベルリン駐在のソ連代表）との交渉は、たんに捕虜問題を扱ったものにすぎないこと、噂にのぼっている委員会は、産業界および貿易業界の人々で構成される私的（民間的）な性格のものであること、この二点である。」

これだけの文面では、この「委員会」が何を指すのか不明であるが、あるいはワルター・ラーテナウなどの、ソ連に「熱いまなざし」を向けはじめていた少数の実業家グループが、この年の初頭に発足させたソ連についての「研究委員会」のことを指していたのかもしれない。なお、ここに名前の登場するコップは、大正十四年（一九二五）の日ソ国交回復後、初代のソ連大使として来日する人物である。

「つづいて東郷氏は、きわめて慎重な口ぶりで、日本とドイツは経済の領域で、ロシアで協力することが可能なのではないかと切り出してきた。日本の経済的な関心は主としてシベリアに向けられているし、ドイツの技術者は何よりもまずヨーロッパ・ロシアで豊富な活動の機会にめぐまれるであろうから、日独両国はロシアにおいて、利害の衝突を伴わない協力が可能なのではないか、というのが、東郷氏の意見であった。」

「これにたいして、わたしは、私見であると断わりながら、ロシアの復興に真に協力する意志があるかぎり、ロシアはあらゆる国の専門技術者に豊富な労働の機会を提供するであろうと答えた。」

「すると、東郷氏は、ドイツにたいして、ロシアでの共同事業を目的としたなんらかの提案が他の諸外国からすでにあったかどうかと、慎重に探りを入れてきた。」

「わたしはこの質問に直接には答えなかったが、つぎの点は示唆しておいた。すなわち、ドイツの持つすぐれた組織能力とロシアについての豊富な情報は、ドイツより資本力にまさる諸外国にとって、共同事業をおこなうさいに貴重な役割をはたすであろう、と。」

最後に、東郷は、外交関係再開後の初代駐独大使に日置益が任命される見通しであることをティールにつたえ、この日の会談をおえた。(47)

東郷がこのベルリン在勤中に遭遇したもっとも劇的な事件であり、ワイマール共和国下でおこった最初の反革命クーデターであるカップ一揆（Kapp Putsch）の勃発は、このティールとの会談の一週間後、三月十三日のことである。

「早暁、旧帝制時代の国歌を吹奏する楽隊に瞿め、『カイザーホーフ』の窓を押せば、附近の各省建物には凡て旧独逸国旗を掲げてある」と、後年東郷は回想しているが、旧プロシア官吏カップ（Wolfgang Kapp）とリュトヴィッツ（W. von Lüttwitz）将軍に率られ、ルーデンドルフ将軍のひそかな支援をうけた約五千の海兵旅団（いわゆる「義勇軍《フライコール》」のひとつ）は、三月十三日の早暁からベルリンを制圧し、そのため大統領エーベルト（Friedrich Ebert）、首相バウアー（Gustav Bauer）をはじめ、共和国政府の閣僚の大部分はベルリンを脱出し、まずドレスデン、つづいてシュトットガルトに避難することを余儀なくされた。(48) つぎに紹介するのは、この事件に関する東郷からの第一報（三月十五日付、ベルリン発）である。

「当国一般ニ国民的思想旺盛トナリ来リタルコトハ、往電第二一号中報告ニ及ビ置キタル次第有之処、最近ニ及ビ物価ノ騰貴更ニ其ノ勢ヲ加ヘタル結果、政府ニ対スル反感更ニ大トナリ、殊ニ資本家階級ハ労働者ノ跋扈《ばっこ》ヲ抑圧スルノ目的ヲ以テ、右（翼）党トノ聯携ヲ更ニ密ニスルト共ニ、独逸国民民族党（Deutsche Nationale Volkspartei）及ビ独逸民族党（Deutsche Volkspartei）ノ右党両派ハ、相互間ノ融和ニ努メ、一方又軍隊内ニ於ケル反動革命的風潮其勢ヲ加ヘ、二、三週間来、其ノ傾向殊ニ顕著ナルモノアリタルガ、『バウエル』内閣ハ之ガ鎮圧ニ着手シ、昨（脱字）運動者両名ヲ逮捕シ、右運動ニ参加シタルリュトヴィッツ将軍ヲ貶黜《へんちゅつ》シ、国防兵ヲ各要所ニ配置シ、伯林《ベルリン》郊外デーベリッツ（Döberitz）ヨリ反動革命派軍隊ノ進撃セントスルニ備ヘタルガ、今十三日払暁、右反動革命派軍隊ノ伯林ニ入ルニ及ビ、政府側警備軍ハ何等ノ抵抗ナク、直ニ退散セシノミナラズ、其ノ内ノ一部、殊ニ治安警察官ノ一部ハ之ニ参加シ、重要官衙ノ全部、反動革命派軍隊ノ占領ニ帰セリ。而シテ右軍隊ハ、『バウエル』内閣員ガ素人揃ニシテ何等ノ手腕ナキコトヲ指摘シ、直ニ専門家大臣ヨリ成ル新内閣ノ樹立ヲ必要トスルコト、及ビ国民会議ヲ直ニ解散シ、帝国議会選挙ヲ行フ可キコトヲ要求シタル処、兼而反動革命的運動ヲ軽視シ居タル内閣員ハ、急遽其ノ措置ヲ失シ、『エーベルト』、『バウエル』以下、内閣大臣ノ殆ド全部伯林ヨリ脱出シタルヲ以テ、祖国党領袖カップ、新ニ宰相ノ職ニ就キ、リュトヴィッツ、国防大臣トナレ共、右以外各大臣ノ振当今尚確定セズ。而シテ在『メクレンブルク』軍隊ハ既ニ新政府ニ与スルコトヲ宣言シ、其他二、三重要都市ニテモ、反革命軍隊之ヲ占領セリトノ噂アルモ、全部ノ形勢尚混沌タルモノアリ。最近一、二消息通ノ談ニ依レバ、『バウエル』政府ハ、伯林以外ノ地ニ国民会議ヲ召集セントスル計画ヲ有シ、一方又労働団体ヲシテ、本十三日午後ヲ期シ、一般同盟罷工ヲ宣言セシメントスルヲ以テ、今後ノ形勢尚逆睹シ難ク、又今次運動ハ目下ノ処、政体変更ニ依リ、憲法ニ変更ヲ加ヘントスルノ意図ヲ有セリト謂フ。[49]」

ワイマール共和国に加えられたこの右翼からの最初の反撃が、わずか数日間ベルリンを占拠しただけで失敗におわったのは、主としてつぎの理由による。ひとつは、東郷の報告の末尾に見える「一般同盟罷工」、ベルリンの労働者によって組織されたゼネストが、きわめて効果的であり、かつ徹底した性質のものだったことである。そして、それまで社会民主党を中核にした共和国政府に反対の立場をとってきた独立社会民主党と共産党が、この共和国の危機に直面して、政府支持の態度をあきらかにしたことも、ゼネストの規模をいっそう拡大するのに役立った。以下は東郷の第二報（三月十五日付、ベルリン発）である。

「当地『クーデター』ノ経過及ビ所因ニ付テハ、前電報告ノ通リニシテ、爾後伯林重要官衙ニハ独逸三色国旗ヲ掲ゲ、市内ハ軍隊ニ依リ厳重（脱字）。十五日、伯林北部ニ於テ労働者ガ武器庫ヲ掠奪シタル以外、只今迄ノ処未ダ大ナル衝突ナキモ、一般同盟罷工ハ実行セラレ、電車、地下鉄道、瓦斯、電気、水道、皆不通、電話、電報等ノ大部分モ休業シ、工場、飲食業等ハ殆ド全部閉鎖シ、鉄道ノ運転モ其ノ永続ヲ期シ難キ状態ニアリ。市内及ビ近郊鉄道ハ既ニ不通ナリ。尚新聞ハ本日以来、『フライハイト』（Freiheit。独立社会民主党機関紙）、『フォーアヴェルツ』（Vorwärts。社会民主党機関紙）ヲ除ク外、発刊ヲ許サレタルモ、職工ノ同盟罷工ニ依リ、依然休刊シ居レリ。而シテ『エーベルト』以外、『バウエル』内閣大臣ノ全部ハ『ドレスデン』ニ赴キ、布告ヲ発シ、『カップ』内閣ノ存立違憲ナルコトヲ指摘シ、『バウエル』内閣ノ依然存立スルコトヲ国民ニ告グルト共ニ、諸外国モ引続キ同内閣ト関係ヲ持続スルコトヲ希望シ、尚多数派社会党（社会民主党）、中央党、民主党ノ名ニ於テ、来ル十七日、『スッットガルト』ニ従来ノ国民会議（国民議会）ヲ召集ス可キコトヲ宣言シタリ。右ノ如クニシテ、独乙《ドイツ》ニハ目下二政府ノ対立ヲ見ル体トナリタル処、（脱字）昨日各省次官ノ集会ヲ見ルニ至リタルガ、其ノ将来憲法上適法ニ選任セラレタル大臣ノ任命ヲ見ル迄ハ、次官ニ於テ緊急事項ヲ処理ス可キコトヲ決議シタル趣ナリ。」

「而シテ一方『カップ』ハ普魯西《プロシア》総理大臣ヲモ兼任スルト共ニ、内務大臣トシテ前警視総監『ヤーゴウ』(Jagow)、文部大臣トシテ『トラウプ』(Traub)〔外務大臣ニ『スパー』休戦委員タリシ将軍『ヴィンターフェルト』任命セラレタリトノ噂アルモ、確カナル筋ヨリ聞ク処ニ依レバ、同人ハ之ヲ承諾セザリシ由ナリ〕等、若干大臣ヲ任命スルト共ニ、数次布告ヲ発シ、同政府ハ憲法ノ条章ヲ遵由シ事ヲ行フ可キコト、『ベルサイユ』条約ハ独乙ノ名誉ニ抵触セザル限リ忠実ニ之ヲ実行スルコト、又同政府ハ左右両派何レニモ偏セズ、階級ニ依ル特殊利益ヲ認メザルコト、自由経済ヲ復興スルモ、薄給者、困窮者ニハ食糧供給ニ特別ノ考慮ヲ加フベキコト等ヲ宣言シタルガ、尚『ストライキ』、『サボタージュ』ハ之ヲ厳禁シ、言論ノ取締ヲ厳ニシ、独逸国ヨリ分離セントスルモノニ対シテハ軍律ニ依リ之ヲ処断スル等ノ事項ヲモ包含セリ。而シテ『カップ』内閣ト全独主義者トノ関係ニ付、各方面ヨリ聴込ム処ニ依レバ、両者間密接ノ連繫アルハ疑無キ事実ニシテ、『ルーデンドルフ』等ガ又其背後ニ存スルコトモ事実ト認メラルルモ、右(翼)党首領ハ今次『クーデター』ノ来リシコト余リニ急速ナリシ為、其成功ニ付、尚十分ナル目算無ク、今尚暫時政局ノ中心ニ立ツヲ欲セザル模様アルヲ以テ、新大臣ノ選任ハ尚未ダ完了セズ。」

「兎ニ角目下伯林ノ形勢ハ、軍隊ノ警戒ニ依リ治安ノ維持ヲ見ツツアリテ、武器ノ貯蔵大ナラザル労働者ハ、俄ニ之ニ対抗スベキ力無ク、一般同盟罷工等、消極的方法ニ依リ之ニ反抗シツツアル体ナルモ、空気著シク緊張シ、何時衝突ヲ見ルヤモ計リ難キ状態ニアリ。殊ニ今次政変ノ重要近因タル食糧問題ニ付テ之ヲ見ルニ、在伯林内食糧ハ全市民ノ需要ニ対シ、漸ク十日分ヲ充スニ足ラザル趣ナルヲ以テ、不安定状態長キニ亙リ、而モ運輸機関ノ不通ヲ見ルニ於テハ、『カップ』内閣ハ少ナカラズ苦境ニ陥ルベク、一方独逸各地ヨリノ報道不十分且ツ不正確ニシテ、当伯林ニテハ之ヲ審カニスルニ由ナキモ、『ハンブルグ』、『ザクセン』等ハ新政府ニ反対ナルモノノ如シ。」

「之ト共ニ最モ興味アルハ独立社会党（独立社会民主党）ノ態度ニシテ、確カナル筋ヨリ聴込ム処ニ依レバ、『カップ』ハ前日已ニ独立社会党ニ対シ、連立内閣ノ組織ヲ慫慂シタルモ、同党ハ之ヲ拒絶シ、一般同盟罷工賛同ヲ決議シ、新政府（カップ内閣）ニ反対ノ態度ヲ表示シタルガ、従来『バウエル』内閣ニ極力反対シ、連立内閣組織ヲ条件トシ、妥協ノ道ヲ講ジツツアル処、右妥協ガ成立スルヤ否ヤ、大ナル疑問ナルモ、必ズシモ絶望ニアラズ。兎ニ角『カップ』政府ノ存立ハ先ツ不可能ナルガ如シト思考ス。(50)」

たやすくベルリンを占拠したものの、その後わずか四日でカップ一揆が潰滅し、三月十七日に首謀者のカップとリュトヴィッツ将軍がベルリンから逃走せざるをえなかったのは、労働者が組織したゼネストのほかに、国防軍と右翼勢力の積極的な協力を得られなかったことが、その理由であった。東郷の第三報（三月十七日付、ベルリン発）は、この点にふれている。

「（前略）伯林ニテモ、前電報告ノ通リ、一般同盟罷工ハ殆ド完全ニ実行セラレ、一昨十五日夕刻以来、労働者ノ武器掠奪等ニ起因スル衝突鮮カラズ。且又国防兵（国防軍）ノ新政府（カップ内閣）ニ対スル態度モ曖昧ニシテ、昨十六日開催セラレタル国防兵将校会議席上ニテハ、新政府反対ヲ唱フルモノ多カリシ趣ナルガ、殊ニ予《かね》テ著ク勢力ヲ加ヘタル独立社会党（独立社会民主党）所属労働団体ハ、レーテ政府（Räteregierung）ノ組織セラルルニ至ル迄、一般同盟罷工ヲ終止セズト唱へ、其ノ意気込ミ甚ダ旺盛ナル処、新政府ニテハ『ヤーゴウ』等ガ同盟罷工者ノ厳罰ヲ主張スルニ拘ハラズ、『カップ』ハ武断政治ノ惨禍ヲ怖レ、果断ノ措置ニ出デズ。為ニ労働団体ノ気勢刻々昂リ、一方又此ノ勢ヲ看破セル右（翼）党首領モ、前電報告ノ通リ、政局ノ中心ニ立ツヲ欲セズ、却テ『トラウプ』ノ入閣ニ対シ不賛成ノ決議ヲナシタル程ニシテ、結局『カップ』ハ普魯西ノ一部及ビ少数軍隊ノ外ニ何等直接ノ支持ヲ有セズ。」

「兎ニ角『カップ』ガ其ノ地位ヲ維持スルコト不可能ナルハ殆ド疑ナキ処、其ノ後任トシテ、『カップ』ノ背後ニ潜ミタル将軍連、政局ニ乗出シ、真実ノ『ミリタリー・ヂクテートルシップ』（軍部独裁）ヲ樹立スルノ勇気アルヤハ、目下ノ処興味アル問題ナルモ、右（翼）党各首領ノ傾向前述ノ如クナル以上、右様事実ノ実現スルコト、恐ラク之レナカルベシ。[51]」

このカップ一揆のさなかに東郷を訪ねた総領事ティールは、東郷からつぎの指摘をうけたという。

「このクーデターの結果、依然非和解的な態度をくずさないフランスとちがい、ドイツの絶対的な必要について考慮しようとしている日本などの国々が、今後もおなじ政策をとりつづけてゆくことはきわめて困難になるかもしれない。このクーデターが失敗し、旧政府（バウアー内閣）が再びドイツを統治するようになったとしても、フランスはつぎのように主張するであろう、講和条約によってドイツを完全に非武装化すること——このことを断念したのは、ドイツにおける軍国主義復活の危険に扉を開いてやったようなものだ、と。[52]」

カップ一揆の政治的な意味のひとつは、共和国政府の国防相ノスケ（Gustav Noske）がベルリン防衛を命じたにもかかわらず、国防省軍事局長ゼークト（Hans von Seeckt）将軍が「国防軍が国防軍を射つことはない」

と宣言して、ノスケの要請にこたえず、カップにしたがう海兵旅団が無抵抗でベルリンを占拠することをゆるし、かくして国防軍が「国家の中の国家」として育つ地歩を固めたことであろう。この一揆の結果、社会民主党員ノスケは国防相を辞任したが、あたらしく国防軍最高司令官に就任したのは、他ならぬゼークト将軍であった。

この一揆が共和国政府にあたえた打撃の大きさは、三カ月後の六月におこなわれた総選挙の結果が物語っている。この総選挙において、共和国政府の与党である「ワイマール連合」、すなわち、社会民主党、中央党、民主党の得票数は激減し、他方、左右両翼の政府反対派、独立社会民主党と共産党、国家人民党と人民党の得票数はいちじるしく増大し、もはや「ワイマール連合」は得票数においても、議席数においても、過半数を占めることができなくなった。それまで国民議会の議席総数四五二のうち、三二九議席を占めてきた「ワイマール連合」は、この総選挙の結果、二〇五議席に顚落し、共和国の基礎は大きくゆらぐことになった。

さて、代理大使出淵勝次がベルリンに着任し、ようやく東郷が単身外務省を代表する多忙な任務を解かれたのは、カップ一揆が潰滅した直後の三月二十一日のことである。この出淵の着任を見ると、東郷はふたたび帰国の許可を申請したらしい。ベルリン着任時からかぞえても、東郷の在外勤務はすでに約三年四ヵ月、奉天時代をかぞえあわせると、それは約六年半の長きにおよぶ。

しかし、政情不安をつづけるドイツの首都ベルリンに駐在する日本の外交官は、まだ出淵と東郷のふたりだけであり、外交官補の佐久間信、市毛孝三、守島伍郎などがこれに加わり、さらに大使日置益がベルリンに到着するのは、まだ先のことである。出淵としては、東郷に申請撤回を求めざるをえなかったであろう。

ベルリン着任後まもなく、出淵はつぎの電報を本省へおくったが、それは過去約一年の東郷の活動にたいする「論功行賞」であるとともに、後年東郷が二度にわたって、すなわち、まず参事官（昭和四年―昭和七年）として、つぎに大使（昭和十三年）として、ドイツ駐在を命じられる基礎をつくったものといってよい。

「東郷書記官ハ既ニ賜暇帰朝ノ年限ニ達シ居リ、且ツ是迄独乙ニ於テ随分骨折タル関係アルモ、本官ヨリ引続キ当地ニ止マル様懇望シタル処、之ヲ承諾シ、秋頃迄心好ク勤続スベキ旨申出タリ。同官ハ当地ノ事情ニ通ジ、独逸官辺ハ勿論、在留邦人トノ折合モ至極宜敷ク、且ツ事務ニ熟達シ居ルニ付、追テ大使任命ヲ見ル迄ノ間、首席事務官トシテ事務ヲ処理セシメタク、特ニ御承認ヲ請フ。(53)」

その後東郷のベルリン勤務は、さらに約一年つづくことになるが、その間、東郷は大正九年（一九二〇）七月一日付で、大使館二等書記官に昇進している。出淵が着任してから、約三カ月後のことである。

しかし、この東郷のベルリン滞在の後半の約一年、とくに出淵着任後の時期については、その動静を当時の記録にもとづいてたどることが、きわめてむずかしい。ドイツ外務省の記録では、東郷にかわって出淵が折衝の相手となり、ベルリンから東京の本省におくられる報告も、出淵名義のものにかわってゆくからである。

わかっているのは、この期間、時間的な余裕を得た東郷が、第一次大戦の結果、崩壊したロマノフ、ハプスブルク、ホーエンツォレルン諸王朝のあとをうけ、「民族自決」の原則にもとづいて成立した中東欧の諸国、ポーランド、オーストリア、ハンガリー、ブルガリア、ルーマニア、ユーゴスラヴィアなどを歴訪し、見聞をひろめることにつとめていることぐらいである。

このような事情なので、ここでしばらく東郷の外交活動からはなれ、東郷がベルリンで出逢ったドイツ人女性エディータ・ド・ラランド（Editha de Lalande）のことにはなしを移してみたい。まもなく東郷夫人となるのは、この女性である。[54]

エディータ（愛称で Edi, エヂと呼ばれることが多いが、しばらくエディータを使用する）は、一八八七年（明治二十年）二月三日、ハノーバー（Hanover）州のレールテ（Lehrte）で生まれた。父はカール・アドルフ・ピチュケ（Carl Adolf Pitzschke）、母はアンナ・ギーゼカー（Anna Gieseker）である。エディータは、東郷より約四年三カ月年少ということになる。

エディータの父ピチュケは銀行家で、十九世紀の末葉の約十年間、モスクワ国際商業銀行頭取（Generaldirektor der Moskauer Internationalen Handelsbank）をつとめた人物である。そのためエディータは少女のころ、両親とともに約十年間をモスクワですごした経験をもっている。[55]

やがて一九〇二年（明治三十五年）、第一次日英同盟が結ばれた年であるが、エディータは銀行家の父や母とともに来日し、神戸に住むようになった。そして、一九〇五年（明治三十八年）七月五日、在日中のドイツの建築家ゲオルク・ド・ラランド（Georg de Lalande）と横浜で結婚した。このときゲオルクは三十二歳、エディータは十八歳である。

このエディータが嫁いだゲオルク・ド・ラランド（日本ではデ・ラランデと呼ばれることが多い）は、近代日本の建築史上でも著名な人物なので、その経歴をつぎに紹介しておこう。

ゲオルクは一八七二年（明治五年）九月六日、シレジア地方のヒルシュベルク（Hirschberg）で生まれた。父も建築家であった。シャルロッテンブルク工科大学で学び、ブレスラウ、ウィーン、ベルリンで仕事をつづけた後、一九〇一年（明治三十四年）に中国に渡り、つづいて二年後の一九〇三年（明治三十六年）に日本に来て、まず横浜在住のドイツ人建築家リヒアルト・ゼール（Richard Seel）の下ではたらくことになった。エディータとの結婚は、その二年後ということになる。その後ゲオルクは一九〇九年（明治四十二年）にいったん日本をあとにしたが、まもなく再来日し、今度は東京に本拠を移して、仕事をつづけた。

その設計になるもののうち、現存するのは、旧トーマス邸（「風見鶏の家」、神戸、明治四十二年頃）と旧デ・ラランデ邸（現三島邸、東京信濃町、明治四十三年頃）の二つだけのようだが、そのほかにゲオルクが手がけた建築物として、つぎのものがある。

東北学院普通科校舎（仙台、明治三十八年）、神戸オリエンタル・ホテル（明治四十年）、イリス商会（横浜、明治四十年）、ドイツ・ハウス（横浜、明治四十年）、ヘルマン邸（神戸、明治四十年）、京都ＹＭＣＡ会館（明治四十三年）、広田理太郎邸（東京、明治四十五年以前）、早川鉄治郎邸（東京、明治四十五年以前）、仏・ボース邸（横浜、大正二年以前）、テーロー邸（横浜、大正三年以前）、エー・ウエストン邸（横浜、大正三年以前）、シラム邸（横浜、大正三年以前）、三菱銀行福岡支店（大正四年）、川崎肇邸（東京、大正五年以前）、高田商会（大正三年）、三井銀行大阪支店（大正三年）、朝鮮ホテル（大正四年）。

ゲオルクは朝鮮総督寺内正毅の知遇を得て、総督府庁舎の設計にもあたったが、すぐあとで見るように、一九一四年（大正三年）に急逝したため、その仕事をおえることができなかった。なお、広島の「原爆ドーム」の設計者ヤン・レツェル（Jan Letzel）は、一九〇七年（明治四十年）の来日後、まずゲオルクの事務所で日本での仕事をはじめたのだという。[56]

さて、ゲオルクとエディータは、結婚後主として東京に住み、やがてふたりのあいだに、ウルズラ（Ursula）、オッティ（Otti）、ユキ（Yuki）、ハイディ（Heidi）の四人の女子と、男子のギード（Guido）が生まれたが、結婚後わずか九年の一九一四年（大正三年）八月五日、ゲオルクが心臓発作のために、四十一歳の若さで急逝した。第一次大戦が勃発した直後のことである。ゲオルクは横浜の外人墓地に葬られた。

五人の幼ない子女をかかえ、二十七歳で寡婦になったエディータは、この年の十一月、日本をあとにし、亡夫ゲオルクの故郷シレジアのヒルシュベルクにかえった。まだ長女のウルズラが八歳のときであり、日本とドイツはすでに交戦国の関係にあったから、この帰国の旅は苦難にみちたものであったと想像される。筆者に東郷と結婚する以前のエディータについて、こころよく話してくれたシュルツ＝ド・ラランド夫人とは、このウルズラのことである。ヒルシュベルクにかえったエディータは、五人の子女を保育園や寄宿学校にあずけるかたわら、男子の出征で教師の不足している同地のギムナジウムで、英語やフランス語を教えて生計をたてていたという。

やがて第一次大戦がおわり、平和がドイツにもどった或る日、エディータは滞日中に知り合ったドイツ外務省の某氏から、ベルリン滞在中の東郷という日本の外交官が秘書兼通訳を求めているという手紙を受けとったのである。しかし、これには別の説があって、それによると、エディータがドイツの或る雑誌に日本に関する記事を寄稿していたところ、これが東郷の目にとまり、興味をそそられた東郷がエディータの紹介をドイツ外務省の某氏に依頼したというのであるが、これは相互に補完し合う性質のはなしかもしれない。[57]

このドイツ外務省の某氏とは、大戦前に東京のドイツ大使館で一等書記官（大正十年―大正十二年）をつとめ、当時はすでに外務省を退職して、ベルリンで弁護士を開業していたラドヴィッツ（Wilhelm von Radowitz）という人物であったらしい。そして、このラドヴィッツが東郷の要請をうけて、エディータに手紙を書いたのは、おそらく、大正九年（一九二〇）の一月から二月にかけてであろう。そう推定する根拠は、この年の一月に講和条約が発効し、渡日を希望するドイツ人や、来独する日本人の数が増大しているにもかかわらず、その応接にあたるのは、依然として東郷ただひとりであり、東郷を助ける「書記生一名」すらいないと、東郷が悲鳴をあげていること（大正九年二月十二日付）、さらに東郷の帰国申請が受理されず、かえって「ドイツ出張」が取り消されて、あらたに「ドイツ在勤」を命じられていること（大正九年二月二十八日付）、などである。こうしてベルリン滞在が長びくことになったとき、東郷が自分を助けてくれる秘書兼通訳を求めたとしても、何の不思議はない。

他方、ラドヴィッツから手紙をもらったエディータは、五人の子女を知人などに託して、まず単身ベルリンに来た。以上の推定が正しいとすれば、エディータがはじめて東郷の前にあらわれたのは、およそカップ一揆の前後、すなわち、大正九年二月から三月にかけて、東郷がまだカイザーホーフの一室（一〇四号）に止宿していたころ、ということになろう。満でかぞえて、東郷三十七歳、エディータ三十三歳のときである。

まもなく出淵代理大使が着任すると、東郷はカイザーホーフを引き払い、ベルリン市内のノイエ・アンスバッハー街（Neue Ansbacherstrasse）の下宿に移った。やがてエディータがベルリン郊外ツェーレンドルフ（Zehlendorf）地区のアルベルティーネン街（Albertinenstrasse）二十二番地に家を購入し、別れていた五人の子女をベルリンに呼びよせて暮らすようになった。[58]

このころベルリンの東郷を訪ねた日本人の中に、左近司政三（当時海軍大佐）がいるが、後年その左近司が諧謔をまじえて語っている回想の中に登場するのは、このツェーレンドルフの家のことであろう。

「私はイギリスの艦隊に従軍しておりましたが、その時ドイツにおられたのが東郷書記官。戦勝国のわれわれも相当威猛高になって乱暴狼藉をしておったのでありますが、内地から来る連中も物凄い勢で東郷君のところへ詰め掛けて、ああだこうだと言って陳情する。それを東郷君、愛想のいい男でもなし、誠に不愛想な恰好で理屈詰でやられた。（中略）その頃私も年が若いので相当発展もしたいというわけで、しばしば東郷君のところを襲って、一つ案内しろ、たまにはつき合ってもいいじゃないかと言ってさんざん責め立てたものですけれども、どうしても東郷君動かない。いい加減にあしらわれて帰って来る。どうも話せない男だ、褒めて言えば道心堅固な見上げた男だ。とうとう陥落させることができないでいるうちに、ある日、『左近司、これから一つ行こう』と言う。どこへ行くかと思って喜んで行くと、ベルリンの郊外のある瀟洒な構えの家、そこで山海の珍味でおもてなしを頂戴したのでありますが、その時に私は初めて奥様（エディータ）にお目に掛って、御馳走を頂戴して感激しているのであります。それからは分って、東郷君を誘いに行くのはよそうじゃないかということになったのであります。」(59)

このツェーレンドルフの家は、第二次大戦の戦火をまぬがれ、現存しているが、まさに左近司の言う如く、「瀟洒」ということばが適当な郊外の住宅である。

さて、はじめてエディータが東郷の前にあらわれたときから、ふたりがどういう経過をたどって、結婚という果実をみのらせていったかは、余人の憶測をゆるさない。ただ想像できるのは、東郷のベルリン時代の後半の約一年、しばしば東郷に付き添い、東郷を助けるエディータの姿が見られたことである。そして、東郷の帰国に先立ち、ふたりが結婚の約束をかわしていたことは、まずまちがいあるまい。

ところで、東郷のベルリン在勤の後半の約一年について、その動静をつたえる当時の記録はほとんど見あたらないと前に書いたが、例外のようにして、ひとつだけ文書がドイツ側にのこっている。[60]

この文書の筆者ヴィクトル・ナウマン（Victor Naumann）は元来ジャーナリストの出身であるが、大戦後の一時期（大正八年二月―同年八月）、ドイツ外務省の情報部長（Direktor der Nachrichtenabteilung）をつとめた経歴があるため、当然東郷とも面識があった。東郷によれば、ナウマンは「独露接近論者」であり、「右両国接近ノ延長トシテ、日本トモ親善政策ヲ執ル必要」があることを主張していた人物のようである。[61]

しかし、その後ナウマンは外務省をはなれ、大正九年（一九二〇）十月二十七日と十一月十五日と、二度にわたって東郷と会談したころには、ドイツ外務省と公的にはなんの関係もない立場にあった。それにもかかわらず、依然ナウマンは外務省と緊密な連絡を保っているかの如く振舞う傾向があったらしく、しかも以下に紹介するように、その発言が当時の外務省首脳の神経を刺激するような内容をふくんでいたため、ナウマンから東郷との二度の会談を報じた覚書を受けとった外務省側は、これにつぎのようなコメントを付したほどであった。すなわち、ナウマンの発言はドイツ外務省の立場について誤解を招くおそれがあるから、今後東郷と接触する場合、ナウマンが公式にも非公式にも外務省の立場を代弁するものでないことを明確にすること、さらにこの種の覚書の送付を今後さしひかえること、この二点をナウマンに指示することである。ナウマンはドイツ外務省にとって、いわば情報部長という一時の肩書きをひけらかす気味のある、「迷惑な存在」になっていたのであろう。

このような性質の文書なので、扱いに注意を要するが、東郷もその辺の事情は心得ていたのであろう、会談の冒頭で、これがたんに情報の交換にすぎないものであっても、その内容を東京の本省に報告しなければならないと念を押し、ナウマンもこれに答えて、まったく個人の資格で発言するが、会談の内容はドイツ外務省に通報するつもりであると断わっている。会談で取り上げられた話題は多岐にわたるが、以下、その中から興味ぶかい点をいくつか拾い上げてみよう。

この会談の直前に、東郷は大戦後「民族自決」の原則にもとづいて成立した中東欧諸国を歴訪しているので、当然その感想がこの会談で披露されることになった。たとえば、つぎに紹介するのは、オーストリアについての東郷の発言であるが、ハプスブルク王朝の解体によって、困窮の地位につきおとされたかつての帝国の首都ウィーンにたいする同情と、これを冷眼視する旧連合諸国にたいする憤懣とが、東郷にしてはめずらしいほどつよい口調で語られている。

「ウィーンで目撃するのは、ひとつの偉大な都市の死滅である。この緩慢な殺害行為に無関心な態度をとっている旧連合諸国は、自らを恥じ入るべきである。ウィーンの恐るべき状態について、どういう詳細な報告がパリに送られたのか、自分はよく知らないが、たぶんそういう報告は紙くずかごにでも抛り込まれたのであろう。こういう点を考えると、ヨーロッパの文化は没落しつつあると、自分は言わざるをえない。それが説く道徳観と、現実の行動とがはなはだしく矛盾しているような文化は、腐敗していると見なさざるをえないからである。口でキリスト教を説きながら、じっさいの行動は人食い人種のそれよりも悪辣である。オーストリアが生存してゆくためには、今後約十年間にわたって、約四億ドルの援助が必要であろうが、それでも十分であるかどうかわからない。ウィーンという巨大な頭部を脆弱且つ矮少な身体で支えられるはずがない。解決策はドナウ川沿岸諸国連合の形成か、ドイツとの合併であろうが、前者はイタリアが、後者はフランスが反対するであろう。」

東郷は前述の中東欧視察に先立って、ソ連との戦争（大正九年四月―同年十月）を優勢裡にすすめていたころのポーランドの首都ワルシャワも訪ねているが、戦勝に酔い痴れたポーランド人を見て、「かれらは自分たちの立場を完全に誤解している。すでにモスクワに攻め入ったような気分になっている」と思ったそうだが、反撃に転じたソ連軍がワルシャワ前面に迫るという事態が生じたのは、それからまもないことであったという。ポーランドにつづいて、会談の話題はソ連に転じたが、ここで東郷はきわめて注目すべき発言をおこなっている。

「大ロシアの統一を妨害するのは全く不可能なことであり、大ロシアが統一されないのは不幸なことである。しかし、この統一された大ロシアは、たとえツアーの復位があるような場合でも、本質的に農民を基礎にした民主主義国家であるべきだろう。この国の場合、伝統的な意味での専制支配も、立憲君主制も問題外であろう。この意味でウランゲル将軍（反革命軍総司令官）のしていることは、すべて滑稽という他はない。ウランゲルは農民を味方につけていないのだから、かれには全く未来がない。」

この東郷の発言のなかほどの部分の意味は必ずしも明瞭でないが、発言の骨子は、冒頭の部分、「ロシアの統一」を妨害するのは不可能であると述べているくだりであろう。これが注目をひくのは、この年の四月、アメリカ軍が撤兵を完了して以降、シベリアに駐兵をつづけるのは日本軍のみとなり、さらに尼港事件（大正九年五月）にたいする対抗措置としての北樺太保障占領がこれに加わり、東郷の言う「ロシアの統一」にたいする日本軍の妨害行為は依然としてつづけられていたからである。東郷の短かいことばは、自国政府の政策に疑義を呈し、シベリアからの日本軍の早期撤兵を主張するかの如くであった。

東郷は「ロシアの統一」の妨害は不可能であると述べたばかりでなく、「ロシアの統一」の欠如は不幸なことであると説いているが、これは隣国中国の実情、強国な統一政権の欠如が日本の中国政策にあたえつづける困難をも念頭に置いてのことであろうか。

しかし、ドイツ外務省が神経をとがらせたのは、ナウマンの覚書にしるされている以上のような東郷の発言にたいしてではない。それは覚書のうちの、つぎのような箇所にたいしてである。

「東郷氏は、ドイツ軍の完全な武装解除が実施し得るものなのかどうかを非常に知りたがっており、ドイツ政府の関係者ですら、まだどれほど大量の武器が隠匿されているかを知らないのではないかと述べた。東郷氏は、この点について多くのことを知っているようであるが、当然口をつぐんだ。わたしも沈黙をもって答え、このデリケートな問題に立ち入ることを避けた。」

だが、外務省側は、ナウマンの末尾のことばをあまり信用しなかったらしい。そのことはナウマンの覚書のつぎのくだり、すなわち、日米関係が話題に上った箇所にたいする外務省側の反応をみるとよくわかる。

「わたしは、東郷氏にたいして、現在の国際情勢の下では、ドイツができるだけ強力な国になることを期待するひとびとが日本にいたとしてもなんの不思議はない、そうなれば日本は役に立つ同盟国をヨーロッパに持つことになるからであり、この同盟国の存在自体がアメリカにたいする他のヨーロッパ諸国（英仏）の援助を抑制することになるからであると述べた。」

「これにたいして、東郷氏は、その目的のためにいかに自分が尽力してきたかを貴下はよく知っているはずであると答え、さらにことばをすすめて、日独間の有効な政治的協力のための不可欠の前提は、ロシアの統一であると述べた。」

「つづいて、東郷氏は、日独間の経済関係を緊密なものにする必要を強調したが、わたしはもうひとつの点を付け加える必要があるのではないかとはなしをすすめた。すなわち、日本は余剰の武器を生産すべきではないか、それは必要な場合きっと役に立つからと、わたしは述べた。東郷氏もこの点を認めたが、われわれふたりは、この問題にこれ以上立ち入らないことで意見が一致し、はなしを日独間の経済協力の問題にもどした。」

ナウマンの覚書に付されたコメントによると、外務省側は、この「余剰の武器」のくだりを、「日本は余剰の武器を生産すべきである。その余剰部分はアメリカとの戦争の場合、ドイツがこれを使用する」という意味に解している。つまり、ナウマンの言う「必要な場合」とは、ドイツと日本が手をたずさえてアメリカと戦う場合を指すことになる。これは、ナウマンの覚書の文面だけでなく、その日頃の言動を知悉している者ができる読み方であろう。その読み方が正解だとすれば、ヴェルサイユ条約によってきびしい軍備制限を課せられていたドイツの外務省としては、ナウマンに警告を発し、外務省の代弁者でないことを東郷にたいして明瞭にするよう、要求せざるをえなかったであろう。いうまでもなく、東郷は旧連合国の一員である日本の外交官であったからである。

それではこの会談から浮び上る東郷像はどういうものであろうか。それは、なによりもまず、「ロシアの統一」を妨害するのは不可能であるばかりでなく、望ましいことでもないという基本的な認識を明確に打ち出している東郷の姿である。そして、この「ロシアの統一」を前提としないかぎり、日独間の協力も有効なものとはなりえないというのが、東郷の判断であった。

この東郷の姿から、帰国後に日ソ国交の早期回復を推進し、やがて一九三〇年代に入ると、日ソ不可侵条約の締結を提唱する東郷の動きを想像するのはむずかしいことではない。ベルンでのレーニンとの奇遇にはじまるというべきかもしれないが、日本の外務省を代表するソ連通としての東郷は、敗戦国ドイツの首都ベルリンで誕生を告げたかの如くである。

東郷に帰国命令が出されたのは、このナウマンとの会談の直後の大正九年（一九二〇）十二月三日である。まもなく年を越して、一月十七日を迎えると、大使日置益がベルリンに着任し、東郷はエーベルト大統領に信任状を提出する日置に同行した。

東郷がベルリンをあとにしたのは、三月初頭である。東郷の帰国の旅は、まずイギリスにわたることからはじめられたが、当時ロンドンの日本大使館には同期入省の坪上貞二が勤務していた。この坪上に東郷はエディータのことを打ち明けたというが、そのさい東郷の様子には何か思いなやむ風があったという。どうして鹿児島の両親を説得するかという思いが、東郷に重くのしかかっていたのであろう。坪上は外務省の先輩であるばかりでなく、鹿児島の出身でもある伊集院彦吉の助けを借りることを、このとき東郷にすすめたそうである。[62]

イギリスから大西洋を渡り、さらにアメリカへと、東郷の帰国の旅はつづけられたが、東郷にとってははじめて見るアメリカであり、その印象を後年の東郷の筆によってよみがえらせてみよう。

「紐育では摩天楼に驚き、『マンハッタン』の阿房宮的美観に目を瞠《みは》り、機械的文明の進歩を讃えた。しかし又恰も紐育にて開催せられた日米協会年次大会に招待せられ、列席の米婦人の多くより、欧州の状勢に付き、独逸を『スクイズ』する（しぼり上げる）好機会なりとの意見に接し、米国民性の一面に接した感をなした。又華府にては『マウント・ヴァーノン』に華盛頓《ワシントン》の遺風を偲び、『リンカーン・メモリアル』に南北戦争時の偉傑を思慕したが、人種差別の習俗今猶大なるを見聞し、又『ニュー・イングランド』では『エマスン』等の人道主義が実用主義に変転しつつあるを見て、一国文明の推移に注目する必要あるを痛感した。しかしてお極りの『ナイヤガラ』瀑布、市俄古《シカゴ》の屠殺場を見物した後、『サンタフェ』線により、『グランド・カニオン』の壮観を眺めて、『ロス・アンゼルス』に出て、太平洋岸の風景が日本の沿岸の風物と相通ずるものあるを欣びて桑港に着し、『サクラメント』等の日本人経営の農園等を視察したが、人種の融合には更に講究を要するとの新材料を発見した。『サクラメント』等に於ける日本移民は猶故国の習慣を維持して居る。『メルティング・ポット』であり乍ら、有色人種に対する差別待遇は将来の大問題と思った。[63]」

ニューヨークを通過したさい、東郷ははじめて西春彦に会った。後年何度も東郷の補佐役をつとめる西は、このときまだニューヨークの総領事館に勤務する、結婚後まもない若い外交官補であったが、一夜東郷を自宅に招き、夫人の手料理で東郷をもてなしたという。(64) 欧亜局長東郷と欧亜局第一課長(ソ連担当)西、駐ソ大使東郷と参事官西、外相東郷と外務次官西、「A級戦犯」東郷と弁護人西とつづく、ふたりのふかいつながりのはじまりである。

太平洋の船旅をおえ、東郷が日本の土をふんだのは、大正十年(一九二一)五月上旬である。奉天、ベルン、ベルリンと、通算すると約八年にもおよぶ、ながい在外勤務であった。

第三章　最初の本省勤務

――「ロシア・サーヴィス」――

約八年におよぶ在外勤務をおえて帰国した東郷は、大正十年（一九二一）五月十八日付で、欧米局第一課勤務を命じられた。いわゆる「ロシア・サーヴィス」である。

「松平（恒雄）欧米局長から露西亜関係事務を鞅掌《おうしよう》すべきことを勧説せられ、又該方面の主任たる青木（新）欧米局第一課長より自分は遠からず海外に赴任する予定であるから、其後は予を後任とすることに略《ほ》ぼ打合せ済であるから、是非承諾を乞ふとの話しがあり、予自身入独の前後より『ロシヤ』問題には多大の興味を持つて居たので、欧米局第一課に勤務することを承諾した。此れが予の外務省勤務全期間の大部分を『ロシヤ』関係に費すことになつた嚆矢《こうし》である。（1）」

東郷の在外勤務中、明治以来の外務省の政務局と通商局の二局制があらためられた。すなわち、まず大正八年七月に条約局が新設され、つづいて大正九年十月に政務局が亜細亜局と欧米局の二つに分かれ、昭和九年（一九三四）までつづく四局制が成立していた。そして、亜細亜局は中国およびアジア諸国、欧米局の第一課はソ連、第二課はヨーロッパ諸国、第三課は南北アメリカというのが、それぞれの担当地域であった。第一次大戦後の外交関係の増大にともなう措置であったことは、いうまでもない。

さて、東郷は帰国後約一年半の大正十二年（一九二三）一月十一日付で、駐米大使館へ転出する青木のあとをおそい、欧米局第一課長に就任し、その後大正十四年（一九二五）十二月二十六日付で、青木とおなじワシントン勤務に転じるまで、通算すると約四年半の「ロシア・サーヴィス」を経験することになるが、それを見る前に、ここで東郷とエディータとの結婚のことにふれておこう。

ウルズラ・シュルツ＝ド・ラランド夫人によると、東郷がベルリンを去ってから約半年後の大正十年（一九二一）の秋、ベルリン郊外のツェーレンドルフで五人の子女と暮していたエディータのもとに、東郷から一通の電報がとどき、エディータは五人の子女を寄宿学校や友人に託し、長女ウルズラなどの祝福をうけて、単身日本へ向かった。東郷からエディータとの結婚のことを打ち明けられた東郷の両親は、最初これにつよく反対したというが、東郷の意志をひるがえすことはできなかった。(2)

ふたりが東京で結婚の式をあげたのは、大正十一年（一九二二）二月二十三日、媒酌は鹿児島出身で、当時外務省情報部長の伊集院彦吉とその夫人である。やがて翌年の八月十四日、長女であり、かつ唯一の子女である、いせの出生をみたが、いせという命名は伊勢神宮に由来するものだという。(3)

なお、余談にわたるが、東郷は結婚に先立ち、明治三十二年八月と大正三年十一月の外務省の「内訓」にしたがい、「独逸人エヂタ・ヅ・ラランド」との結婚許可願（大正十一年二月十日付）を外相内田康哉に提出しているが、これはまったく形式上の手続きをふんだだけのことであって、当時の外務省に外国人女性との結婚を忌避したり、禁止したりする風習はまったくなかった。

その風習に終止符が打たれ、外交官と外国人女性との結婚が事実上不可能になるのは、昭和九年（一九三四）五月二日付で、つぎの訓令が在外公館長あてに出されてからあとのことである。

「右内訓（前述した二つの内訓）ニ依リ、外務大臣ヘ伺出デノ手続ヲ執リ来ル場合ニハ、今後当省職員トシテ勤務スルニ支障ヲ及ボサザル見地ヨリ、厳重取調ヲ加フルノ必要アルヲ以テ、之ガ許可ハ極メテ困難ノ見込ニ付、館員ノ指導監督上、右特ニ御含アリタシ。」(4)

約四年半の「ロシア・サーヴィス」時代に、東郷が二人の上司の知遇を受けたことも、ここでふれておこう。ひとりは、大正十二年九月まで欧米局長、つづいて翌大正十三年十二月まで外務次官をつとめた松平恒雄であり、もうひとりは、松平のあとをついで欧米局長に就任した廣田弘毅である。東郷はこの二人にたいして、特別に「氏《うじ》」という敬称を付し、その後ながく敬愛の念をもちつづけたというが、そういう人間的な関係のきっかけができたのは、この時期である。

さて、第一次大戦は、それまで欧米帝国主義列強が作り上げてきた国際秩序、十九世紀の刻印をふかく宿した帝国主義的な国際秩序を破壊してしまった。そして、このことは日本外交にとって、行動の明確なモデルが消滅したことを意味した。日清、日露の両戦役における勝利を通して、帝国主義列強の一員になった日本にとって、行動の基準は、いわば「上品な帝国主義者（a respectable imperialist）」にふさわしい節度であったが、いまやその前提である国際秩序自体が崩壊してしまったのである。日本外交にとって、新しい目標価値の設定を求める、孤独な模索の時代がはじまったのである。

なお、日本にとって「第二次大戦」こそ「第一次大戦」にあたると言われるように、日本がヨーロッパ諸国とちがい、第一次大戦の惨禍を真に経験しなかったことも、ここで付け加えておくべきであろう。第一次大戦とは、日本の政治指導者にとって、なによりもまず、欧米列強の不在を利用しての、中国大陸への膨張の野望をみたす「千載一遇の好機」であった。

第一次大戦がヨーロッパ諸国民のあいだに引き起こした巨大な変化、王朝の没落、革命と反革命、ナショナリズム、反戦思想、国際協調主義等々を思いおこしてみると、日本は二十世紀の開幕を告げるこの歴史的な大事件から、いわば「無傷」で帰還した唯一の強国であったといってよい。いきおいそこに十九世紀を支配した帝国主義的な思考がつよく残存し、その後の日本の政治行動を有形無形なかたちで制約することになった。

東郷が帰国した大正十年（一九二一）の十二月から翌大正十一年の二月にかけて、アメリカのイニシアティブで開催されたワシントン会議も、崩壊した国際秩序にかわり得るものをアジア・太平洋地域で創出しようとする試みであった。この会議の結果を概略すると、つぎの如くである。

㈠　九ケ国条約。日本、アメリカ、イギリス、フランス、イタリア、オランダ、ポルトガル、ベルギー、中国の九ケ国が、中国の独立と領土の保全、および中国における門戸開放と機会均等を約したものである。この条約はすでに各国が中国で獲得していた既得権益にふれるものではなかったが、従来アメリカが主張していた中国政策が関係諸国によって承認されたことを意味し、日本の大陸政策にきびしい制約が加えられることになったのは、あきらかである。

(二) 四ケ国条約。日本、アメリカ、イギリス、フランスの四ケ国が、それぞれが太平洋地域で領有する島嶼の安全保障を約したものである。この条約の成立とともに、明治三十五年(一九〇二)以来、日本外交の支柱となってきた日英同盟が廃棄されたが、これは先にふれた行動のモデルの消滅を物語る象徴的な出来事であった。

(三) 海軍軍備縮小条約。日本、アメリカ、イギリス、フランス、イタリアの五ケ国が、今後十年間の主力艦(戦艦と巡洋戦艦)の建造中止、五ケ国の保有しうる主力艦総噸数の比率、すなわち、アメリカ五、イギリス五、日本三、フランス一・七五、イタリア一・七五を約したものである。はじめ日本は対米七割(日本三・五)を主張したが、これが容れられず、その代償として、当時関係諸国が太平洋地域で保有していた軍事施設・軍事基地の現状凍結という日本の要求が承認された。

この三条約に加えて、日本は次の二点を約した。

第一は、第一次大戦中の日本の「二十一ケ条要求」にはじまり、ヴェルサイユ講和会議においても紛糾をかさねた中国の山東半島に関するもので、中国が一定の補償金を支払うことを条件に、日本は同半島で獲得していた旧ドイツ権益の大部分を中国に返還することである。

第二は、日本はできるだけすみやかに、シベリアに出兵中の軍隊を撤退させることである。ただし、北樺太の保障占領に関しては、後述する尼港(ニコライエフスク)事件について満足のゆく解決がみられるまで、日本は駐兵をつづけることが付け加えられた。

以上の条約や取り決めによって成り立つ国際的な協調体制を、ふつうワシントン体制と呼ぶが、その特徴を要約すれば、日英同盟の消滅に象徴されるように、アジア・太平洋地域において、イギリスにかわり、アメリカの発言権が飛躍的に増大したことであり、そして、この事実と不可分なかたちで、日本の中国政策に大きな拘束が課せられたことであろう。第一次大戦を契機にしてアメリカは世界政治の表舞台に登場したと言われるが、それをアジア・太平洋地域において立証したのが、ワシントン体制の発足であった。後年の回想という留保を付して読むべきであろうが、東郷はワシントン会議にふれながら、つぎのように書いている。

「米（アメリカ）は本会議に於て、支那に於ける門戸開放主義の確立及び山東問題の解決を図る外、露西亜問題に就いても日本の努力が西伯利亜《シベリア》に及んで米の脅威となるを虞れて、之が阻止に努めた。西伯利亜問題の附議には『ソ』聯代表者の出席を見なかったので、公然且つ派手な論議を見るに至らなかったが、米国は日本より撤兵の言質を得て、日本の進出を阻止したのである。米国の日本進出阻止の政策は、遠く日露戦役末期に胚胎するので、時の大統領『ローズヴェルト』が一方露国を押へながら、他方日本を説きて媾和を成立せしめた後の行動は、強度の日本進出を以て、米国の利益に合致せずとの観点より出発したものである。此政策は、『ウイルソン』の政策に於ても、華府《ワシントン》会議に於ても、又満州事変後、『フランクリン・ローズヴェルト』の対『ソ』承認となり、延《ひ》いては日『ソ』親善防止政策たる日『ソ』中立条約成立阻害に明かにせられ、後日『ヤルタ』会議に於ける日本締出しの協同決議に及ぶ迄、一貫せるものであることに留意する必要がある。[5]」

それではロシア革命によって共産主義国に変貌した隣邦ソ連と日本との関係は、当時どのような状態にあったのであろうか。

周知のように、ソ連と日本との関係は、大正七年（一九一八）八月、主としてアメリカと共同ですすめられた武力干渉、すなわち、シベリア出兵によってはじまった。この政策に転機がおとずれたのは、武力干渉の失敗を自覚したアメリカ、イギリス、フランスなどが出兵打ち切りの方針を明確にしはじめ、とくに大正九年（一九二〇）一月、アメリカが日本との共同出兵の打ち切りを通告してきたときである。そして、この年の四月、アメリカ軍はシベリアからの撤兵を完了し、それ以後シベリアに駐兵をつづけるのは日本軍のみとなった。連合国による共同干渉の破綻という新しい事態に直面したとき、日本政府が下した決定は、アメリカなどにならってシベリアから全面撤兵することではなく、駐兵地域を縮小しつつ、ひきつづき出兵をつづけることであった。

この大正九年三月の日本政府の決定の直後におこったのが、「尼港の惨劇」である。アムール河口の北洋漁業の中心地ニコライエフスク（尼港）で、パルチザン部隊の襲撃をうけた日本側の石田虎松副領事をはじめ、守備隊、在留邦人七百余名が、武力衝突のさいか、あるいは捕えられたあとの虐殺によって、死亡するという悲劇が発生したのである。この事件は日本の国民感情を強烈に刺激したばかりでなく、駐兵地域の縮小を予定していた政府の計画にも変更をもたらし、七月上旬、この事件にたいする対抗措置として、保障占領の名の下に、あらたに北樺太への出兵が開始され、かくして日本のシベリア出兵は国際的な猜疑と批判をかきたてながら、さらに長期化することになった。

東郷が「ロシア・サーヴィス」での勤務を開始したころの日本の国際環境は、およそ以上のようなものであった。とくに「ロシアの統一」を妨害するのは不可能という認識をもって帰国した東郷にとって、まさに活動の機は熟していたというべきである。後年の記述であるが、大正十年（一九二一）五月、「ロシア・サーヴィス」で勤務を開始したころの日本政府のソ連観を、東郷はつぎのように語っている。

「当時日本内部でも労農政府の将来に対する見方は区々であり、一部の者は同政府は近く倒壊の運命にあるを以て、東方に於ては『セメョノフ』（反革命派のコサックの首長）等に対する援助を強化すべしとの説もあつたが、自分は同政府の立場がしかく孱弱《せんじやく》ならざること、武力干渉が甚しく不評判で成功の見込みなきこと、従て西伯利亜より撤兵し、労農政府と交渉し、諸案件の解決を図るを以て我対策の根本とすべしと考へて居た。蓋し我方として、尼港《にこう》事件に対する保障占領として北樺太及び其対岸に駐兵して居るのと、戦時中の政府債権及び私有財産権を確保する必要があること、並に共産主義者の活動を防止する必要も眼に見えて居たのである。しかし日本側では、労農政府との直接交渉を嫌悪するの念強固であった。(6)」

このあたりの事情を、大正十一年（一九二二）二月の外務省入省以来、日ソ交渉の全期間を通じ、終始東郷の直接の部下として、その活動を補佐し、目撃した亀山一二の回想が敷衍してくれる。なお、亀山は東京外語のロシア語科の出身で、外交官試験ではなく、高等試験行政科の合格者であったが、当時の外務省の門戸開放主義の下で入省してきた人物である。そして、亀山の採用にあたっては、今後対ソ関係が重要だからという、東郷の意見が決め手になったといういきさつがあった。

その亀山によると、そのころの外務省の中で、東郷は「対ソ国交調整の急先鋒」であり、他方、外相内田康哉、欧米局長松平恒雄、欧米局第一課長青木新などの東郷の上司は、いずれもこの問題にたいしてきわめて消極的であり、そのため東郷は「孤軍奮闘」のありさまであったという。そして、亀山は、当時外務省には、日本が英米などに先んじてソヴィエト政権承認の方向に動き出すのは、「列国との協調」をやぶり、「国際信義」に反するという考え方がつよく、そのため日本がはやく国交正常化の方向にむかって動き出さないかぎり、日本は経済的に不利益を蒙るおそれがある、またソヴィエト政権が崩壊することはありえないという東郷の立場は、いわば「孤立」の様相を呈していたと付け加えている。

この亀山の説明の補足として、外務省首脳の消極的な姿勢の背後に、共産主義という未知のイデオロギーに対する嫌悪と恐怖も存在していたことを指摘しておくべきであろう。これは単に外務省首脳にとどまらず、当時日本の支配層をひろくとらえていた不安であり、懸念であって、「尼港の惨劇」がそれを裏書きする一例として受けとられていたことは、いうまでもない。

これにたいして、共産主義は、東郷にとって、その理論と実践の双方において、いわば既知のイデオロギーであった。共産主義運動の昂揚と挫折、それに伴う革命と反革命の実例の数々（スパルタクス団の蜂起からカップ一揆まで）を、東郷は敗戦国ドイツの首都ベルリンというヨーロッパの革命の「主戦場」で、つぶさに目撃してきたのである。

ここにソ連問題を担当する東郷の独自な強みがあった。既知であることによって、未知に附随する過剰な警戒心や恐怖心はとりのぞかれるであろう。後年にいたるまで、東郷のソ連観は、戦前の日本の外交官の中では例外といってよいほど、イデオロギー的な嫌悪や偏見から自由であったが、これもベルリンにおける経験と無関係ではあるまい。そのベルリンでは、東郷の滞在中から、イデオロギーの対立を越えて、独ソ接近を企てるさまざまな動きがすでにはじまっていたし、東郷自身、その動きに無関心でいられなかったことは、すでに見た通りである。

それを劇的なかたちで実現したのが、大正十一年（一九二二）四月に独ソ間で締結されたラパロ（Rapallo）

条約である。この月、ジェノアでひらかれた国際経済会議のさい、これに招かれていた独ソの代表は、ひそかにジェノア近郊のラパロで会合し、両国間の国交の正常化、経済協力の促進などを取り決めたのである。ヴェルサイユ体制下で国際的疎外感を共有していた二つの国、敗戦国ドイツと異端の共産主義国ソ連との提携は、世界に大きな衝撃をあたえずにおかなかった。

このラパロ条約の成立は亀山一二が外務省に入省し、東郷の部下としてはたらくようになった直後の出来事であるだけに、亀山はこれをよくおぼえていて、「ドイツの思考」にふかくなじんでいた東郷は、そのソ連観においても、ラパロ条約締結にしめされたドイツの外交戦略から多くの示唆をうけていたのではないかと、後年の回想の中で指摘している(7)。

たしかに、ラパロでソ連との和解に踏み切ったときのドイツの代表は、当時の外相ラーテナウであり、東郷がこのラーテナウとベルリンで会っていたことは、前に紹介した通りである。そして、東郷は後年の記述においても、前にも一度引用したが、ラーテナウとの会談にふれて、つぎのようにしるしている。

「当時に於ては労農政府の永続性も疑問に附せらるる実状であつたが、其将来及び独逸との関係に就て、尤も興味ある考察として聞いたのは、当時の『アルゲマイネ』電気会社社長、後に外務大臣として暗殺せられた『ラーテナウ』の所見であつた。同氏は曰く、『自分は労農政府は世人の云ふが如く早く崩壊するものとは考へない。又よし露国「ソヴィエト」政府がつぶれても、共産主義思想は絶滅するものとは考へない。労農政府の施設は、人類の一試験であるから、暫らく藉するに時を以てして、成功するや否やを見ることが尤もいいと思ふ。しかし、右の制度は、「ロシア」の如く国土大にして自給自足の可能なる地域に非ざれば、試験期を経過することさへ困難となるから、独逸の如く資源不足し多数国との交易に由らずしては生存の出来ない国柄に於ては、実行不可能なるにより、共産主義制度は独逸には実現の余裕なし』とのことであつた。」(8)

この肯定的な筆致と、亀山の指摘とを重ね合わせみると、すくなくとも東郷がラパロ条約につよい関心を寄せていたことは想像できる。ワシントン体制下で日本も一種の国際的疎外観に苛まれていたのであり、旧来の大陸政策に変更を加えつつ、いかに革命的ナショナリズムに燃え立つ中国と、共産主義を国是とするソ連とに対処するか、模索のさなかにあったからである。(9)

この意味で惜しまれるのは、亀山が入省したころに東郷が執筆し、亀山自身それを読んだ記憶があるという、東郷の対ソ政策に関する「長文の意見書」がまだ発見されておらず、当時の東郷のソ連観をくわしく点検することができないことであるが、その要点は、先に引用した東郷の発言に見られる、シベリアからの早期撤兵と「労農政府」との直接交渉、この二点に絞られていたのであろう。(10)

さて、亀山一二は対ソ政策という点で、東郷は外務省内の少数派に属していたと言っているが、東郷と類似の立場をとっていた少数派のひとり、ポーランド駐劄公使川上俊彦の意見具申電報がのこっているので、それをつぎに紹介しておこう。

川上は東京外語のロシア語科の出身で、外交官領事官試験の施行（明治二十七年）以前に入省し、このころ六十歳に達していた外務省の古参である。その間、川上は日露戦争に外交顧問として従軍し、旅順開城交渉のさいに乃木希典大将の通訳をつとめた。また伊藤博文がハルビン駅頭で安重根の銃弾に倒れたとき、案内役の川上も肩に被弾し、重傷を負った。その後ながく満鉄理事をつとめたのち、ポーランド駐劄公使に任命され、東郷が帰国した大正十年（一九二一）五月、ワルシャワに着任していた。つぎの川上の意見具申は、着任後まもなく書かれたものである。

川上は、「連合諸国ノ対露政策ハ一トシテ失敗ニ帰セザルモノナク、今日ニ於テハ欧亜ヲ通ジテ将来望ヲ嘱スベキ反過激派（反革命派）ト称スベキモノ殆ド絶無ナリ」と断じ、ソ連の政策転換（「戦時共産主義」から「新経済政策」へ）に言及し、英ソ通商条約（一九二一年三月十六日調印）に代表されるように、欧米諸国がソ連との通商関係の再開にむかって動き出している事実に深刻な注意を喚起し、つづいて日本のとるべき対ソ政策に説き及んだ。

「翻ツテ我国ト露領極東トノ関係ヲ見ルニ、西欧諸国ト欧露トノ関係ニ比シ、寧ロ独占的ニシテ一層密接ナルモノアリ。故ニ我国モ露国ヲ承認スルコトハ暫ク措キ、成ル可ク速ニ之ト通商開始ニ関スル協定ヲ為ス可キ必要ヲ認メザル可カラザルナリ。而シテ労農政府ノ傀儡《かいらい》タル極東共和国政府ト斯カル協定ヲ為スガ如キハ、決シテ策ノ得タルモノニ非ズト思考ス。宜シク進ンデ中央労農政府ト直接談判スベク、今日迄ノ情報ニ依レバ、該政府モ亦深ク希望シ居ルモノノ如シ。」

元来、議会民主主義を標榜する極東共和国は、日本のシベリア駐兵への対抗上、緩衝国の役割をはたすべく設置されたもので、日本の政府がこれとの通商協定締結の交渉を開始したのは、右の川上の意見具申の直前のことであった（大正十年五月十三日閣議決定）。

「由来在外（亡命）露国人ノ通信ハ悲観ニ過ギ、過激派（ボルシェヴィキ）側ノ宣伝ハ誇張ニ失シ、共ニ軽信シ難シト雖、諸方面ノ情報ヲ綜合スルニ、労農政府ノ地位ハ国内諸工業ノ頽廃ニ加ヘ、『ヴォルガ』地方一帯ノ飢饉アル為、危機ニ瀕セルコトハ事実ナルモ、露国内ニハ現在同政府ヲ措キテ他ニ政府ト認ム可キモノナキノミナラズ、且ツ在外反過激派（反革命派）ナルモノハ多クハ論争ヲ事トシテ互ニ排擠シ、協同一致スルコトヲ知ラズ、到底労農政府ノ組織的ニシテ果断ナルニ若カズ。然レバ将来外国ノ徹底的干渉、又ハ飢饉ニ伴フ万一ノ出来事ナキ限リ、労農政府ハ当分ノ内ハ倒ルルコトナカル可シ。万一倒ルルコトアリトスルモ、露国ハ反過激派ノ手ニ帰シ、直ニ統一セラルルガ如キコトナカル可ク、同国ハ更ニ幾多ノ混沌時代ヲ経過セザル可カラザルニ至ル可シ。」

「労農政府ト通商協定ヲナシ、又ハ之ヲ承認スルコトヲ以テ、極端ナル社会主義ヲ承認スルモノナリトシ、其ノ内政上ニ及ボス可キ悪影響ヲ憂慮スルモノナキニ非ザルモ、現在ノ労農政府ハ当初ノ主義主張ヲ殆ド放棄セルモノニシテ、寧ロ我国民ニ過激社会主義実行不可能ノ実例ヲ示ス好機ニシテ、我ガ為政家ノ処措宜シキヲ得バ、何等憂フルニ足ラザル可シト思考セラル。尤モ労農政府ハ外国ニ対シ革命的宣伝ヲ為スコトヲ断念シタルモノニハ非ザルヲ以テ、決シテ油断スベカラザルハ勿論ナリ。」

「又労農政府承認ノ反対ノ理由ノ一トシテ、将来（反過激派）露国人ノ反感ヲ買フベキコトヲ指摘スルモノアルモ、労農政府ガ過去将来ニ亘リ、其ノ権力下ニ在ル一億有余ノ民衆ニ対シ、排日的宣伝ヲ為スノ害ニ想到スレバ、在外二百万有余ノ反過激派露国人ガ労農政府ヲ承認シタル為日本ヲ恨ムノ害ノ如キト、同日ノ論ニ非ズ。」

「国外ヨリ現在ノ労農政府ヲ倒シテ、全ク別個ノ政府ヲ樹立スベキ者ナク、国内ニハ『レーニン』一派ヲ除キ、不世出ノ政治家無キモノトセバ、近キ将来ニ於テ露国ガ労農政府ノ羈絆ヲ脱シ、常態ニ復帰センコトヲ希望スルモ、蓋シ樹ニ縁リテ魚ヲ求ムルノ類ノミ。今此ノ永続スベキ不安不定ナル期間、露国ト全然絶縁シ、之ヲ拋棄シテ顧ミズトセバ止ム。若シ然ラズシテ、苟モ之ト利害ヲ共ニシ、更ニ進ンデコノ間ニ処シ、列国ニ後レズ、我ガ利権ヲ伸張セント欲セバ、帝国政府ニ於テモ今ヤ局面ヲ展開シ、労農政府ト交渉ヲ辞セザルノ態度ニ出ヅベキ時ナリト信ズ(11)。」

リアリズムの目配りが随所でにらみをきかせている意見具申である。しかし、川上自身が日本政府の代表として、ソ連政府代表ヨッフェ(A.A.Joffe)との交渉の席に就くまでに、まだ約二年の歳月が必要であった。その間、あたかもソ連政府との直接交渉に入るまでの「儀式」ないし「必要な手続き」であるかの如く、極東共和国との交渉が延々とつづけられた。

まず大正十年(一九二一)六月から七月にかけて予備折衝がハルビンで、つづいて八月から翌大正十一年四月にかけて正式会談が大連でおこなわれたが、決裂におわった。会談がすすむにつれて、極東共和国側が日本軍の撤兵時期などについて、態度を硬化させてきたためである。

これを聞いた川上俊彦は、ふたたびつぎのように書いて、ソ連政府との直接交渉を訴えた。

「抑極東共和国ヲ以テ完全ナル独立国ト見做シ、又ハ同国ノ声明スル非共産主義ニ信頼スルガ如キハ、不用意ノ甚ダシキモノニシテ、革命後莫斯科《モスクワ》政府ガ各地方ニ対シ独立又ハ自治ノ名義ヲ貸シ、且ツ之ヲ外国ニ吹聴スルモ、一億三千万ノ露国民ヲ背景トスル莫斯科政府ノ帝国主義ハ、帝政時代ノ夫《それ》ト異ルトコロナク、内民族ヲ操縦シ、外列国ヲ欺罔スルノ政策ニ外ナラズ。多数共和国ト云ヒ、自治領ト云フモ、要スルニ全露国ノ一部分ニ過ギズ。事大小トナク莫斯科政府ノ意志ニ反シテ決定セラルルコトナキハ、露国ノ現状ニ通ズル独波（ドイツ・ポーランド）各国人ノ断言シテ憚ラザルトコロナリ。[12]」

大連会議につづいて、大正十一年（一九二二）九月、極東共和国との交渉が長春で再開され、今度は極東共和国の代表に加えて、ソ連代表のヨッフェも参加し、会議がすすむにつれて、ヨッフェの発言が目立ち、あたかも日ソ直接交渉の前座の観を呈するようになった。日本代表は欧米局長松平恒雄であった。

しかし、日本軍による北樺太の保障占領に中心議題を移したこの会議も、けっきょく決裂におわった。この年の六月に成立した加藤友三郎内閣は、発足後まもなく、十月末までにシベリアからの撤兵を完了する旨を発表していたが、これが中心議題変更の背景であった。

この約束は実行に移され、約四年三カ月におよび、戦費九億円を費やし、三千五百名の戦病死者を出した日本のシベリア出兵は結末を迎えた。のこるは尼港事件が未解決であることを理由に、北樺太に駐兵する日本軍のみであった。翌十一月、日本の進出を阻止するための緩衝国として発足した極東共和国が、ソヴィエト政権との合流を発表したのは、自然の成り行きであった。

こうして、日ソ間の本格的な直接交渉の機は熟したわけであるが、そのイニシアティブをとったのは政府関係者ではなく、当時の東京市長、ロシア革命以前からの日露提携論者として知られる後藤新平であり、後藤の個人的な招待によって、長春会議後北京滞在をつづけていたヨッフェの来日が決まったのである。そして、ヨッフェの来日と軌を一にするかの如く、大正十二年（一九二三）一月、東郷が欧米局第一課長に就任した。
後藤新平はヨッフェ招待にあたって、あらかじめ首相加藤友三郎の了解をとりつけていたが、日ソ直接交渉にいたる過程で後藤のはたした役割を、後年の東郷の筆はつぎのように述べている。

「加藤首相及び後藤氏、何れも共産主義の動向に重きを措《お》くことなく、主として極東に於ける利害の調整を考慮せるものであつた。此点は外務省の思想的方面をも包括せる、『ロシア』全体を対象としての政策と幾分齟齬《そご》するものがあつて、意見の合致を欠くものがあり、又『ヨッフェ』の待遇方法等に付ても感情上の行違ひがあり、自分は両者の間を調整する為め、屢々《しばしば》往復することとなつた（中略）。（後藤・ヨッフェ）会談の結果は其儘採用し難きものがあつたので、直ちに成果は挙らなかつたが、此後藤氏の会談が一般的気運を醸成し、やがて北京交渉の基礎を造つたので、同氏の功績は顕著なるものがあつた。又同氏が『ロシア』と提携して対支、対米外交に備ふべしとの意見であつたのは、後日『ローズヴェルト』大統領の対日、対『ソ』外交と対蹠をなすものである。(13)」

これまで見てきた東郷の考え方からすれば、当然東郷の立場は後藤の側に傾いていたと思われるが、それを具体的にしめす当時の文書に出会うのは、まだもうすこし先のことである。
このときヨッフェを日本に招いた後藤の動機はつぎのようなものであった。

「帝国刻下の要務は労農政府を利導して、露領に於ける我経済的発展の好機を掌握し、彼我共栄の途を開くこと第一なり。米国の対露政策を以て暗中飛躍するに先駆して、将来の禍根を未然に芟除《さんじょ》すること第二なり。露支の接近に先んじて、支那の妄動を制し、東洋平和の鍵鑰を我手に緊握すること第三なり。是帝国外交の一転機たり。(14)」

すなわち、北洋漁業などの経済権益の確保と、日ソ経済提携の促進であり、さらにアメリカおよび中国との関係において、日本の外交的立場を強化することであった。とくに反帝国主義をかかげる中ソ両国の接近が当時顕著であったことは、後藤にとって、日本の外交的孤立を招きかねない由々しい事態であった。ワシントン体制が日本にもたらした一種の国際的疎外感を、後藤は日ソ提携によって打開しようとしたといってよい。

加藤首相が後藤の動きに承認をあたえたのは、北樺太の石油利権などに着目し、このころ対ソ接近説に転じていた海軍側の意向を反映したものであろう。すなわち、大正十二年（一九二三）二月二十二日付で外務省におくられた海軍省の覚書は、つぎのように説いていた。

「帝国ニ在リテハ北樺太ノ採油権ヲ獲得スルコトハ我国防上極メテ必要ナリ。翻テ米国ノ挙措ヲ考フルニ、米国政府ガ我国ノ産出物ニ付テ統計的調査ヲナスコト已ニ多年、米国海軍ガ日本ニ対スル平時戦略トシテ、北樺太油田ノ日本海軍ノ手ニ入ルヲ妨碍スルコトハ当然アリ得ベキコトト思ハザルベカラズ。」

「漁業問題又浦塩（ウラジヴォストーク）ニ於テ解決容易ナラズ。遅クモ三月末頃迄ニ結着ヲ見ザルニ於テハ、或ハ今年又々自由出漁トナリ、更ニ進ンデ無謀ナル密猟ヲ敢テシ、或ハ自衛ト称シテ密ニ武器ヲ携行スルモノ続出シ（中略）、延《ひい》テ露国漁業監視船トノ衝突トナリ、遂ニ我ハ武力ヲ以テ露国ノ主権内ニ於テ漁業家ヲ保護セザルベカラザルガ如キ破目ニ陥リ、将来日露親善上一大禍根ヲ醸成スルノ虞《おそれ》アリ」

「林業問題モ亦進退両難ノ情況ニ在ルコト漁業問題ト異ラズ。幸ニ企業家ノ退嬰ハ漸ク事ナキヲ得ルモ、政府ニシテ果シテ漁業者ニ対シ自由出漁ヲ承認スルニ於テハ、林業者ニ対シテモ、亦必ズヤ保護上相当ノ考慮ヲ払ハザルベカラザルニ立至ルベキハ、避ケ難キ所ナルベシ。」

「対露問題ノ解決遷延ハ益々両国ノ事態ヲ紛糾セシムルノ虞アリ。是レ日露親善ノ大局上最モ悲ムベキノミナラズ、今日ニ於テ何等カ画策スル所ナク、徒ニ曠日彌久《こうじつびきゅう》センカ、樺太駐兵モ又何等ノ得ル所ナクシテ撤兵断行ノ餘儀ナキニ陥ルノ日、蓋シ遠カラザルヲ虞ル。明日ヲ待ツモ事態ノ改善セラルル見込ナキコトハ、万人ノ斉《ひと》シク認ムル処ナルヲ以テ、我当局ハ速ニ我対露方針ノ大綱ヲ定ムルト共ニ、之ガ実行上ノ大障碍タル誤解ヲ一掃スル目的ヲ以テ、一方『ヨッフェ』氏ノ来朝ヲ機トシ、之ガ利用ニ努ムルト共ニ、他方適当ナル朝野ノ人物ヲ欧露ニ派遣シ、依テ以テ速ニ日露両国間ノ紛糾ヲ解決スルニ努ムルコト賢明ニシテ、且喫緊ノ策ナリト認ム[15]。」

このほかに、ソ連との貿易の復活を望む経済界や、北洋漁業関係者からも、日ソ国交正常化を求めるつよい声が上っていたが、外務省首脳は依然として時期尚早論をくずさず、ヨッフェの来日にたいしてきわめて冷淡であった。

このような外務省首脳の態度の背後には、東郷の指摘する「思想的方面」、すなわち、共産主義にたいするイデオロギー的な嫌悪感ないし恐怖感のほかに、或るアメリカの観察者が述べている理由、すなわち、英米の対ソ政策にたいする考慮もはたらいていたように思われる。当時アメリカは依然ソヴィエト政権不承認の方針をとりつづけていたし、大正十年（一九二一）三月にソ連といちはやく通商条約を結んだイギリスも、そのころソ連との関係を悪化させていたからである。(16)

ともかく、「来日ノ延期」を望んだ外務省の意向をしりぞけ、後藤の招待をうけたヨッフェが上海をあとにし、長崎、横浜を経て東京に到着したのは、大正十二年（一九二三）二月一日である。

来日したヨッフェを迎えて、後藤はさっそく私的交渉に入ったが、冷淡な外務省首脳の態度に業をにやした後藤が、つぎのような激しい文面をふくむ意見書を、外相内田康哉におくりとどける一幕もあった。

「外務省ニ於テハ『ヨッフェ』氏ハ猶太人《ユダヤ》ニシテ人格劣等ナルヲ以テ、到底国際的談判ノ衝ニ当ルベキ人格ニ非ズトナシ、現ニ外務次官（田中都吉）ノ如キハ、『チチェリン』（外務人民委員）若《も》クハ『カラハン』（外務人民委員代理）ナラバ後藤（新平）子爵ノ来遊ヲ促ガスニ足ルモ、彼ガ如キ劣等ノ人物ニ対スルハ賛意ヲ示シ難シト公言セル旨、或確カナル筋ヨリ伝聞セリ。又伝フル所ニ由レバ、松平（恒雄欧米）局長モ、到底『ヨッフェ』氏トハ談判シ難キニヨリ、寧ロ他ノ露人ニ換フレバ可ナラント言ハレタリト聞ク。」

「元来外務省ハ露国ノ政情ニ精通シ居リ、又我外務省随意ニ談判ノ衝ニ当ルベキ相手方ヲ変更セシムルダケノ力ヲ有セリト自信シ居ラルルヤ。若シ然ラズシテ如レ此言ヲ発スルハ、国家ノ為外交官トシテ不当ノ言ナリ、国家ノ害ナリ、陛下ニ忠ナルモノニ非ザルナリ。露国ノ政情ニ通ゼル者ハ曰ク、彼『ヨッフェ』ハ已ニ二十三個ノ労農政府ノ条約ヲ締結セル人ニシテ、東洋ノ全権委員タリ、而シテ労農政府中央全権者タリ。然ルニ我国ニ来遊スルニ当リ、特ニ何等敬意ヲ表ハサザルノミカ、陰ニ隠レテハ外交官ノ誹謗ヲ逞シクス。如上ノ軽率ナル言動ノ、其害国家ニ及ボスモノアルベキヲ意トセザルヤ。若シ露国政府ニ依頼シテ彼ト折衝スルヲ中止シ得テ、彼ニ代フルニ他人ヲ以テスルノ確信アリトナサバ、猶可ナリトスルモ、然ラズシテ軽挙妄言スルハ慎ムベキコトニ非ズヤ。」

「彼一度我国土ヲ踏ムヤ、只一局部ノ意見ヨリシテ警察官ノ取締峻厳ヲ極メ、毫モ我外交上ノ雅量ヲ示スニ至ラズ。其間諸多ノ問題続出シテ、外務、内務両省ノ態度、殆ンド諒解ニ苦シムモノアリ。例之《たとえ》バ彼ニ対シテ暗号電報ヲ禁ゼシガ如キハ、果シテ何等ノ効果アリトナスヤ。『プロパガンダ』ニ暗号電報ノ必要アリト見做スガ如キ取締法ハ、実ニ一笑ニ付スベキモノナリ。(17)」

ヨッフェの来日とほとんど時期をおなじくして、これまで日ソ直接交渉をつよく進言していたポーランド駐劄公使川上俊彦が帰国した。シベリア経由で帰国した川上は、途中立ち寄った長春、大連などで、日ソ国交正常化の早期実現を説く発言をおこない、内外の注目をあつめた。(18)

この川上の帰国は、一見冷淡な態度を装いつつ、じつは日ソ直接交渉に備える外務省の措置と受けとられそうであるが、実情はそうでなく、前年の夏以来の「宿痾《しゅくあ》（心臓病及糖尿病）」が再発したため、「近頃ニ至リ心身共ニ著シク疲労ヲ覚エ、今後完全ニ職費ヲ尽クシ難ク被レ存候ニ付、一応帰朝ノ上専ラ静養致度」という川上の申請が許可されたものであった。(19)

しかし、その川上は、帰国の途上モスクワに約一週間滞在して、外務人民委員代理（外務次官）カラハン（L. M. Karakhan）と数度会見し、日ソ直接交渉にたいするソヴィエト政府の意向を打診してきた。それを要約したのが、川上のつぎの電報である。

「一　樺太北半（北樺太）ノ売却ハ現在ノ事情上『サウエト』（ソヴィエト）政府ニ於テ到底不可能ナルモ、日本軍隊撤退ヲ条件トシテ、右領土内ニ於ケル石油、石炭及ビ森林ニ関スル利権ハ、政府ト会社タルトヲ問ハズ、長期租借条件（三十年乃至四十年）ニ依リ、日本ニ譲渡スルニ異議ナキコト。」

「二　尼港問題ハ両国共同調査委員会ヲ組織シ、双方ノ反逆行為ヲ取調べ、之ニ依リテ生ジタル損害ハ相殺ノ上、残余ヲ賠償シ、以テ該問題ヲ解決スルコト。」

「三　前記樺太北半ニ於ケル利権ノ外、沿海州及ビ其ノ他ノ極東露領ニ於ケル森林鉱山等ニ関スル利権ヲモ、或ル条件ノ下ニ譲渡シ得ルコト。」

「四　今後更ニ日露会議ヲ開ク場合ニハ、本条約ヲ締結シ、日本ハ『サウエト』政府ヲ承認スルコト。」

「五　勘察加（カムチャツカ）及ビ其ノ他ニ於ケル漁業及ビ満州ニ於ケル鉄道等ノ諸問題ニ関シテハ、和衷協同ノ精神ヲ以テ之ヲ協定スルコト。」

「六　前記漁業ニ関シテハ、速ニ『デクレット』ヲ発シ、帝政時代同様ノ方法ヲ以テ邦人ニ漁区ヲ貸下グル為、本年漁期ニ間ニ合フ様、目下取急ギ準備中ナルコト。[20]」

これで日ソ直接交渉を開始するかぎり、ソヴィエト政権承認の問題を避けて通ることができないことは、あきらかであった。

ヨッフェの来日以来、後藤・ヨッフェのあいだで断続的につづけられてきた私的交渉にたいして、ついに外務省が公的性格を付与することを決めたのは、四月中旬になってからのことである。これにともない、暗号電報使用の許可もヨッフェにあたえられた。

つづいて六月に入ると、ヨッフェ・後藤の非公式折衝は、政府間レベルでの予備交渉に切りかえられたが、日本政府の代表に任命されたのは、帰国中の川上俊彦であった。

このヨッフェ・川上交渉は六月二十八日から七月三十一日まで、十二回の会談をおこない、尼港事件、北樺太問題、ソ連による国際義務の履行問題などを討議し、東郷のことばを借りれば、「諸案件の具体的検討に有益であつて、成績見るべきものがあつた」が、依然意見不一致の点が多く、そしてヨッフェが予備交渉打切りを通告してきたため、中絶することになった。まもなく、ヨッフェは八月上旬に帰国していった。(21)

さて、ヨッフェが来日してからここまでの期間、対立する後藤と外務省首脳とのあいだの「調整」に尽力したという東郷の、当時の肉声がまだきけないのは残念である。

しかし、そのころの東郷の仕事ぶりは、直接の部下であった亀山一二がつたえてくれる。亀山は、東郷を「外務省の仕事と心中しているような人」と評し、「大正十二年(一九二三)九月一日の関東大地震の時の如きも、自室の白壁の落ちる土煙で一寸先も見えない中で、東郷さんは頑張っており、当時の欧米局長の松平さんが危険だからと、地震の都度課長室に来て、誘って庭へ一緒に出るという有様であった」と語っている。(22)

この大地震の直前に首相加藤友三郎が病死したため、内閣の更迭がおこなわれた。そして、第二次山本権兵衛内閣が発足し、外相に伊集院彦吉が就任し、さらに欧米局長も交替して、外務次官に昇格した松平恒雄のあとをおそい、廣田弘毅がその任についた。

この内閣には日ソ提携論者の後藤新平が内相として入閣したため、中絶した日ソ直接交渉再開の期待がもたれたが、とりあえずは関東大地震という惨禍の事後処理に全力をあげて取り組まなければならず、しかも十二月下旬におきた虎の門事件（難波大助による摂政狙撃事件）によって、この内閣がわずか四カ月の短命におわったため、日ソ交渉という点で、具体的な進展は見られなかった。

「外相伊集院彦吉氏は、対支、対『ソ』問題の処理につき、種々の計画を有して居たが、同内閣が虎の門事件の為め急遽辞職したので、経綸を施す余裕の無かつた事を自身遺憾とされた。其後間もなく病痾の為め急逝せられたのは、同氏の人格及び識見に照らし、誠に遺憾とする所である。[23]」

後年東郷が伊集院外相について、このようなことばをのこしているのは、たんに同郷の先輩伊集院にたいする追憶のためばかりではあるまい。この伊集院外相の下で、ようやく外務省も日ソ交渉に本格的に取り組む態勢をととのえはじめ、十月中旬、東郷欧米局第一課長、重光葵条約局第一課長らで構成される、「北京会議準備打合会」を省内に発足されていたからである。これは、ヨッフェにかわって極東代表に任命され、北京に着任したカラハンからの交渉再開への呼びかけにこたえる措置であった。

しかし、いっそう興味をかきたてられるのは、この伊集院外相時代の外務省記録の中に、日ソ関係についての東郷の肉声をつたえる当時の文書が二つのこっていることである。ひとつは十一月初旬、もうひとつは十二月十四日の日付をもち、いずれも「欧米局第一課」の起案となっているが、それらが第一課長東郷の筆になることは、まずまちがいあるまい。しかも、約一カ月の間隔を置いたこの二つの文書の結論は、奇妙なことに逆になっている。

まず、十一月初旬の「欧米局第一課」の起案（「閣議案」）を紹介してみよう。

この文書は、「大連会議及ビ長春会議決裂後、本年（大正十二年）二月、在北京露国代表『ヨッフェ』氏来邦シ、後藤（新平）子爵ヲ介シテ日露交渉再開ノ希望ヲ表明シタルニ依リ、帝国政府ハ露国側トノ間ニ非公式予備交渉ヲ行ヒ、以テ正式交渉ニ入ルヲ得ベキ基礎ヲ発見スルニ努力スルニ決シ、六月二十八日以降、東京ニ於テ、我方代表川上（俊彦）公使、先方代表『ヨッフェ』氏トノ間ニ会談ヲ重ネ」と説きおこし、このヨッフェ・川上会談においてあきらかになった双方の一致点と相違点を簡潔に叙した後、「尚両代表ノ間ニハ諸般ノ点ニ於テ、未ダ充分意見ノ交換ヲ尽サザルモノアリタルニ拘ハラズ、右会談ハ七月三十一日ヲ以テ急ニ打切ラルルニ至レリ」と冒頭の部分を結び、つづいてカラハンの提案に移った。

「然ル処、最近在北京露国代表『カラハン』氏ハ、在支帝国公使（芳沢謙吉）ニ会見ヲ求メ、㈠、日本政府ニ於テハ国内復興事業（関東大地震後の復興事業）ノ為メ多忙ナルニ拘ハラズ、若シ露国側ヨリ交渉再開ノ提議アラバ、之ニ応ジ得ベキヤ、㈡、之ニ応ジ得ルニ於テハ、露国側トシテハ今回ハ非公式交渉ノ形式ニ依ラズ、直ニ正式交渉トシテ開会スル方得策ト思考スル趣ヲ以テ、右二点ニ関スル帝国政府ノ意嚮《いこう》ヲ承知シタキ旨申出タリ。」

このカラハンの提案は、ソ連の極東代表として北京に到着してからまもない、九月二十二日におこなわれたものである。なお、カラハンは十月七日付で、第二次山本権兵衛内閣に内相として入閣した後藤新平にも長文の書簡をおくり、正式交渉開始の必要を説き、後藤の援助を要請した[24]。

さて、「欧米局第一課」は、十一月初旬の起案において、このカラハンの提案を受諾すべきであると主張し、つぎのように論じた。

「惟《おも》フニ帝国ハ露国ニ対シ、地理上、政治上、経済上、列国ニ比シ遙カニ密接ナル関係ヲ有シ、殊ニ尼港事件及ビ之ニ関連スル北薩哈嗹《サガレン》（北樺太）問題ノ如キ、可成急速ノ解決ヲ得策トスル懸案ヲ有スルノミナラズ、漁業問題、森林伐採問題、通商交通問題等、永ク放置スルヲ許サザルモノアリ。他方露国ノ状態モ漸次安定ノ域ニ向ヒ、所謂新経済政策（ネップ）ノ採用ニ依リ、従来ノ極端ナル主義政策ヲ緩和セルノ観アルノミナラズ、今回帝国ノ大災禍（関東大地震）ニ際シ、露国官民ノ表示セル同情ハ尠クトモ表面上顕著ニシテ、露国政府側ニ於テモ、此機会ニ日露親善ノ宿題解決ニ資セムトスル希望ヲ有スルモノノ如ク、在支帝国公使ニ対スル『カラハン』氏ノ申出モ、先方ヨリ進ンデ交渉再開ヲ提議セムトスルモノナルヲ以テ、帝国政府ニ於テハ之ヲ容諾シ、交渉再開ニ同意スルコト可然ト認メラル。」

なお、ここでふれられている「露国官民ノ表示セル同情」の中には、ウラジヴォストークから救援物資を積んで、九月十二日に横浜に入港したソ連船レーニン号の場合もふくまれていた。しかし、このレーニン号は、「救《きゅう》恤《じゅつ》ヲ名トシ、革命委員会及ビ共産主義ノ悪宣伝ヲ行フノ使命ヲ有シ、且ツ其ノ救恤品ハ限定セル範囲（罹災労働者）ニ提供スベキコトヲ揚言シ、或ハ本震災ハ日本ニ於ケル革命達成上ノ天ノ使命ナリ等不穏ノ言ヲ弄セルノ事実」があったとする関東戒厳司令部によって、救援物資の受領を拒否されたあげく、退去を命じられるといういきさつがあった(25)。

「尤モ過般非公式予備交渉ノ結果ハ、前記ノ通リ尚不充分ナルニ鑑ミ、此儘直ニ正式交渉ニ入ルモ果シテ予期ノ成果ヲ挙ゲ得ベキヤ否ヤ、楽観ヲ許サザルモノアリト雖モ、主要問題ニ対スル先方ノ意嚮ハ、右予備交渉ニヨリ略ボ之ヲ推知スルヲ得ル次第ナルヲ以テ、重ネテ予備交渉ヲ試ムルモ得ル所多カラザルベキニヨリ、今回ハ寧ロ先方ノ希望ニ応ジ、正式会商を開始スルヲ可トスベシ。」

「而シテ右正式会商ノ方法ニ関シテハ、先ヅ第一次会商ニ於テ、露国トノ国交開始ニ必要ト認メラルル主要事項ニ付キ大綱ノ協定ヲ遂ゲ、次デ右協定成立後成ル可ク速ニ第二次会商ニ移リ、細目ノ事項ニ関シ協議ヲ進ムルコトトナシ、差当リ『カラハン』氏ニ対シテハ、在支帝国公使ヲシテ、左記ノ趣旨ニテ回答セシムルコト可然。」

「『帝国政府ニ於テハ、目下震災善後措置ノ為多忙ヲ極メ居ル次第ナルモ、露国政府ヨリ誠意ヲ以テ交渉再開ヲ提議シ来ルニ於テハ、日露関係ノ緊密重要ナルニ顧ミ、之ニ応ジ、正式会商ヲ開始スルニ異存ナシ』。」

「尚労農露国政府承認問題ニ関シテハ、帝国ニ於テ予《あらかじ》メ列国ノ了解ヲ得置クベキ義務ナク、又是等列国中既ニ単独ニ露国側ト交渉ヲ行ヘル諸国ニ就テ見ルニ、其ノ対露交渉ニ関シ、是迄帝国政府ノ了解ヲ求メ来リタルモノナク、従テ帝国政府ハ本問題ニ関シ、全然自主的態度ヲ以テ行動スルノ自由ヲ有スル次第ナルガ、対露問題ハ列国ニ於テモ相当重視シ居ルコトナレバ、若シ必要アリト認ムル場合ニハ、列国ニ対シ、帝国ハ露国ト地理上、政治上、経済上、特ニ重要ナル関係ヲ有スルノミナラズ、尼港問題、漁業問題、交通問題、通商問題等、迅速ノ解決ヲ必要トスル事項尠カラザルニ顧ミ、日露国交開始ノ遷延スルコトヲ許サザル事情及ビ国論ノ趨向ヲ楯トシ、帝国政府ノ措置ヲ説明スルコトトスベシ。[26]」

これはソヴィエト政権の承認を前提にした、明快にして積極的な正式交渉開始の主張である。

この文書の原本はタイプ印刷に付されているため、字体による起草者の推定は不可能であるが、これまで見てきた東郷のソ連観や、東郷が「対ソ国交調整の急先鋒」であったという亀山一二の証言を思い合わせてみると、これが欧米局第一課長東郷の筆になることは、まずまちがいあるまい。全文とはいわずとも、すくなくとも骨子を用意したのは東郷であろう。ちなみに、当時東郷の部下として、欧米局第一課に勤務していた事務官は、岡本季正（大正七年入省）、津田廉卿（同）、亀山一二（大正十一年入省）の三名であった。

しかし、あきらかに東郷の筆と思われる字体で、この文書の原本の欄外に、「閣議決定ノ運ニ至ラズ」と書き込まれているように、この十一月初旬の「欧米局第一課」の起案は採用されなかった。したがって、ここで提案されている北京駐在の芳沢謙吉公使への訓令は打電されず、この起案がじっさいに生かされるのは、約六カ月後のことになった。

それにかわって、約一カ月後の十二月十四日付で、「欧米局第一課」のもうひとつの起案が作成されたが、そこに見られるのは、十一月初旬の起案からの大幅な後退、積極論から消極論への転換であった。

この十二月十四日の起案の原本はペンで書かれているが、その字体は東郷のものではない。しかし、そこに東郷の署名がある以上、この文書の内容についても、その責任者は第一課長の東郷であるとせねばなるまい。

それでは消極論はどういう趣旨で展開されているのか。この文書は、「(前略)『カラハン』氏ノ申出ニ対シテハ、我方ニ於テモ好意的考慮ヲ加ヘツツアル次第ナルモ」と述べた上で、「他方」とことばをつなぎ、つぎのように議論を転じてゆく。

「今回ノ提議ハ未ダ交渉開始ヲ正式ニ提議セルモノニアラズシテ、単ニ我方ノ意向ヲ『サウンド』セントスルニ外ナラズ。加之、労農政府従来ノ態度ニ鑑ミルニ、常ニ駈引ヲ事トシ、誠意ヲ欠ク場合多ク、今回同氏ノ申出ノ如キモ、如何程迄誠意ヲ有スルヤ不明ニシテ、殊ニ尼港事件ト相並ビテ我方ノ重キヲ措ク国際義務問題、殊ニ旧条約問題ニ付、先方ガ如何ナル程度迄我方ノ主張ヲ容ルベキヤニ就テハ、交渉開始前慎重ニ先方態度ヲ察知スルノ必要アリ。」

「尚又先方ハ最近浦潮(ウラジヴォストーク)ニ於テ、従来認メ来レル帝国総領事館ノ暗号電報及ビ外交文書発受ノ特典ヲ突如停止シ、且ツ在留邦人ニ対シ種々圧迫ヲ加フル等、我方ヲ不利不便ノ地位ニ陥レ、交渉開始ニ応ズルノ余儀ナキニ立至ラシメントスルガ如キ常套手段ヲ弄シ居ルヲ以テ、直ニ交渉開始ヲ応諾スルニ於テハ、先方ノ術中ニ陥リタリトノ観ヲ与ヘ、先方ニ気勢ヲ加ヘシムルノミナラズ、殊ニ労農当路ノ一部ニハ震災ノ打撃ニ依リ、日本ノ国力著シク減退セリト観察スルモノアルヲ以テ、我方ヨリ容易ニ交渉応諾ノ意嚮アルヲ示スニ於テハ、先方ヲシテ益々非妥協的ナラシメ、折角交渉ヲ開始スルモ、予期ノ成果ヲ収ムルコト能ハザル恐アリ。」

「故ニ我方ニ於テハ、正式ナラザル方法ニヨリ先方ト連絡ヲ執ル一方、軽挙妄動ヲ慎ミ、従容迫ラザルノ態度ヲ持シ、我方ガ特ニ露国トノ交渉ヲ急ギ、又ハ交渉ヲナスノ必要ニ迫ラレ居ルモノニアラザルコトヲ充分諒解セシメ、先方ガ帝国ノ真価ヲ認メ、誠心誠意互譲妥協ノ精神ヲ以テ、交渉ヲ希望シ来ル様善導スルヲ尤モ得策ト認メ、折角右ノ方法ヲ講ジツツアル次第ナリ。」[27]

この十一月初旬と十二月十四日の二つの起案をへだてる約一カ月のあいだに、日ソ関係上でおこった具体的な事件といえば、ここでもふれられているウラジヴォストークでの対日圧迫工作の強化（日本総領事館の暗号電報の使用禁止など）だけである。

しかし、現地の総領事代理渡辺理恵が、欧米局第一課長東郷茂徳と通商局監理課長酒匂秀一の両名に書簡をおくり、「今後幾多ノ難問続発スベキモ、何等手ノ着ケ様ナキ当館ノ情勢ニ鑑ミ、之レガ根本的解決ハ在北京日露代表者ヲ介シテ、双方ノ意思疎通乃至両国条約関係ノ設定ヲ急グ外之レナシ」と訴えていたように、この種の事件の勃発は正式交渉の開始をいそぐ理由とはなっても、それを躊躇する口実とはなりえないものであった。[28]

別の言い方をすれば、十二月十四日の起案は「労農政府従来ノ態度」をしきりに引き合いに出しているが、それを問題にするのなら、ウラジヴォストークでの妨害工作はさして目新しいことではなく、あるいは予見不可能なことでもなく、日ソ関係に何か重大な変質をもたらしたといったたぐいの事件ではなかった。

それにもかかわらず、約一カ月をへだてた二つの起案が、かくもちがった結論を引き出した理由はなんであろうか。

十一月初旬の起案は、いかにも東郷の筆になるものらしく、「労農政府従来ノ態度」などにはいわば目もくれず、大連会議からヨッフェ・川上会談にいたる過程であきらかになった両国の主張の一致点と相違点をさぐり、それへの対策を準備し、早期に正式交渉を開始することが、政治的にも、経済的にも、日本にとって利益があるゆえんを簡明に説いていた。

すでに紹介したように、この起案の末尾で、日本はソヴィエト政権承認問題に関して、「全然自主的態度ヲ以テ行動スルノ自由ヲ有スル」と書かれているのも、ワシントン体制下での「孤立」にいかに対処するかを模索する東郷の胸中を語っているかの如くに読める。

これにたいして、「労農政府従来ノ態度」に多くのことばをついやした十二月十四日の起案が、最後に推賞しているのは、「従容迫ラザルノ態度」、つまり、何もしないということである。たとえば、「我方ガ特ニ露国トノ交渉ヲ急ギ、又ハ交渉ヲナスノ必要ニ迫ラレ居ルモノニアラザルコトヲ充分諒解セシメ」とは、十一月初旬の起案からも、これまで見てきた東郷のソ連観からも、到底引き出すことのできない結論である。

もっとも、十二月十四日の起案の論旨の流れを注意ぶかくたどってゆくと、結論にいたるまでの箇所において、随所に東郷らしい観察に出会う。たとえば、つぎのくだりなどである。

「労農政府ガ現ニ旧露帝国ニ於ケル唯一ノ政権ニシテ、成立以来既ニ六ケ年ノ年月ヲ閲《けみ》シ、内政上ニ於テハ其ノ基礎漸次鞏固《きようこ》ヲ加ヘ（中略）、将来共多少ノ曲折ハ免レザルベキモ、結局『レーニン』主義ヲ継承セル現幹部ノ勝利ニ帰スベシト観察セラレ、今後突発的事件ノ起ラザル限リ、差当リ同政府ノ崩壊ヲ予想スルコト難ク（後略）。」

「今日迄終始承認反対ノ態度ヲ保持シ来リタル米国ニ於テモ（中略）、本年初メニ比スレバ、露国承認ノ気運ニ向ヒタルハ之ヲ否認スルヲ得ザルベク（後略）。」

「大勢ヨリ之ヲ見ル処、露国ノ経済政策ハ結局国家社会主義ニ落付クモノト想像セラレ、一方又（共産主義）宣伝ノ危険ニ対シテハ、労農政府ヲシテ之ガ禁止ヲ約セシメ、以テ宣伝取締ニ便スルヲ却テ得策ナリトスベシト認メラル（後略）。」

じつはこのように論じてきた直後に、「他方」ということばをはさみ、いわば「脈絡」をはずして、前述のような結論に駆け込んでいるというのが、むしろ実情である。結論の部分と、そこにいたる長文の観察をつなぐ「脈絡」があるとすれば、それは「労農政府従来ノ態度」、そして、それが信用できない、ということであろうが、本当の「脈絡」を提供していたのは、当時の外務省首脳のソ連観であろう。

いうまでもなく、東郷は日ソ関係について、自由に所信を表明できる立場にはおらず、外務省という官僚機構の拘束の中にあった。十一月初旬の起案も、十二月十四日の起案も、いずれも当時の東郷の肉声をつたえていると思われるが、後者の結論において、それは歪んだひびきをたてている。そして、政府が採用したのは、後者であった。

日ソ交渉再開について、ほとんど正反対の結論を出している「欧米局第一課」の二つの起案、十一月初旬の積極論と十二月十四日の消極論について、もうすこしはなしをつづけてみたいが、それをする前に、当時外務省の内部からあがっていたもうひとつの積極論を、ここで紹介しておきたい。

その提唱者は、早くからソヴィエト政権との直接交渉の必要を進言し、つづいて来日したヨッフェとの非公式予備交渉において、政府代表をつとめた帰国中のポーランド駐劄公使川上俊彦である。

すでに見たように、川上はワルシャワからの帰途、モスクワに立ち寄り、外務人民委員代理カラハンと会見して、日ソ国交調整に関するソヴィエト側の基本的な立場を打診していたし、さらに六月二十八日から七月三十一日にかけての、十二回におよんだヨッフェとの会談を通して、交渉にのぞむソヴィエト側の態度を知悉していた。

つぎに紹介するのは、このヨッフェとの折衝の経験をふまえての、川上の意見書である。なお、その日付はただ「九月」となっているが、内容から判断して、新任の極東代表カラハンから交渉再開の申し入れがあった九月中旬以降の執筆であろう。

「去ル大正六年（一九一七）十一月、『ソヴィエト』政府ガ全露ノ政権ヲ把握セシ以来、今日ニ至ル迄既ニ六星霜ヲ閲《けみ》セリ。此期間中ノ前半三箇年ハ所謂革命時代ニ属シ、内乱相踵《つ》ギ、民心安定ヲ欠キ、動《やや》モスレバ秩序紊乱シ、未ダ渾沌状態ヲ脱却スル能ハザリシガ、其後該政府ノ基礎漸次鞏固ヲ加ヘ、国内ノ政権統一セラルルト同時ニ、内乱殆ド終熄シ、秩序全然恢復セラルルニ至レリ。而シテ前記期間ノ後半三箇年ハ夙《つと》ニ革命時代ヲ経過シテ建設時代ニ入リ、該政府ハ内治外交ノ振作ニ全力ヲ傾注シ、其ノ成績ノ稍見ルベキモノアルハ掩《おお》フベカラザル事実ニシテ、内ニシテハ百般ノ施政其緒ニ就キ、一度根本ヨリ破壊セラレタル商工業モ今ヤ漸次復興ノ途ニ向ヒ、殊ニ国産ノ大宗タル農産物ノ如キ、既ニ国内ノ需用ヲ充タシ、剰余ノ産額ハ之ヲ独国（ドイツ）及其他ニ向ケ輸出シツツアル状況ナリ。」

このように説きおこした川上は、つづいてソヴィエト政権の対外関係の改善にふれ、さらに日本の特殊な立場を論じて、交渉再開の急務であるゆえんを述べてゆく。

「又外ニシテハ独逸ヲ始メ、欧露（ヨーロッパ・ロシア）ト接壌スル波蘭《ポーランド》、芬蘭《フインランド》、『エストニア』『ラトヴィヤ』、『リスアニヤ』、土耳古《トルコ》、波斯《ペルシア》等ノ諸邦ハ、率《おおむ》ネ皆本条約ヲ締結シ、法律上『ソヴィエト』政府ヲ承認シ、英、伊、『チェコ・スロヴァキヤ』、諾威《ノルウエー》、丁抹《デンマーク》等ノ諸国モ、亦前後相踵《つ》イデ予備条約ヲ締結シ、事実上之ガ承認ヲ為スニ至レリ。」

「然ルニ我邦ハ極東ニ於ケル接壌国ニシテ、対露関係ニ於テハ欧米諸邦ト其趣ヲ異ニシ、政治及経済上全然特殊ノ地位ニ在リ。而モ露国ノ債務ニ関シ、英、仏、米ノ如ク、重大ニシテ複雑ナル事情ナキニ拘ラズ、今日迄未ダ何等ノ国際関係ヲ有スルニ至ラズ。一面ニ於テ、露国ニ住居シ、若《もし》クハ之ト商的関係ヲ有シタル数千ノ帝国臣民ハ、皆其ノ業務ヲ失ヒ、或ハ露国ヲ引揚ゲ、或ハ残留シテ、何レモ惨憺タル非境ニ沈淪シツツアリ。他面ニ於テハ、漁業［我投資額約六千万円、生産年額約四千五百万円］、林業、通商、交通等ノ諸問題ノ如キ、国交ナキガ為、種々ノ困難ニ遭遇シツツアル幾多案件ノ急速ニ之ガ解決処理ヲ要スルモノアリ。若《も》シ此等ノ諸問題ヲ看過シテ其ノ運命ノ儘ニ放擲シ置カンカ、将来意外ノ結果ヲ生ズルナキヲ保シ難シ。」

「『ソヴィエト』政府ノ基礎益々鞏固ヲ加ヘ、近キ将来ニ於テ国内之ニ代ルベキ権力ナク、且露国ノ復興状態ガ頗ル良好ニ向ヒツツアルノ事実ハ、最近露国ニ赴キシ内外人ノ異口同音ニ高調スルトコロニシテ、今ヤ露国復交問題ハ最早研究ノ時ニ非ズ、実行ノ秋ナリ。此際速ニ露国ト善隣関係ヲ復興スルハ、実ニ焦眉ノ急務ナリト謂ハザルヲ得ズ。」

ヨッフェとの会談を通して、川上が確信をふかめたのは、「露国ノ主要ナル目的」が「同国政府ノ承認ト北樺太（から）ノ撤兵」にあるという一事であり、この希望に応じる覚悟をもって交渉にのぞめば、他の諸案件、すなわち、尼港問題、北樺太その他における利権問題、国際義務の履行問題などを、日本に有利なかたちで解決することが可能であるが、この覚悟がないかぎり、交渉が無意味なことである。

しかも、「交渉ノ時期ニシテ一日遅延セバ、我ニトリ一日ノ不利ヲ招致スベキヤ論ヲ挨タズ。将来万一ニモ欧米各国ガ事実上及法律上露国ヲ承認スルト同時、若クハ其後ニ於テ談判ヲナス場合アラバ、到底今日ノ如ク、我ニトリ有利ナル条件ノ下ニ協定ヲ逐ゲ得ベカラザルハ火ヲ観ルヨリモ明カナリ。故ニ帝国政府ハ此際速ニ其ノ態度ヲ決シ、対露政策上一新生面ヲ展開スルコト緊急ナリト信ゼザルヲ得ザルナリ。」

つづいて、川上は、「玆ニ特殊ノ注意ヲ払フベキハ、日本人士中、国民思想ノ悪化ト、欧米各国ニ対スル気兼トニ依リ、日露国交ノ回復ヲ尚早シト唱道スル者少カラザルノ事実ナリ」と述べ、時期尚早論に詳細な反駁を加えてゆくが、川上がとくにこのような指摘をおこなっていること自体、政府および外務省首脳の内部に、依然としてこの種の消極論が根強く存在したことを物語るものであろう。「欧米局第一課」の二つの起案が異なった結論を出さざるをえなかった背景も、この川上の指摘と無関係ではあるまい。

まず、「国民思想の悪化」、すなわち、共産主義にたいするイデオロギー的な嫌悪感ないし恐怖感の問題である。

「日露国交ノ回復ハ日本ニ於ケル社会主義及共産主義ノ伝播ヲ助長スルモノナリト云フハ、一応理由ナキニ非ザルモ、該主義ノ侵入素《も》ト思想上ノ問題ニ属シ、国交ノ回復如何ニ依ルモノニ非ズ。多数ノ国民ナレバ、早晩之ト共鳴スル者多少輩出スルヲ免レザルハ、之ヲ予期セザルベカラズ。現地ニ於ケル世界ノ交通状態ニ鑑ミ、軍隊及警察ノ権力ハ勿論、如何ナル鎖国状態ト雖モ、根本的ニ之ヲ防止スルコト到底不可能ナルベシ。」

「試ニ看ヨ、露国ト最モ密接ナル波蘭又ハ独逸ノ如キ、国内多少ノ共産主義者ナキニ非ザルモ、是レ纔《わず》カニ国民ノ一小部分ニ過ギズ。且国民ハ常ニ内外ノ共産主義者ト接触シツツアルガ故、能ク該主義ノ何物タルヲ諒解シ、寧ロ之ヲ避忌スルモ、之ト共鳴スル者極メテ少数ナルハ、世上周知ノ事実ナリ。如レ此ニシテ、仮令国民中多少ノ共産主義者アリトスルモ、国民ノ大部分ガ夙ニ自覚シテ之ニ感染セザル限リ、何等恐ルルニ足ラザルナリ。此点ヨリ考察スレバ、寧ロ国民ヲシテ可レ成速ニ彼等ト接触セシメ、以テ自覚心ヲ喚起スルハ却テ得策ナラン。然リト雖モ主義ノ蔓延ヲ其ノ儘ニ拋棄シ、敢テ顧ミザルモ可ナリト云フニ非ズ。当該政府トシテハ相当ノ取締方法ヲ設クルコト肝要ナルハ、言ヲ俟タズ。唯徒ラニ該主義者ヲ蛇蝎視シ、且之ヲ窘逐《きんちく》スルノ愚策ヲ排セザルベカラズト云フニアリ。」

つぎに、「欧米各国ニ対スル気兼」の問題であるが、具体的にはアメリカ、イギリス、フランスなどの諸国が、まだソヴィエト政権の正式承認に踏み切っていない事実を指している。なお、川上が前段でイギリスによる「事実上の承認」にふれているのは、大正十年（一九二一）三月の英ソ通商条約の締結を指している。

「而シテ日本ハ欧州ヲ距ル遼遠ナル極東ニ於テ、露国ト接壌シ、其政治及経済上、欧米各国ト全然其趣ヲ異ニスルノ地位ニアリ。今ヤ急速処理ヲ要スル漁業、林業、通商、交通等ノ国際的懸案ヲ眼前ニ控ヘツツアル特殊ノ重大関係ヲ有スルヲ以テ、必ズシモ各国ノ鼻息ヲ窺ヒ、事毎ニ之ト歩調ヲ一ニスルノ必要ナキハ、世人ノ異口同音ニ認ムルトコロナリ。加フルニ各国ハ重《おも》ニ欧露トノミ密接ノ関係ヲ有シ、殊ニ債務問題ノ解決上重大ニシテ複雑ナル事情アルガ為、露国ト急速国交ノ回復ヲ見ル能ハザルガ如キハ、大ニ日本ノ境遇ト差異アルヲ思ハザルベカラズ。然レドモ若シ我邦ガ各国ニ率先シ、単独ニ露国政府ヲ正式ニ承認スルヲ憚《はばか》ラバ、之ガ承認ノ手続ヲ採ルト同時ニ、各国ニ向ツテ、前記ノ理由ト事情ニ由リ、協調ヲ保ツ能ハザルコトヲ声明セバ充分ナラント信ズ。」

最後に川上が「ユダヤ人問題」をとくに取り上げているのは、やはりこの種の意見が日ソ交渉促進の阻害要因のひとつになっていたことを示すものであろう。

「次ニ『ソヴィエト』政府ハ猶太人《ユダヤ》ノ政府ニシテ、露西亜ヲ支配スル者ハ猶太人ナリト速断スル者鮮少ナラズト雖モ、是レ重ニ反過激派（反革命派）其ノ他ノ宣伝（中略）ニ依ルト、中央執行委員会ノ幹部及国務大臣〔人民委員〕ノ内ニ比較的多数ノ猶太人『トロツキー』、『カーメネフ』、『ジノーヴィエフ』等ノ如キアリテ、相当有力ノ人物アルニ基因スルモノナリ。然レドモ之ヲ以テ直ニ露国ハ猶太人ノ天下ナリト称スルハ失当ニシテ、現ニ『ソヴィエト』政治ノ柱石ト称セラルル『レーニン』ハ勿論、露国ノ最高権力タル連邦会議及中央執行委員会ノ議長タル『カリーニン』モ亦露人ナリ。其他国務大臣及共産党領袖中、露国人ノ外、波蘭人、『アルメニヤ』人、独逸人ノ如キ外国人ハ、猶太人ニ比シ遥カニ多数ナルハ論ヲ俟タザルトコロナリ。由来露西亜ハ反猶太思想ノ最モ旺盛ナリシ邦国ニシテ、国民ノ大部分ガ露人タル以上、猶太人ノミノ政府ニテハ民心ヲ収攬シ、輿望ヲ繋グコトハ不可能ナリ。故ニ単ニ政府部内ニ多数ノ猶太人アリテ且有力ナリト云フ事実ノミヲ以テ、直チニ猶太人ノ露国ナリトカ、或ハ猶太人ノ世界的革命ニ関スル陰謀ノ一端ナリ杯ト速断スルハ、早計ナリト信ズ。(29)」

これを執筆した直後の大正十二年(一九二三)十一月、おそらく持病(糖尿病と心臓病)のためであろうが、川上はポーランド駐劄公使を辞任し、つづいて翌大正十三年四月、外務省を去っているから、明治十九年(一八八六)十月、釜山領事館書記生を拝命して以来、外務省での経歴をほとんど「ロシア・サーヴィス」の現場ですごしてきた川上にとって、これは最後の外交意見表明の機会であったといってよいであろう。外務省を去ってからも、北樺太鉱業会長、日魯漁業社長と、昭和十年(一九三五)の没年まで、川上とソ連との因縁はつづくのであるが、それはまた別種の活動である。(30)

このような感慨をふくめて、この意見書を読むと、すでに紹介したいくつかの川上の意見具申とおなじく、イデオロギー的な好悪や偏見から解放されたリアリズムの眼力が随所で光っている。川上は意をつくして、交渉再開をいそぎ、早期に日ソ国交正常化を実現することが、日本の政治的、経済的利益に合致することを説いているが、この主張は、そのまま「欧米局第一課」の十一月初旬の起案に受けつがれたといってよい。

それればかりではない。川上が提案している個々の案件についての解決策も、十一月初旬の起案が列記している条件(「別記」)の基礎になったと見ることができる。たとえば、国際義務履行問題のうち、帝政ロシアと日本とのあいだで結ばれた旧条約の件を例にとってみると、両者の提案はつぎの如くである。紹介の順序は、まず川上の意見書、つぎに「欧米局第一課」の十一月初旬の起案である。

「四、国際義務問題　(イ)、条約　日本ハ予備交渉（ヨッフェ・川上会談）中、旧条約ノ承認ヲ強硬ニ主張セシモ、遡ツテ考フルニ、日露条約中ニハ或ハ既ニ期限経過シテ消滅ニ帰シ、或ハ時勢ノ変遷ト共ニ実行ニ適セズ、又ハ廃棄シ得ベキモノ等少カラザルニヨリ、露国ガ飽ク迄旧条約ヲ承認セザル場合、主義上之ガ廃棄問題ニ触レズ、従前ノ条約及協定ニ由リ日本ガ獲得シタル権利又ハ利益ニ何等ノ変更ヲ加ヘザル様、新条約ヲ協定スルコト。」

「(イ)、旧条約問題　日本政府ガ旧露国政府ト締結シタル条約ニ関シテハ、旧露国政府ノ地位ヲ経承セル労農政府ハ、国際信義ノ表章トシテ、之ヲ承認スルコト当然ナルノミナラズ、一方的意思ニ依ル条約ノ廃棄ヲ認ムルコトハ、将来ニ悪例ヲ残スモノナルヲ以テ、(一)、労農露国ヲシテ旧条約ヲ概括的ニ承認セシムルコト。尤モ露国ニシテ旧条約及協定ニヨリ獲得セル我権利及利益ヲ尊重シ、既成事実ニ変更ヲ加ヘザルハ勿論、其他条約又ハ協定上ニ於ケル我方ノ地位ヲ不利ナラシメザル旨明確ナル了解ヲ与フルニ於テハ、必要ニ応ジ、右ノ趣旨ニ基キ、旧条約又ハ協定中新事態ニ適応セザルモノヲ改訂スルコトニ同意シテ可ナリ、(二)、露国側ニ於テ旧条約ノ概括的承認ヲ拒ム場合ニハ、〔『ポーツマス』条約ハ満鮮西比利亜《シベリア》等ニ対スル我国策ノ基準タリシモノナレバ、之ガ改廃ハ内外ニ対スル影響頗ル大ナルモノアルベキニヨリ、同条約ニハ断然手ヲ触レシメザル様致度シ〕、『ポーツマス』条約ハ日支間ノ問題ニモ影響スル関係アルヲ以テ、之ガ効力ノ存続スルト否トハ大ニ考慮ノ必要アルノミナラズ、露領沿岸ニ於ケル我漁業権ノ基本的規定ハ同条約中ニ包含セラレ居ルニヨリ、『ポーツマス』条約丈ケハ其ノ儘依然効力ヲ有スル旨承認セシムルコトトシ、其他ノ条約及協定ニツキテハ、露国ニシテ前記ノ了解ヲ与フルニ於テハ、新事態ニ適応スル様之ガ改訂ヲ為スニ同意スルコト、若シ万一、㈢、露国側ニ於テ、第二ノ方法ニモ絶対ニ同意セザル場合ニハ、旧条約ノ効力存否問題ニハ双方共触レザルコトトシ、露国側ヨリ前記ノ明確ナル了解ヲ取付ケ、旧条約全般ニ就キ、右了解ノ趣旨ニヨリ審査ヲ加ヘタル上、必要ナル事項ハ新事態ニ適応スル様更ニ約定スルコトトスルノ外ナカルベシ。」

革命政権であるソヴィエト政府は、発足の当初から、帝政ロシアが諸外国と結んだ条約などの、国際義務の履行を一般的に否認する態度をとりつづけてきたが、これにたいする対案を用意したのが、以上の解決策であり、川上のそれは、「欧米局第一課」の第三案によって継承されていると見ることができよう。なお、後者の第二案中、〔 〕でくくった部分は、欧米局長廣田弘毅による書き込みであり、これによって、日露戦争の「果実」であるポーツマス条約の意義が、いっそう強調されたかたちになっている。[31]

さて、すでに述べたように、川上の意見書とおなじく、ソヴィエト政権の承認を前提に据え、日ソ交渉再開についての積極論を展開した「欧米局第一課」の十一月初旬の起案は、政府の採用するところとならなかった。しかし、この起案が個々の案件について用意した解決策は、ほとんどそのまま、約六カ月後に北京で開始される交渉のさいの日本側の条件になったから、この起案がまったく葬り去られたというわけではない。ただ交渉促進の起動力たりえなかっただけである。

それにかわって、十二月十四日のもうひとつの起案、「従容迫ラザルノ態度ヲ持シ、我方ガ特ニ露国トノ交渉ヲ急ギ、又ハ交渉ヲナスノ必要ニ迫ラレ居ルモノニアラザルコトヲ充分諒解セシメ」という消極論が、やはり「欧米局第一課」によって作成されたことは、すでに紹介したが、この二つの起案をつなぐ具体的な関係は、必ずしもあきらかでなかった。

しかし、大正十二年（一九二三）十二月下旬、山本内閣が虎の門事件によって崩壊し、翌大正十三年一月上旬、清浦奎吾内閣が発足すると、東郷はかなり早い時期に、新任の外相松井慶四郎にたいして、ふたたび日ソ交渉再開の必要を説いたらしい。東郷は容易に自説を撤回するような男ではなかった。後年の回想に見えるつぎの記述は、そのことを示唆している。

「東京では山本内閣の後を受けて清浦内閣成立し、（関東大地震）復興計画も緒に就いた時であつた。依て松井外相に対し、予は一日対『ソ』交渉の従来の経過を説明し、我方よりするも早きに臨んで解決するを得策とする所以を述べて、（中略）『カラハン』の申出に応じ可ㇾ然旨を進言した。[32]」

そして、大正十三年（一九二四）に入ると、日本が「従容迫ラザルノ態度」をとりつづけているわけにはゆかない事情が、つぎつぎに発生してきた。

まず、川上の言う「欧米各国ニ対スル気兼」をとりのぞくかの如く、二月に入ると、イギリス（二月一日）とイタリア（二月七日）によるソヴィエト政権の正式承認が、あいついでおこなわれた。駐英大使林権助は、つぎのような意見を具申してきた。

「一、近来露国内部ニ於テ、中央委員側ト『トロッキー』其ノ他ノ軋轢大分裂《はげ》シキガ如ク、如何ナル結果ヲ見ル可キヤ不明ナルガ、何レノ派ガ勝ツトスルモ、之レ蓋シ労農政府内部ニ於ケル権力争《あらそい》タルニ止リ、労農反対派ノ無勢力ニ顧ミ、当分労農露国トシテノ基礎ニ変化ヲ生ズルニ至ルベシトハ観測セラレズ。」

「二、当国ニ於テハ、近々ノ内ニ労働党ノ政府（第一次マクドナルド内閣）トナル可キハ今ヤ確定ト云ヒテ不可ナク、（中略）『マクドナルド』ノ公然ノ声明ニテ御承知ノ通リ、同党ノ政府トナラバ、露国ノ正式承認ヲ見ルニ至ル可シト観測セラル。」

「三、仏国政府ニ於テハ、従来ノ対露方法ニ何等変更ナシト称シ居ルモ、同国ノ外交上ニ於ケル従来ノ遣ロニ顧ル時ハ、何時顛倒《ひっくりかえ》ルカ分ツタモノニアラズ。諸般ノ情報ヨリ見レバ、寧ロ顛倒ル場合ニ於ケル素地ヲ目下作リツツアルモノトモ観測セラレザルニアラズ。」

「四、帝国政府トシテハ、他ニ率先シテ露国ヲ承認スルモ具合悪ク、又他ガ承認シ、帝国独リ取残サルルモ苦《こま》ルノ事情ナルヤニ推察セラルルガ、本使トシテハ、帝国ニ於テ露国ニ承認ヲ与ヘラルルモ差支ナキヤニ存ズ。蓋シ、(イ)、露国ヲ承認スルトスルモ、右ハ決シテ労農政府ノ主義ヲ承認スル次第ニハアラズ。(ロ)、承認問題ト交換ニ尼港事件ノ責任ヲ認メシメ、同事件ニ関スル『レドレス』（賠償）ヲ得ント企図セラルルモ、本使ノ見ル処ニテハ、露国ニ於テ到底之ヲ承諾セズ、従テ同問題ノ満足ナル解決ヲ得ザル以上同国ヲ承認セズノ方針ニテハ、何時ニ至ルモ承認ヲナシ得ザルコトトナル。」

イギリスによる正式承認は、この林の意見具申からもうかがえる「欧米各国ニ対スル気兼」を、軽減するに役立ったわけである。なお、林がおなじ意見具申の末尾で、つぎのように述べているのは興味ぶかい。

「六、露国トノ関係ニシテ、単ニ事実上ノ代表者ヲ交換スルニ止ルコトニテ落付ケバ兎ニ角、然ラズシテ正式承認ヲナス場合ニハ、労農露国政府ノ代表者ヲ宮中ニ御引見ノ儀ハ避クルヲ得ザルコトトナル可キニ付、正式承認ニ付テハ、右ノ事実ヲモ考慮ニ置キテ御決定相成ル必要アラン。」(33)

イギリスとイタリアによる正式承認の余波は、他の諸外国に駐在する日本の外交官にもおよんで、その中から、日本も正式承認をいそぐべきであるという意見が提出されるようになった。たとえば、川上俊彦の後任であるポーランド駐劄公使佐藤尚武の場合が、それである。

「従来我ヨリ進ンデ露国ニ正式承認ヲ与フルニ対シ、障害トナリタル主タル理由ニアリ。即チ、(一)、同盟国トノ協調、(二)、尼港事件及北樺太問題、(三)、労農政府ノ将来ニ対スル観測ノ不一致等之ナリ。」

「(一)ニ関シテハ、英、伊単独行動ノ結果、『ジエノア』会議(一九二二年四月―五月)以来ノ協調破レタル今日、我ノミ之ニ拘泥スルノ義理ナク、(二)尼港問題ニ関シテハ、数次ノ日露協商ニ於ケル帝国政府ノ御方針乃至ハ国民ノ感情モアルコト乍ラ、大局ヨリ云ヘバ、同事件ハ我西比利亜出兵ノ一『インシデント』(事件)ニ過ギズ。『パルチザン』ノ残虐憎ムベシト雖、我出兵ノ目的ト関係ナキ一局地ノ出来事ヲ以テ北樺太占領ノ理由トシテ、満足ナル賠償ヲ得ザレバ之ヲ併合セントスル勢ヲ示スハ、果シテ妥当ナルベキヤ。日本ハ該事件ヲ奇貨トシテ他国ノ領土ヲ占領スルモノト見做サレザルベキヤ。加之《しかのみならず》、該事件惹起ノ原因ガ少クトモ我手落ニアラザレバ、我自ラ危険ヲ冒セルモノナルニ於テ、我立場ハ益々薄弱ナラザルヲ得ズ。列国亦其辺ノ事情ヲ承知シ居ルベキガ故ニ、我主張ハ啻《ただ》ニ露国側ヲ屈服スルニ足ラザルノミナラズ、第三国ヲシテ首肯セシムルコト困難ナラン。」

「尼港及北樺太問題ハ、我ニ於テ自発的英断ニ出デザル限リ、解決ノ日ナカラントス。而モ現状ヲ維持シテ樺太占領ヲ続行スル間ハ、日露間国交恢復ノ望ナキノミナラズ、既ニ華府（ワシントン）会議中問題トナリタルガ如キ本件ハ、再ビ日米両国間ノ論争ヲ惹起スルニ至ルベク、労農側ハ其形勢ヲ利用シテ騒立ツルニ於テハ、本件ノ解決益々困難ニ落入リ、結局我ニ不利ノ結果ヲ齎ラサズトモ限ラズ。本使ハ寧ロ今ノ内我ヨリ進ンデ尼港問題ニ対スル賠償ヲ断念シ、日露間ノ障碍ヲ除キ、右一地方ノ出来事ニ拘泥セザル、所謂大国ノ襟度ヲ示サンコトヲ希望スルモノナリ。」

「㈢労農政府ノ将来ニ関シテハ（中略）、『レーニン』死後、共産党ノ内訌ニ大ナル望ヲ抱クモノアリト雖、是レ亦革命ヲ誘致スル程ノ大爆発ヲ為ス可シトモ思ワレズ。即チ『ソビエト』政府ハ『レーニン』死亡（一九二四年一月二十一日）ニ拘ラズ、当分持続スルモノト観察スベク、我対露政策モ此鑑定ノ上ニ樹立スルヲ要ス。」(34)

また北京に駐在する芳沢謙吉公使からも、ちょうどこのころ、対ソ政策の転換をもとめる意見具申がおこなわれていた。

「此ノ機会ニ於テ日露交渉ニ関スル本使ノ腹蔵ナキ所見ヲ述ブレバ、各国ノ不承認態度ハ英伊両国ノ行動ニ依リ裏切ラレタル観アルト共ニ、仮令《たとえ》米国ガ断乎トシテ承認ヲ肯ゼザルモ、爾余ノ諸国ガ早晩承認ニ傾クベキハ想像ニ難カラズ。且幾分米国ノ指金ニ依リテ、動キ居レリト疑ハルル支那スラ、東支鉄道及外蒙問題ニ付妥協点ヲ見出スニ於テハ、直ニ承認ヲ決行シテ赤露ト握手シ、傍《かたわら》我レヲ牽制セントスルニ非ズヤト推セラルルガ故ニ、特殊ノ利害関係ヲ有スル我国トシテハ、一種ノ形式問題タル承認其モノヲ過重視スルコトナク、承認ヲ与ヘルニ依リテ我レノ得ベキ実益ヲ標準トシテ、攻究スルノ要アリト思考セラル。」

「右ハ我従来ノ態度ニ比シ一歩ヲ彼ニ譲ル観ナキニアラザルモ、漁業問題乃至我在留民ノ休戚ニ顧ミルトキハ、日露関係ヲ現状ニ委スルコトハ不得策ナルニ付、各国ノ足並崩レタル今日ニ於テハ、我ニ於テ態度ヲ一変スルコト必ズシモ理由ナシトセズ〔但過激法制定ノ如キ内政上ノ取締ヲ講ズルハ、勿論必要ノコトナリ〕。我若シ支那ニ先ジテ承認スルヲ得ルニ至ランカ、我対支関係ニ於テモ亦相当ノ利益アルコト言ヲ俟《ま》タズ。(35)」

佐藤が北樺太からの撤兵と、尼港事件にたいする賠償要求の断念を提案しているのにたいして、芳沢はいっそう慎重な態度をとり、これらの「特殊問題ニ就キ、大体我ニ満足ナル解決案ヲ協定シ得ルニ於テハ、英伊ノ如ク直ニ承認ヲ与フルコト」としている点に相違はあるが、いずれも正式承認を不可避の事実と見ている点では、同一である。いずれにせよ、林といい、佐藤といい、芳沢といい、それぞれが前年の十一月初旬の、「欧米局第一課」の起案の立場に近づいてきた感がある。

ここで、「大国ノ襟度」を示せと説くポーランド駐劄公使佐藤尚武の意見具申にふれながら、余談をひとつ、書きそえておきたい。

佐藤の外務省入省は明治三十八年（一九〇五）であるから、東郷より七年先輩ということになるが、後年東郷が東条英機内閣の外相に就任したとき、外交顧問として迎えたのが、七高の同期生で中国通の川越茂と、この佐藤の二人であった。しかし、佐藤の外交顧問時代はみじかく、まもなく佐藤は東郷の要請にこたえて駐ソ大使に就任し、世界を二分した第二次大戦下で、「英米陣営」に属しつつも、ともかく日本と外交関係を継続していた唯一の大国ソ連におもむき、敗戦まで困難な任務に従事した。

その佐藤が昭和二十年（一九四五）七月、鈴木貫太郎首相の下で再び外相をつとめていた東郷にあてて、戦争の早期終結を訴えた数通の意見具申電報は、内容においてすぐれているばかりでなく、つよい緊迫感をたたえた名文章といってよいが、そこに見られる佐藤の風貌は、すでにこの時期、いま紹介しているソヴィエト政権承認論の筆致のあいだからもせり出してくる。(36)

「英伊両大国既ニ正式承認ヲ与ヘ、他ノ小国是ニ次ギ、労農政府ノ地位頓《とみ》ニ鞏固ヲ加ヘタル今日、日本ハ彼ニ対シ主義トシテ英ノ如ク無条件承認ヲ与フルカ、若《もしく》ハ絶対ニ没交渉ノ態度ヲ持続スルカ、二者其ノ一ヲ択バザルヲ得ズ。数箇問題（尼港問題など）ノ満足解決ヲ条件トシテ承認ヲ与ヘントスル従来ノ方針ハ、既ニ用フベカラザルニ至リ、日本ハ幸ニシテ露国ト直接境ヲ接セザルガ故ニ、国防上脅威ヲ感ズルコトナク、又経済的見地ヨリスルモ、漁業、森林、通商問題等、何レモ国益増進上一小部分ノ問題タルニ止マリ、又当分通商開始ノ望ナキ関係上、必ズシモ我ヨリ承認ヲ急グ理由ナク、即チ長ク没交渉ノ儘放置シテ不利ナラザルニ似タリ。」

「然レドモ、是ヲ他方面ヨリ考フルニ、英、伊、墺（オーストリア）、諾威（ノルウェー）四国ニ次ギ、他諸国続々露国ト法律的関係ニ入リタリトセンカ、利権問題、通商開始問題等、相次デ議ニ上ルベク、仮令《たとえ》名ノミノ利権ニシテ実果ヲ挙グルコトナシトスルモ、早ク調査シ、他人ニ先ンジタルモノガ勝ニシテ、遅参者ノ不平ハ聴カレザル可ク、而シテ他日労農政府ガ現制度ヲ緩和シ、外国資本ノ流入ヲ容易ナラシムルコトアリトセバ、遅参者ハ一層不利益ノ地位ニ立ツコトトナルベシ。況ンヤ他人ガ労農政府側ト好関係ニアリテ、各種事業ニ関スル調査ヲ進メ、交渉ヲ開始シタリトセンニ、此間列外者ノ感ズル不安猜疑ハ頗ル不愉快ナルモノアル可ク、長ク斯ノ如キ地位ニ在ルノ利益ナリヤ否ヤヲ疑フノ日アルベシ。」

「又近キ将来ニ於テ西比利亜《シベリア》鉄道ニ由ル倫敦《ロンドン》・浦潮《ウラジヴオストーク》間連絡運輸可能ナルニ至レリトシ、此場合ニ於テモ尚日本ハ没交渉ノ態度ヲ維持シ得ベキヤ。我地理的地位ヨリスルモ、寧ロ進ンデ仲間入リヲシ、連絡開通ノ促進ニ当ルヲ利益トセズヤ。此他郵便、電信、無線電信等、露国ト協定スルヲ有利トスルモノ多々アル可ク、又条件如何ニ依リ英米実業家ガ西比利亜ニ利権ヲ得ルニ当リ、仮令山師的事業ニセヨ、是レト均衡ヲ保ツ丈《だけ》、我亦同地ニ手ヲ伸ス準備無クシテ可ナルベキヤ。現ニ日本ガ占領セル北樺太サヘ、『シンクレヤ』(アメリカの石油会社)ノ着目セルアリ。西比利亜方面ニ米人ノ活動スベキハ予期セザルヲ得ズ。況ンヤ時至レバ米政府ハ我態度ニ頓著ナク、露国ヲ承認スベク、承認遅延ニ依リ一向痛痒ヲ感ゼザル米国ノ顰《ひそみ》ニ倣ハバ、事情ヲ異ニスル日本ハ恐ラク利スル処ナカラン。」

「尤モ本使ト雖、無条件承認後ノ交渉モ順調ニ進ムベキト夢想スルモノニアラズ。幾分難関ニ出会ヒ、再ビ国交断絶ノ域ニ達スルコトアルベキハ、初ヨリ覚悟セザルヲ得ザルトコロナリ。然レドモ難関ト言ヒ、国交断絶ト言ヒ、皆一ノ神秘ト言フベク、国民モ之ニ依リ訓練ヲ受ケ、露国ヲ諒解スルノ機会ヲ得ベク、長ク一ケ所ニ沈滞スルヨリハ、寧ロ堰ヲ切リテ行詰リタル政策ヲ奔流セシムルニ如《し》カザルガ如シ。」

「本使ハ又国交回復後、日本人ハ直ニ露国ニ入リテ居住往来ノ安全ヲ保障セラレ、通商ニ企業ニ充分活動ノ余地ヲ与ヘラルルモノトハ毛頭思惟セズ。露国トノ通商ハ当分絶望ニシテ、各種企業モ現在ノ秩序及法制ニテハ到底着手シ難カルベシ。然レドモ労農政府ヲ相手トシテハ、不撓ノ精神ヲ以テ漸進ノ外ナシ。歩一歩準備ノ地歩ヲ固メ、他日形勢ノ変転ニ際シ、狼狽セザル用意ヲ肝要トスベク、此努力ヲ為サザルモノハ、他日敗者ノ地位ニ甘ゼザルヲ得ザルベシ。」

「然レドモ茲《ここ》ニ最恐ルベキハ承認ニ伴フ日露間使臣ノ交換、即チ共産党宣伝者ノ本邦入国ニシテ、波蘭《ポーランド》ノ如キ国境ヲ接スル国ニアリテハ、殊ニ宣伝者ノ取締ニ困難ヲ感ジ居ルモノノ如ク、伯林《ベルリン》ニ於テモ労農政府代表者ヲ中心トシ、大仕掛ノ宣伝機関ノ設アリト言フ。我承認ニ伴フ各種交渉案件ノ第一ハ、共産党宣伝中止ニ関スル労農側ノ約言ニ在ルベク、是丈《だ》ケハ後日ノ為是非取付クルヲ要スベキモ、労農側ガ真面目ニ約言ヲ守ラザルベキハ常習ノコトナルガ故ニ、共産党ノ宣伝ハ何レノ場合ニ於テモ之ヲ覚悟セザルヲ得ズ。我両三年思想悪化ノ今日、此点頗ル寒心ニ堪ヘザルモ、去リトテ国交ヲ復活セザレバトテ、彼等ノ宣伝ヲ防止シ得ベキヤ。如何ニ官憲ノ取締アレバトテ必ズ形ヲ変ヘテ侵入シ来ルベク、之ニ対スル方策トシテハ、自ラ社会問題ヲ改善シ、自衛策ヲ講ズルノ外、共産党跋扈《ばっこ》ノ今日ニ於テハ、他ニ良策ナシ。然レバ両国使臣ヲ交換スルモ、危険ノ程度ハ五十歩百歩ナリ。[37]」

佐藤自身、この意見具申の末尾に、「卑見ニ対シテハ激烈ナル反対論アルベク」と付記しているが、たしかに「無条件承認」を説く佐藤の論旨に、一種ラディカリズムのけはいが感じられないこともない。しかし、直言をはばからないところに、佐藤の真骨頂があったのであろう。

こうして大正十三年（一九二四）初頭の、イギリス、イタリアとつづくソヴィエト政権の承認以降、日本の在外使臣のあいだからも、日ソ交渉の再開、正式承認の不可避を説く声があがりはじめたが、同時に承認を極力おくらせるべきであるという主張も、依然存在したことを指摘しておきたい。

つぎに紹介するリガ駐在の書記官上田仙太郎の意見具申は、その一例であるが、これが書かれた大正十三年十一月には、すでにフランスによる承認もおこなわれており（十月二十八日）、かつ北京での日ソ交渉も半年以上の日時を経過していた。

「帝国ハ担保物ヲ安全ニ押ヘ居リテ（北樺太保障占領）、殊ニ其担保物中ニハ帝国海軍ノ運命ニ関スル油田アル為、帝国ハ万難ヲ排シテ之ヲ入手スルノ必要ヲ有スルトセバ、急イデ労農政府ト条約ヲ締結シテ之ニ承認ヲ与フルノ必要ナシ。何トナレバ、同政府ト条約ヲ締結シテ之ニ承認ヲ与フル場合ニハ、北薩哈連（北サガレン、すなわち北樺太）ハ同政府ノ勢力圏内ニ入リ、共産主義制度ノ下ニ立チ、経営困難トナルト同時ニ、露国民ハ我ヲ恨ミ、其結果同政府倒レ、又ハ其政体ヲ一変シタル暁ニ於テ、我ハ露国民ヲ敵ニ廻シ、北薩哈連以外ニハ手ヲ延バスヲ得ザルニ至ルノ危険アレバナリ。」

「故ニ帝国ハ同政府ニ対シテハ、漁業其他日常事務上ノ交渉談判ニ止メ、懸案問題ヲ後廻シトシ、薩哈連、尼港事件等、重要問題ニ関シテハ一切談判ヲ始メザリシ方得策ナリシモ、已ニ始メテ今日トナリタル以上、今更致方ナキヲ以テ、此上ハ最初ヨリ談判ヲ纏メザル覚悟方針ヲ以テ、出来得ル丈ケ永ク引ッ張リテ、同政府ヲ可レ然弄ビ、出来得ベクバ外交代表者ヲ交換シ、其間ニ一面ニハ北薩哈連ニドシドシ資本ヲ注ギ込ミテ事業ヲ営ミ、他ノ一面ニハ露仏談判（承認後ノ懸案解決交渉）ノ結果如何ヲ注意シ、若シ同談判ガ好結果ヲ奏シ、而モ米国ガ仏国ニ倣ハントスルニ至リタル場合ニハ、我ハ徐《おもむろ》ニ同政府ニ承認ヲ与ヘ、之ト条約ヲ締結シテ可ナルベシ。同政府承認ハ速カナルガ得ニシテ、遅ラスハ損ナリトノ言ハ、同政府ヲ買ヒ被リタル説ナリ。」

「殊ニ同政府ノ在外公館ハ、第三『インターナショナル』ノ宣伝機関タル関係上、同政府ヲ承認シタル国ニハ、公館員ノ名ノ下ニ数百名ノ宣伝員乗リ込ムヲ常トスルヲ以テ、帝国ハ承認ニ先立チ、之ガ取締ヲ講ズルコト必要ナリ。」

「要スルニ帝国ハ政治及経済上、露国民ト密接ノ関係ヲ有シ、而モ労農政府権力範囲外ニ担保物（北樺太）ヲ押ヘ、有利ノ地位ニアルヲ以テ、将来ノ利益ノ為、出来得ル丈承認ヲ遅ラスコト必要ナリト信ズ。(38)」

北京における日ソ交渉において、北樺太の石油・石炭利権に関する日本側の要求が、ソヴィエト側のつよい抵抗に出逢っていた事実を考慮に入れても、これは「暴論」にちかい。それにしても、明治三十八年（一九〇五）に通訳生として入省して以来、ほとんど「ロシア・サーヴィス」の現場で終始してきた上田が、「露国民」と「労農政府」とを区別し、そこから議論を組み立てているのは、革命以前のロシアにたいする愛着のためであろうか。

すこし脇道にそれたきらいがあるが、ともかく、大正十三年（一九二四）二月の、イギリスとイタリアによるソヴィエト政権の承認は、日本政府に交渉再開へのきっかけをあたえたようである。それに加えて、在ウラジヴォストーク日本総領事館の職務執行の否認通告、日ソ間の郵便物の交換停止など、交渉再開を迫るソヴィエト側の圧力はつよまっていたし、日本の北洋漁業関係者などからの交渉再開の要望も高まっていた。

松井慶四郎外相が北京駐在の芳沢謙吉公使にカラハンとの接触を命じたのは、二月二十日のことである。つづいて五月十五日から、両者の折衝は正式会談へ移行し、その後翌大正十四年（一九二五）一月二十日に日ソ基本条約が調印されるまで、交渉は約八カ月にわたってつづけられた。
その間清浦内閣が倒れて、いわゆる「護憲三派内閣」、つまり、加藤高明内閣が発足し（大正十三年六月）、その外相に前駐米大使幣原喜重郎が就任して、「幣原外交」の時代がはじまるわけだが、この約八カ月のあいだの欧米局第一課長東郷の動きは、いわば北京におくられる数多くの訓令の中に埋没して、具体的な像を結んでくれない。ただ直接の部下であった亀山一二の談話を通して、東郷の奮闘ぶりをうかがうのみである。そして、この場合にも、東郷とならんで登場するのは、重光葵であった。重光は東郷の本省勤務とほとんど時期をおなじくして、条約局第一課長（大正十年七月―大正十四年一月）をつとめていたのである。この二人は、よほど奇しき因縁で結ばれていたかに見える。亀山はつぎのように語っている。

「ほんとうに東郷さんは無類の頑張り屋だったと思います。外務省の片方の頑張り大関重光さん、当時の条約局第一課長と、東郷課長との頑張り合戦はまことに見事なものでした。北京交渉も追々進展して条約案文作成の時期となり、東郷課長の許で作成された案文が、同意を求める為、頻繁に重光課長のところへ回覧されました。私は当時東郷課長室詰でありましたので、その都度電文案や条約案文を持って、重光さんのところへ行ったものでしたが、重光さんが一度でＯＫしたことを記憶しません。なんとか、かんとか文句をつけて、判子を押してくれません。私も及ばずながら防戦これ努めるのですが、てんで歯が立ちません。仕方がないので一応案文を持ち帰るのですが、それから東郷さんと重光さんとの間に長い長い電話論争がつづいた後、やっと両者の妥協成立となるのが常でした。私の相当長かった外務省生活の中で、この両氏程無類の頑張り屋を見たことがありません。(39)」

大正十三年（一九二四）五月十五日、北京駐在の芳沢謙吉公使とソヴィエト政府代表カラハンとのあいだで、正式会談が開始されたときからかぞえても、約八カ月を要した交渉の経過にくわしく立ち入る余裕はないが、交渉がこれほど長びいたのは、北樺太利権（石油・石炭）問題、北樺太撤兵問題、宣伝禁止問題、尼港事件謝罪文問題などで、双方の主張がしばしばするどく対立したためである。

たとえば北樺太利権問題において、日本側、とくに海軍側の石油利権獲得にたいする関心はきわめてつよく、それが強硬態度を生み出す大きな要因になった。

「元来石油利権ハ国防上、産業上、我国ノ最モ熱望セザルヲ得ザルモノニシテ、北樺太ガ我ニ対シテ特ニ緊急ナル意義アルハ、一ツニ石油ガ此地ニ存在スルニ因ルモノト云フベシ。現時世界ノ列強ハ石油ノ新利権獲得ニ対シテハ、殆ンド熱狂的態度ヲ執リ、外交ノ一半ハ石油ノ争奪戦ニ在ルハ吾人ノ面《ま》ノ当リ見ル所ニシテ、現ニ世界産額ノ六割ヲ産出スル米国、又ハ宇内ノ各地ニ石油産地ヲ領有スル英国ノ如キサヘ、虎視眈々惟《こ》レ日モ足ラザラントス。飜テ我帝国ニ在リテハ、其ノ資源特ニ貧弱ニシテ、産出額ハ平時海軍ノ所要量ニモ達セザル現状ヨリ観ルモ、吾人ノ北樺太ニ期待スルモノ、真ニ国情止ムヲ得ザルニ出ヅ。其ノ今日迄政府ノ数百万円ヲ投ジタル、洵《まこと》ニ故アリト云フベシ。」

「此見地ヨリスレバ、石炭利権ノ如キハ第二義ニ位シ、従属的ノモノト見ルヲ得ベシ。殊ニ同地ニ於ケル石炭ハ、日本又ハ支那地方ニ於テ求メ得ザル程優良ノモノニ非ラズ。実際稼行者タル三菱側ニ於テモ、当分経済的経営ノ困難ナルヲ洩シ、大ナル期待ヲ有セザルヤニ察セラル。特ニ運輸可能期間ニ制限アルコト、大量生産ニ対シテハ将来莫大ノ投資ヲ要スル上、原価ハ其ノ割合ニ低下セズ、当分日本炭又ハ支那炭ト市場競争ノ見込足タザルモノノ如シ。之ニ反シ、石油ハ其ノ試掘時代ニ於テハ多大ノ危険アルモ、一旦良油田ヲ発見シタル後ニ於テハ、生産費低廉トナルノ利アリ[40]。」

海軍側は中里海軍省軍需局長から廣田外務省欧米局長宛にこのように申し入れ、希望条件を列記したが、同時に交渉決裂は回避すべきであることも付記していた。

この北樺太利権問題において、カラハンは当初長期かつ有利な利権を日本人にあたえるという程度の簡単な条文にとどめることを主張し、日本側の詳細かつ具体的な規定を設けるという立場と対立したが、けっきょく日本側の要求が大はばに取り入れられて、たとえば石油利権については、最終的に油田面積の五割を日本に許与、報償額は総生産額の五パーセント乃至十五パーセント、利権期間は四十年乃至五十年と決まった。

その直前まで油田面積の比率について、カラハンはソ連六割、日本四割を主張し、他方日本側はソ連四割、日本六割を要求してゆずらず、折衝は暗礁に乗り上げていたのだが、報償額および利権期間をふくめて、この問題についての最終決定が、交渉の最終段階で安保海軍次官が松平外務次官にしめした「譲歩案」と同一であるのは興味深い[41]。

北樺太からの撤兵問題についても、カラハンは撤兵期日の明示と、撤兵期間を二週間と定めることを主張し、日本側は撤兵期日の自主的決定と、撤兵期間として約三カ月（つづいて約一カ月半）を見積る必要があることを要求し、難航をかさねたが、けっきょく交渉が長びいて冬季に入り、事実上撤兵行動が不可能になったため、四月中旬撤兵開始、五月中旬撤兵完了という案で妥協が成立した[42]。

また宣伝禁止問題と尼港事件謝罪文問題でも、最終的に日本側の主張が容れられたといってよい。

さらに日本側が強く要求していたポーツマス条約の効力存続についても、最初カラハンはつよい異議を唱えたが、けっきょく別箇の声明文で、この条約の効力の承認は、ソヴィエト政府が右条約の締結につき、帝政ロシア政府と政治上の責任をわかつものではないことをあきらかにすることで、双方の妥協が成立した。この問題についての日本側の態度は、交渉の末期に幣原外相から芳沢公使におくられたつぎの訓令からもうかがえる。

「『ポーツマス』条約問題ニ関シ、『カラハン』ハ、曽《かつ》テ労農政府ハ同条約ノ締結ニ関スル責任ヲ負ハザル旨付記シタシト云ヒ、今回ハ更ニ同条約ノ内容ニ対シ責任ヲ負フヲ得ズト付記センコトヲ主張シタル趣ナルガ、既ニ一方ニ於テ本条約ノ存続ヲ公認スル以上、同条約ハ国際的ニハ完全ニ効力ヲ発生スルモノニシテ、之ガ締結又ハ内容ニ付、政治的ニ又ハ道徳的ニ責任ヲ負ハズト云フガ如キハ全ク露国側一方ノ国内問題ニ属シ、斯《かか》ルコトヲ国際条約中ニ記入セントスルガ如キハ甚ダ当ヲ得ザル次第ナルノミナラズ、斯ル記入ハ同条約ノ効力ヲ承認ストノ趣旨ヲ毀損スルモノニシテ、万一幾分ニテモ『ポーツマス』条約ノ効力ヲ傷ツクルガ如キ規定ヲ挿入スル場合ニハ、貴説ノ通リ、枢密院ノ通過至難ナルハ勿論、国内輿論ノ到底認容スル所トナラザルハ明瞭ニシテ、如斯追加ハ当方ノ絶対的ニ応諾シ能ハザル処ナリ。貴官ハ右ノ趣旨ヲ体シ、右ノ如キ修正案ハ先方ニ於テ之ヲ撤回スル様説得セラレタシ。」

「尤モ先方ガ本条約締結後ニ至リ、帝政露国ガ日本ト『ポーツマス』条約ヲ締結シタル責任ヲ負ハザル旨任意ノ声明スルガ如キコトアルモ、帝国政府トシテハ如何トモスルコト能ハザルモ、我方ニ於テハ先方ガ斯ル声明ヲナスコトニ付テモ、此際予メ同意ヲ与フルコトヲ得ザル次第ナルニ付、是亦御承知置キアリタシ。(43)」

交渉が難航した模様は、最終的な妥協が成立する直前の、芳沢公使の意見具申電報の行間にもにじみ出ている。なお、芳沢は本省との打合せと、北樺太視察のために、七月中旬に一時帰国している。

「御承知ノ通リ、去ル七月下旬貴地出発ノ際接受シタル御訓令及其後累次ノ御訓令ニ基キ、『カラハン』ニ対シテハ屢々所謂最低限度若《もしく》ハ最後案提案等ノ言葉ヲ使用シ来リタル経緯ニ顧ミ、今日迄ノ談合ノ程度モ既ニ当初ノ我方態度ヲ裏切リタルコト少カラズト思考セラルルニ際シ、兎ニ角如何ナル犠牲ヲ払フモ是非共交渉ヲ纏メムトスルガ如キハ、恐ラク帝国政府ノ真意ニアラザルベク、本使ニ於テモ全然同感ナルニ付テハ此ノ儀御含置アリタク、猶此機会ニ於テ一言申上ゲタキコト有之。」

「即チ元来日露交渉ヲ纏メムトスル本使ノ意向ハ、北樺太ニ於ケル事態ヲ確定シテ撤兵ヲ断行シ、依テ以テ国家ノ歳出ヲ節約スルコト、多年ノ懸案タル尼港事件ヲ解決スルコト、露領ニ於ケル本邦人ノ居住ヲ安固ニシ、漁業其他ノ我方利益ヲ伸長スル等ニ在ル次第ナルガ、此等ハ蓋シ日露交渉ヲ纏メムトスル帝国政府ノ真意ノ主要部分ヲモ占ムルコトカト想像スル次第ナルガ、此等ノ目的ヲ達成センガ為、労農露国過激派（ボルシェヴィキ）ノ遣口《やりくち》ヲ閑却スルコト望マシカラザルコトモ、亦今更本使ヨリ申上グル迄モナシ。」

「若《も》シ労農露国トノ国交樹立セラレ、同国ノ大使館、領事館等我国ニ設置セラルルニ於テハ、大使館、領事館等ハ条約ノ規定ニ顧ミテ有害ナル活動ヲ為スガ如キコトハ表面上多分之ヲ避クルコトト想像セラルルモ、裏面ニ於テハ果シテ条約ノ規定ヲ励行スベキヤ大イニ疑ナキ能ハズ。之ニ加フルニ、右等大使館、領事館設置ノ後ハ、故意ニ身ヲ挺シテ是等大使館又ハ領事館ノ傀儡ナルベキモノモアルベク、是等ノコト或ハ余リニ杞憂ニ過グルヤ計リ難キモ、其ノ弊ノ赴ク処ヲ想像スレバ、転《うた》タ寒心スベキモノアリ。」

「此故ニ卑見トシテハ、帝国政府従来ノ態度ニモ顧ミ、余リニ多大ニ過グル譲歩ヲ為シテ迄交渉ヲ纒ムル必要ナク、又愈《いよいよ》交渉ニシテ纒マルモノトセバ、過激主義（ボルシェヴィズム）取締ニ関シ厳重ナル法律ヲ制定スルコト必要ト思考ス。若シ交渉ヲ此際決裂セシムルモノナルニ於テハ格別、更ニ是レヲ継続進捗スルモノナルニ於テハ、本使ノ心得トシテ是非承知シ置キタキニ付、此辺ニ関スル政府御留意ノ程度並其ノ御意向等、簡単ニテモ御電示相煩シタク、是迄重要ナル電稟ニ対シ御返電ニ接セザル例鮮カラザルモ、本件ニ付テハ是非何分ノ御回電ヲ請フ。(44)」

これにたいする幣原外相の訓令は、最終妥協案（前述の油田面積の双方五割案など）の送付を告げるとともに、交渉成立への努力を指示していたが、交渉に従事していた日本側代表の口から、しかも最終段階において、そもそも交渉を開始したことがよかったのかどうか、相手は信用の置けないボルシェヴィキ政権なのである、という疑惑が吐露されるあたりに、この八カ月におよんだ交渉の困難さが浮彫りにされていた。(45)

交渉成立にこぎつけ、カラハン・芳沢の両代表のあいだで、日ソ基本条約が調印されたのは、大正十四年（一九二五）一月二十日である。それはレーニン没後一年の前日にあたっていた。

つづいて日本側では二月十二日から十八日にかけて、枢密院で条約の審査がおこなわれ、二月二十五日にこれを批准することを決定し、二十七日にこれを公布した。この枢密院の精査委員会と本会議とには、外務省委員のひとりとして、幣原外相、廣田欧米局長らの名前とともに、東郷書記官のそれも見えた。(46)

ロシア革命によってボルシェヴィキ政権が登場してから約七年二カ月。その間日本のシベリア出兵によって敵対関係に入った両国も、ここに国交正常化の日を迎えたのである。

さて、後藤新平の招聘によって、ヨッフェが来日したときからかぞえても約二年、東郷はその間の日ソ交渉のすべての過程にふかく関与することによって、外務省を代表するソ連通としての基礎をいっそうかためたものと思われるが、東郷が学んだ教訓の中には、ソヴィエト代表の執拗且つ粘りづよい交渉態度もまじっていたにちがいない。しかも、東郷にはこの教訓を生かしきる素質と頭脳があった。後年、東郷は、駐ソ大使の時代に、当時の外相モロトフをして、これほど「自国の利益を頑強に主張する人物」はないと、感嘆のことばをはかせることになるのである。

くりかえしになるが、ここでもう一度「欧米局第一課」の大正十二年（一九二三）十一月初旬の起案と、十二月十四日の起案（ただし、結語の部分をのぞく）とをふりかえると、この双方に流れている東郷のソ連観は、イデオロギー的な偏見から解放されたリアリズムの色調をつよく帯びていた。これが共産主義にたいする無知にもとづくものでなく、むしろ既知であるが故の「自信」にもとづくものであることは、ここでふたたび指摘しておかなければならない。

ボルシェヴィキ政権という「異質の他者」の出現は、日本の支配層を震撼させ、政府および外務省首脳を恐怖と嫌悪に駆りたてたが、東郷は「異質の他者」とも共存してゆくことが、国際社会における「自明の理」であると信じているかの如くであった。

いや、国際社会とかぎらず、そもそも苗代川という、戦前の日本社会の辺境の地から身をおこした東郷にとって、「異質の他者」との遭遇は、人生の日常茶飯事であったのかもしれない。

日ソ国交の回復につづいて、大正十四年（一九二五）四月、初代のソ連大使コップ（Victor Leontievitch Kopp）が東京に着任し、つづいて七月、初代の日本大使田中都吉がモスクワに到着した。

このころであろう、東郷は在外勤務に転じたい希望を欧米局長廣田弘毅につたえ、十二月二十六日付で、駐米大使館一等書記官に任命された。

しかし、十二月十四日の、北樺太における利権（石油・石炭）供与の細目に関する協定の締結、日本軍の徹兵にともなう一般邦人の救恤など、国交回復後の諸案件の処理のために、東郷が横浜をあとにし、太洋丸でアメリカへ向ったのは、翌大正十五年（一九二六）三月二十日であった。

東郷の出発の前後、エディータ夫人は、先夫とのあいだにもうけた五人の子女の待つドイツへ向った。数カ月後にワシントンで再会するふたりにとって、しばしの別れであった。(47)

伝記——註

1　この伝記は、はじめ週刊誌『朝日ジャーナル』（朝日新聞社）の昭和五十七年六月十一日号から同年十一月十九日号にかけて、二十三回に分けて連載されたものである。それに多少の加筆と訂正をほどこしている。

2　現在、東郷の遺稿『時代の一面』には、内容はまったく同一であるが、つぎの三つの版があることになる。

一、『時代の一面』（改造社、一九五二年）

二、『東郷茂徳外交手記―時代の一面』（原書房、一九六七年）

三、『時代の一面』（原書房、『外相東郷茂徳』第一分冊、一九八五年）

このうち、㈡と㈢のページ数は同一なので、両者を合わせて原書房版と呼ぶことにする。註で引用箇所のページ数をしめすさいは、改造社版と原書房版のそれを併記する。なお、『時代の一面』からの引用のさい、略字の使用、送り仮名と句読点の追加などをほどこした。「解説」の場合も同様である――筆者。

序章

(1) 拘置所内では鉛筆の使用しか許されていなかった。

(2) 『時代の一面』草稿に拠る。この草稿をはじめ、以下に引用する東郷の巣鴨獄中での日記、歌稿、「法廷メモ」、感想、断片等については、参考文献の項で説明することにし、以下では巣鴨遺稿とのみ記す。

(3) 刊行本では省略されているが、草稿の第二部の末尾の後につぎの書き入れがある。「英外相グレイは第一次大戦勃発前、英閣員の多数が未だ非戦論者であつた時に於て、既に戦争論者でさへあつた。しかしこれを以て同人が本来平和主義者であつたことを批判するものはない筈である。即ちこれは平和主義者であつても事態の如何によつては戦争を敢てすることも致し方ないことを明示するもので、この点は其戦争が負けても勝つても同様であるべき筈だ。」

(4) 「終戦に際して」は、まもなく大野勝巳氏（当時外務省総務局）の尽力により、タイプ印刷に付され、東京裁判の弁護側資料として利用されたが、公刊されたことはない。

(5) ここで使用した「形式的責任」ということばは、東郷の日記のつぎの箇所から採った。「昭和二十三年四月二十五日政治家ハ結果ニツキ責ニ任ゼザルベカラズ。又形式的責任ヲトラザルベカラズ。」ただし、これが東郷自身の意見の表明なのか、だれか他者の発言の引用なのか、不明であるが。

第一章

(1) この節全般にわたって、鹿児島大学名誉教授原口虎雄氏から数多くの貴重な御教示をいただいた。苗代川の歴史については、主として、つぎの二人の先学の集められた史料と研究に拠った。すなわち、内藤雋輔『文禄・慶長役における被擄人の研究』（東京大学出版会、一九七六年）中の「集団生活を長くつづけたもの——苗代川と薩摩藩」（二〇九頁—二九八頁）、原口教授の編纂になる「立野並苗代川焼物・高麗人渡来在附・由来記」と「苗代川文書・所役日記」、および、これに附された同教授の解題（『日本庶民生活史料集成』第十巻、三一書房、一九七〇年、六七三頁―七四七頁）、そして、薩摩藩の嘉永五年（一八五二）の「宗門手札改條目」（この原文と英訳は Torao Haraguchi et al., The Status System and Social Organization of Satsuma, University of Tokyo Press, 1975 に収録）である。

(2) 橘南谿『東西遊記』（東洋文庫版、平凡社、一九七四年）、第二巻、一七〇頁―一七三頁。このほかに、伊能忠敬、古川古松軒、頼山陽、高木善助、平野国臣などが、江戸期の苗代川について記録をのこしている。なお、南谿の記述の末段にみえる、「斯《かく》無年貢の地を与えて」は誇張であるが、この点については、内藤、前掲書、二八一頁―二九一頁にくわしい。明治維新直後の時期の苗代川については、イギリスの外交官アーネスト・サトウの観察をのちに紹介する。

(3) 「先年朝鮮より被召渡留帳・苗代川」、内藤、二一一頁。なお、南谿は、「伸、李、朴、卞、林、鄭、車、姜《きよう》、陳、崔、盧、沈《しん》、金、白、丁、河、朱」の十七姓をあげている。

(4) 内藤、一九六頁。

(5) 同上、二二五頁。

(6) 同上、二二六頁―二二七頁、二三一頁、二九二頁―二九三頁。

(7) 同上、二二七頁―二二八頁。

(8) 同上、二二八頁。

(9) 同上、二四七頁。

(10) 同上、二二八頁。

(11) 同上、二二九頁―二三〇頁、二四八頁、二六一頁。

(12) 同上、二四七頁―二五一頁、原口、解題、六七四頁。

(13) 「宗門手札改條目」中の「苗代川者一巻改様之事」、Haraguchi et al.，一九九頁―二〇〇頁。

(14) 内藤、二二九頁―二三一頁。

⒂　原口教授も厚遇と見ている。原口、解題、六七四頁。
⒃　内藤、二三七頁―二三八頁。
⒄　同上、二六〇頁―二七七頁。
⒅　調所の死については、原口『幕末の薩摩―悲劇の改革者調所笑左衛門』（中公新書、一九六六年）、一五九頁―一七〇頁参照。
⒆　Isaiah Berlin, Against the Currents (London, 1979)、二八四頁。
⒇　現在玉山宮の境内に「戊辰役従軍記念碑」（昭和五年十月三十日建之、斎藤実書）が立っていて、出陣者の中に、後述する東郷の祖父伊駒の名前も見える。さらに内藤、二七八頁。
(21)　PRO 30/33/15/5, サトウの観察は、日記（Diary, PRO 30/33/15/5, Public Record Office, London）と、その記述にもとづき、後日サトウがおこなった講演「薩摩における朝鮮人陶工」（"The Korean Potters in Satsuma", The Transactions of the Asiatic Society of Japan, Vol. 6, Part II, 1878, pp. 193-203）の両者にふくまれている。なお、サトウを苗代川に案内したフデは、東郷（朴）家の戸籍をたどると、東郷の母方の祖母であった可能性がつよいが、同名異人ということも考えられるので、ここでは断定を避けておく。
(22)　観察者サトウの面目が光っているのは、この製陶工程についての詳細な記述である。この村の歴史、人情、風俗を扱った記録は、橘南谿のそれをはじめとして、すくなくないが、陶器がじっさいに製作されてゆく過程をこれほど綿密に記録したのは、サトウをもって嚆矢とするのかもしれない。
(23)　サトウ、「薩摩における朝鮮人陶工」、二〇三頁。これまでの叙述からもあきらかなように、士族階級の日本人としか結婚しないというのは、うそにちかい誇張であるが、この点については、まもなく本文でふれる。
(24)　サトウ、日記。
(25)　この文書をこころよく筆者に貸与されたのは、十四代沈壽官氏である。なお、句読点は筆者が付した。〔　〕は、原文では二行に書いて挿入してある部分である。

(26) 三吉明「窯業部落の研究」、『明治学院論叢』(第四十四号、第一編、一九五七年二月)、六五頁—六六頁。三吉氏は「村役場の資料による」と註記されている。

(27) この文書の問題点について、原口教授から詳細な御教示をいただいたが、それを逐一ここで例示する必要はないであろう。

(28) 旧越後長岡藩士本富安四郎著『薩摩見聞記』(明治三十一年刊)。現在原口教授の解題を附し、『日本庶民生活史料集成』(第十二巻、三一書房、一九七〇年)、三五三頁—四二三頁に収録されている。同教授は、この書を「薩摩藩の事情を知ろうとする人にとって、これほどすぐれた案内書は外にない」と述べ、とりわけ、「邦制」と「士平民」を扱った部分は「圧巻」であるとされている。

(29) 同上、三九七頁—三九九頁。

(30) 以下、東郷の戸籍関係の事項は、現在日置郡東市来町と鹿児島市に保管されている父壽勝の戸籍台帳に拠る。

(31) 註(20)参照。

(32) 東郷家が墓地を苗代川からここに移したのは、墓地の中央にたつ碑に刻まれた、「東郷家祖先之墓　大正十年十二月二十七日建之」という文字が語るように、父壽勝の代のことである。

(33) 壽勝については、この村の「伊集院郷士格」の家に生まれ、のちに東京に出て実業界で活躍された岩崎弘重氏の御教示をいただいた。弘重氏の祖父李弘篤は、村一番の学者で、東郷の父壽勝は、弘篤の教える村の寺小屋での弟子のひとりであった。弘重氏を紹介する労をとられたのは、同氏と一高同窓の西春彦氏である。インタービューは、西氏同席の下に、一九七四年一月二十七日、横浜のニュー・グランド・ホテルでおこなわれた。

(34) 寄附総額二千六百円のうち、壽勝と篠崎準祥のふたりが、それぞれ百五十円と、最高額を寄せている。

(35) 同校保存の記録による。

(36) 崎元良夫氏蔵。
(37) 崎元良夫氏談話。以下、談話の引用のさい、本文中では敬称を省略させていただく。
(38) 日本農業研究所編著『石黒忠篤伝』(岩波書店、一九六九年)、一〇六頁。
(39) 敬天社同人編『岩崎行親先生伝』(間組、一九五六年)、および、同書中の内村鑑三「岩崎行親君と私」、一四頁—一五頁。
(40) 黒見哲太郎氏蔵の成績簿、および、『官報』(明治三十五年九月二十三日号と同三十六年九月二十一日号)に拠る。
(41) 川越茂氏談話。
(42) 『石黒忠篤伝』、一〇四頁—一〇五頁、および、岸本肇氏と末吉雄治氏の談話。
(43) 『名瀬市誌』(名瀬市誌編纂委員会、一九七三年)、下巻、四一四頁—四一六頁、八〇六頁—八〇八頁。
(44) 太田アサ夫人談話。
(45) 巣鴨遺稿。
(46) 『金子筑水・田中王堂・片山孤村・中澤臨川・魚住折蘆集』(『明治文学全集』50、筑摩書房、一九七四年)所収の片山の評論、および、片山に関する回想、解説、年譜。
(47) 作道好男・江藤武人編『北辰斜にさすところ—第七高等学校造士館五十年史』(財界評論新社、一九七〇年)、二七四頁—二七五頁。
(48) 「三代会」については、登張竹風『人間修行』(中央公論社、一九三四年)所収の同名の回想、一三六頁—一四一頁、および、登張正實『潮騒集』(郁文堂、一九七九年)所収の「独文学者になりそこねた東郷茂徳」、八三頁—一〇七頁。
(49) 東郷茂徳「戯曲『マリア・スチュアルト』評論」、『帝国文学』シルレル記念号、二一六頁—二三三頁。
(50) 片山『男女と天才』(大日本図書株式会社、一九〇六年)。
(51) 登張竹風「孤村と私」、註(46)の『明治文学全集』50、三六一頁。

(52) 同上、三八三頁。
(53) 登張竹風「ドイツ語懺悔」、『登張竹風遺稿追想集』(郁文堂、一九六五年)、一〇五頁—一一二頁。
(54) 登張「三代会」、一三九頁—一四〇頁。
(55) 前掲の登張正實の随筆、九八頁。
(56) 佐々木源造氏談話。
(57) 同上。
(58) 巣鴨遺稿。
(59) 田中梅吉氏と小野秀雄氏の談話。田中は明治四十二年、小野は明治四十三年の卒業である。
(60) 註(33)と同じ。
(61) 「東郷茂徳個人記録」(外務省外交史料館蔵)。
(62) 赤塚夫妻については、たとえば石射猪太郎『外交官の一生』(太平洋出版社、一九七二年)、二四頁—二九頁参照。
(63) 註(33)と同じ。

第二章

(1) 川越茂氏談話。
(2) 北田正元「若き日の東郷茂徳君(一)」『霞関会会報』、昭和四十六年十一月号。
(3) 以下、入省後の東郷の官歴は、特別に注記しないかぎり、すべて「東郷茂徳個人記録」(外務省外交史料館蔵)に拠る。
(4) 『時代の一面』、四頁(改造社版)、一九頁(原書房版)。
(5) 同上、四頁—五頁(改造社版)、一九—二〇頁(原書房版)。

(6) 外務省百年史編纂委員会編『外務省の百年』(昭和四十四年、原書房)、上巻、六三八頁―六五三頁。以下、『外務省の百年』と略記。

(7) 『時代の一面』、六頁(改造社版)、二二頁(原書房版)。

(8) 「東郷茂徳個人記録」。

(9) 『時代の一面』、一一頁(改造社版)、二六頁(原書房版)。

(10) このドイツ人は、ベルリン商科大学教授パウル・エルツバッハー(Paul Eltzbacher)である。そして、東郷の発言は、一九一九年四月二十五日の、エルツバッハーとの会見のさいのものである。くわしくは、後述の註(28)を見られたい。

(11) 『時代の一面』、一三頁(改造社版)、二九頁(原書房版)。

(12) В. И. Ленин. Биографическая Хроника, ТОМ. 4, Москва, 1973, pp. 37-43。この『伝記年譜』の関係箇所の邦訳に関して、東京大学菊地昌典教授の御援助をいただいた。

(13) 『時代の一面』、一四頁(改造社版)、二九頁(原書房版)。

(14) 後藤新平文書、国立国会図書館憲政資料室蔵。なお、余談にわたるが、ベルン在勤中、この佐藤が寺内正毅首相におくった手紙(大正六年十一月七日付)の一節に、つぎのことばが見える。陸軍軍人のドイツ観の一面をしめすものとして、興味ぶかい。

「協商(連合国)側にては軍国主義打破、君(主)政壊倒を独逸に対する口語として絶叫し、日本も同盟の一員たる以上、比口語に雷同せざる可らざれども、是は余程考へものと存候。独逸は敵なるも、其軍国主義及君主政は日本の敵には無レ之候。兎角日本人中には自国の立場を考へずして、単に英米佛の民主にかぶれ、自由の好名に迷はされ、理由なく『ミリタリズム』嫌ひになるもの多く御座候。法律の学生ならまだしも、外交官連中さへ是れにかぶれ居るもの、皆皆な然りと可レ申、実に困ったものと存候。」

「英米の如く、国富み、人栄え、殆んど頂点に達し居り候故、自由を唱へ民主を呼ぶも自然にて、又他国の武備を擁するものを危険視するは無理なき事なるも、日本の如き、独逸の如き、其国人の存立未だ安固ならず、発展の半途に在るものは、強力なる団結を求めて向上を計らざる可らず。之を是れ考へずして、紊りに英人や米人の議論に感心し、日本を忘れんとするを生じ来る傾向あるは、慨歎すべく候。」(寺内正毅文書)

(15) 「三浦彌五郎個人記録」(外務省外交史料館蔵)。

(16) 『外務省の百年』、上巻、七三九頁—七五七頁。

(17) ブリュッチュ夫人談話。

(18) 赤松貞雄氏談話。メナール家のおよその場所を指示され、ブリュッチュ夫人を探し出す手がかりをあたえて下さったのは、赤松氏である。なお、赤松氏とおなじころ、ベルンの公使館に勤務した塚本毅も、マリー＝ローズについての挿話をのこしている。塚本「東郷さんとモロトフの間柄」、『霞関会会報』、昭和四十六年五月号。

(19) 『時代の一面』、一一頁(改造社版)、二六—二七頁(原書房版)。

(20) 一八九八年(明治三十一年)十二月一日生まれのブリュッチュ夫人は、現在もベルンで健在である。なお、夫人の保管していた前述の書類箱の中に、「美津」という名の日本女性の写真一葉と、「美津」が東郷におくった手紙七通がのこっている。「美津」の手紙は、ベルン赴任のため敦賀へ向う東郷と、米原の駅で別れた直後からはじまり、東郷がベルンに到着した翌年の春におよんでいる。のこっている七通目の手紙に「第三十六信」とあるところをみると、「美津」はほぼ一週間おきに手紙を書いていたことになる。病身の女性であったらしい。文中、「美津」は東郷を「御主人様」あるいは「背の君」と呼び、他方、東郷は「美津」に送金(生活費ないし療養費であろう)をつづけていたようだが、詳細は不明である。

(21) 「欧州休戦後帝国官民敵国へ派遣一件」、五—二—一五—四一、外務省記録、外務省外交史料館蔵。以下、外務省記録と略記。

(22) 『時代の一面』、一六頁(改造社版)、三一頁(原書房版)。

(23)　註(21)と同じ。
(24)　片山正雄『伯林―都会文明の画図』(博文館、一九一四年)、一四四頁。
(25)　会談、一九一九年四月二十四日付、Abteilung A, Die Beziehungen Deutschlands zu Japan, ドイツ外務省記録、ドイツ外務省政治文書室（Politisches Archiv, Auswärtiges Amt, Bonn）蔵。以下、ドイツ外務省記録と略記。筆者の依頼にこたえて、この政治文書室の保管する未公刊記録の中から、東郷の動静をつたえる数多くの文書を発掘する好誼をしめされたのは、同文書室長マリア・カイペルト博士（Dr. Maria Keipert）である。なお、約一年後に出淵勝次代理大使が着任すると、日本政府代表は東郷から出淵にかわり、その結果ドイツ外務省記録に東郷の名前が登場することは稀れになる。
(26)　ティールの経歴についても、カイペルト博士の御教示に拠る。
(27)　エルツバッハーについては、シュデコップフ（Otto-Ernst Schüddekopf）の『左翼がかった右翼』(Linke Leute von rechts, Stuttgart, 1960)、一〇四頁、ナショナル・ボルシェヴィズムについては、K・ゾントハイマー『ワイマール共和国の政治思想』(河島幸夫・脇圭平訳、ミネルヴァ書房、一九七六年)、一二六頁―一二九頁参照。これらの点について、同志社大学脇圭平教授の御教示をいただいた。
(28)　エルツバッハーの覚書、一九一九年四月二十六日付、Abteilung A, Bolschewismus, ドイツ外務省記録。
(29)　『時代の一面』、一九頁（改造社版）、三四頁（原書房版）。なお、現在刊行されているラーテナウの日記（Tagebuch, 1907―1922, Herausgegeben von Hartmut Pogge-v. Strandmann, Düsseldorf, 1967）は、一九一九年の部分を収録していない。
(30)　松井慶四郎駐仏大使より本省への電報、大正八年五月九日付、「第一次大戦関係・日付順の部」第五十七巻、七―一―八―二八―一、外務省記録。なお、当時東郷の報告は、まずパリに送られ、そこから東京へ転電された。
(31)　Count Harry Kessler, Walther Rathenau (New York, 1930)、二六三頁。

(32) ドイツの歴史家ゴロ・マン（Golo Mann）のことば。脇圭平『知識人と政治――ドイツ・一九一四―一九三三』（岩波新書）、九三頁。
(33) 『時代の一面』、二一頁（改造社版）、三六頁（原書房版）。
(34) 同上、二五頁（改造社版）、四〇頁（原書房版）。
(35) 大正八年五月二十七日付、「欧州休戦後帝国官民敵国へ派遣一件」、五―二―一五―四一、外務省記録。
(36) 一九一九年九月十五日付、Abteilung A, Die Beziehungen Deutschlands zu Japan, ドイツ外務省記録、および、『加藤寛治大将伝』（同伝記編纂会、一九四一年）、七〇九頁―七二七頁。
(37) ティールの覚書、一九一九年十一月二十三日付、Abteilung A, Krieg 1914, Aburteilung der Schuldigen, ドイツ外務省記録。
(38) ブリュッチュ夫人談話。
(39) ティールの覚書、一九一九年十二月五日付、Abteilung A, Krieg 1914, Die Friedenskonferenz in Versailles, ドイツ外務省記録。
(40) Count Harry Kessler, The Diaries of A Cosmopolitan, 1918—1937 (English Edition; London, 1971)、一一七頁。
(41) ティールの覚書、一九二〇年一月九日付、Abteilung A, Die Japanische Botshaft in Berlin, ドイツ外務省記録。
(42) 松井駐仏大使より本省への電報、大正九年二月十二日付、「各国駐劄帝国大使任免雑件・独逸国之部」第一巻、六―一―五―四二―四、外務省記録。
(43) Ian Nish, Alliance in Decline, A Study in Anglo-Japanese Relations, 1908—1923 (London, 1972)、二九五頁―二九六頁、三二九頁。
(44) 松井駐仏大使より本省への電報、大正九年二月十四日付、「在本邦各国大使任免雑件・独逸国之部」第二巻、六―一―八―二六―二、外務省記録。

(45) 『時代の一面』、二六頁―二七頁（改造社版）、四一頁―四二頁（原書房版）。
(46) E. von Veitsch, Wilhelm Solf: Botschafter zwischen den Zeiten (Tübingen, 1961)、二四〇頁―二八七頁。
(47) ティールの覚書、一九二〇年三月九日付、Abteilung A, Das Verhältnis Deutschlands zu Russland, ドイツ外務省記録。
(48) 上述の東郷の回想は、『時代の一面』、二五頁―二六頁（改造社版）、四一頁（原書房版）。
(49) 松井駐仏大使より本省への電報、大正九年三月十七日付、「各国内政関係雑纂・独逸国　三」、一―六―三―一―二六、外務省記録。
(50) 同上。
(51) 同上、大正九年三月十九日付。
(52) ティールの覚書、一九二〇年三月十五日付、Abteilung A, Allgemeine Angelegenheiten, ドイツ外務省記録。
(53) 出淵代理大使より本省への電報、幣原駐米大使経由、大正九年四月六日、本省着、「東郷茂徳個人記録」。
(54) 以下、特に註記しない場合、エディータ・ド・ラランドについての記述は、主としてウルズラ・シュルツ＝ド・ラランド（Ursula Schulz-de Lalande）夫人の談話に拠る。筆者が同夫人を訪問したのは、一九七〇年七月十日である。そのさいの談話筆記を後日整理し、それを夫人に送ったところ、夫人はこれに訂正と加筆をほどこされる労をとられた。この夫人のことについては、まもなく本文でふれる。
(55) 父ピチュケについては、東郷の駐独大使時代、東郷夫人がベルリンの新聞『ベルリーナー・ターゲブラット』（Berliner Tageblatt）とのインタビューで語っていることばに拠る。同紙の一九三八年四月十七日号所収。
(56) 建築家ゲオルク・ド・ラランドの経歴については、東京大学工学部助教授鈴木博之氏の御教示をうけた。
(57) シュルツ＝ド・ラランド夫人は、この雑誌は『ジュードドイッチェ・モナーツヘフテ』（Süddeutsche Monatshefte）であろうといわれているが、筆者の調べたかぎり、この雑誌の一九一九年―一九二一年の時期に、日本に関する寄稿はひとつも見あたらない。
(58) シュルツ＝ド・ラランド夫人によると、このツェーレンドルフの家は、大正十年（一九二一）の帰国の以前に、東郷がエディータのために購入したものとなっているが、ここではひとまず東郷いせ夫人の説にしたがう。
(59) 『追憶外相東郷茂徳君』（非売品、一九六〇年十月）、四八頁―四九頁。
(60) ナウマンの二通の覚書、一九二〇年十月二十七日付と十一月十六日付、および、外務省側のコメント、十一月三十日付、Büro Reichsminister, Japan, ドイツ外務省記録。なお、この二通の覚書には署名がなく、外務省側のコメントを通して、その筆者がNという頭文字の人物であることがわかるだけであるが、それがヴィクトル・ナウマンであることについては、註(25)でふれたカイペルト博士の御教示をいただいた。
(61) 松井駐仏大使より本省への電報、大正九年二月十三日付、『日本外交文書』大正九年・第一冊、六九五頁―六九六頁。
(62) 坪上貞二氏談話。
(63) 『時代の一面』、三〇頁（改造社版）、四五頁（原書房版）。
(64) 西春彦氏談話。

第三章

(1) 『時代の一面』、三三頁（改造社版）、四七頁―四八頁（原書房版）。
(2) ウルズラ・シュルツ＝ド・ラランド夫人、東郷の実妹太田アサ夫人、実弟東郷茂弘氏の談話。
(3) 東郷文彦氏談話。
(4) 「外国人トノ結婚ニ関シ注意方ノ件」、「外務省所管職員ノ外国人トノ結婚関係」、M―一―二―〇―二―二、外務省記録。なお、この訓令が出されたときの外相は廣田弘毅であるが、これを起案したのは、当時の外務次官重光葵であったというはなしがのこっている。ちなみに、このとき東郷は本省の欧米局長の職にあった。松本俊一氏談話。

(5) 『時代の一面』、三三三頁（改造社版）、四九頁（原書房版）。

(6) 同上、三三二頁—三三三頁（改造社版）、四八頁（原書房版）。

(7) 亀山一二氏談話。

(8) 『時代の一面』、一九頁（改造社版）、三四頁（原書房版）。

(9) ソヴィエト政権の継続性の認識と、旧連合諸国の疑惑と反撥を招く危険をおかして、独ソ提携に踏み切ることとは、別箇の問題である。ラパロ条約はドイツ外務省内の対ソ接近派マールツァンなどによって推進され、むしろ外相ラーテナウの意に反して調印されたものであるが、このことや、この条約に附随する秘密の独ソ軍事協力の約束などが、当時すぐに東京に伝わるはずもなかった。

(10) この「長文の意見書」があったことについては、亀山一二氏談話に拠る。

(11) 川上より内田外相への電報、大正十年七月二十九日付、『日本外交文書』大正十年・第一冊・下巻、七〇三頁—七〇六頁。

(12) 同上、大正十一年六月十六日付、『日本外交文書』大正十一年・第一冊、三七七頁—三七九頁。

(13) 『時代の一面』、三五頁—三六頁（改造社版）、五一頁（原書房版）。

(14) 鶴見祐輔『後藤新平』（覆刻版、勁草書房、一九六七年）、第四巻、四二六頁。さらに北岡伸一「外交指導者としての後藤新平」、近代日本研究会編『近代日本と東アジア』（年報・近代日本研究—二、山川出版社、一九八〇年）所収のうち、とくに八三頁—八八頁参照。

(15) 井出謙治海軍次官より田中都吉外務次官宛、『日本外交文書』大正十二年・第一冊、二七一頁—二七四頁。

(16) ウイルソン（Hugh R. Wilson）代理大使より国務長官への報告、一九二三年七月十二日付、アメリカ国務省記録(Records of the Department of State relating to Internal Affairs of Japan, 1910–29, 894. 00 / 172–238, National

Archives, Washington, D.C.)、マイクロフィルム版。

(17) 大正十二年二月十六日付、『日本外交文書』大正十二年・第一冊、二六三頁―二六八頁。

(18) ウイルソン臨時代理大使より国務長官への報告、一九二三年五月二十八日付、アメリカ国務省記録（同上）、および、『東京朝日新聞』大正十二年一月二十六日、二十七日、三十日など。

(19) 「川上俊彦個人記録」（外務省外交史料館蔵）。

(20) 在満州里田中領事代理より内田外相への電報、大正十二年一月二十四日付、および、帰国後、川上より内田外相への報告、同年二月一日付、『日本外交文書』大正十二年・第一冊、二四四頁、二五四頁―二五八頁。

(21) 『時代の一面』、三六頁（改造社版）、五二頁（原書房版）。

(22) 亀山一二氏談話。

(23) 『時代の一面』、三六頁（改造社版）、五二頁（原書房版）。

(24) 大正十二年十月七日付、『日本外交文書』大正十二年・第一冊、四五九頁―四六七頁。

(25) 関東戒厳司令部発表、大正十二年九月十四日付、同上、六八七頁―六八八頁。

(26) 同上、四六九頁―四七四頁。この文書の原本は、「日露国交回復交渉一件・別冊　北京会議」大正十二年九月―大正十三年三月、二―五―一―一〇六―五、外務省記録。

(27) 同上、四八二頁―四八九頁。この文書の原本も、右のファイルの中にある。

(28) 大正十二年十一月二十七日付、同上、四七五頁―四七八頁。

(29) 大正十二年九月、同上、四四七頁―四五三頁。

(30) 西原民平編『川上俊彦君を憶ふ』（非売品、一九三六年）。

(31) この廣田の書き込みについては、外務省外交史料館の栗原健博士の御教示をいただいた。

(32) 『時代の一面』、三七頁（改造社版）、五二頁（原書房版）。

(33) 林より松井外相への電報、大正十三年一月十五日付、『日本外交文書』大正十三年・第一冊、三七六頁—三七七頁。
(34) 佐藤より松井外相への電報、大正十三年三月九日付、同上、三八九頁—三九四頁。
(35) 芳沢より松井外相への電報、大正十三年三月十一日付、同上、三九四頁—三九六頁。
(36) 佐藤の人物と外交については、栗原健編『佐藤尚武の面目』(原書房、一九八一年)参照。
(37) 註(34)と同じ。
(38) 上田より幣原外相への電報、大正十三年十一月十二日付、『日本外交文書』大正十三年・第一冊、八五〇頁—八五二頁。
(39) 亀山一二氏談話。
(40) 大正十三年六月十六日付、『日本外交文書』大正十三年・第一冊、六〇一頁—六〇五頁。
(41) 大正十三年十一月二十二日付、同上、七九三頁—七九五頁。
(42) 幣原外相より芳沢公使への電報、大正十三年十二月二十四日付、同上、八〇八頁—八〇九頁、など。
(43) 同上、大正十三年十月二十二日付、同上、七六三頁—七六四頁。
(44) 芳沢公使より幣原外相への電報、大正十三年十二月一日付、同上、七九七頁—七九九頁。
(45) 幣原外相より芳沢公使への電報、大正十三年十二月五日付、十二月六日付、同上、七九九頁—八〇七頁。
(46) 「枢密院ニ於ケル審査経過」、『日本外交文書』大正十四年・第一冊、五〇五頁—五四六頁。
(47) ウルズラ・シュルツ＝ド・ラランド夫人談話。

解説　『時代の一面』について

天下第一等の人とならばやと
五十年餘を行《ぎょう》じ来りぬ
（昭和二十三年五月十一日、
東京巣鴨拘置所にて）

一　はしがき

まず、なにはともあれ、東郷自筆の『時代の一面』の「あとがき」の草稿がのこっているので、それを紹介しておこう。

東郷は約二カ月の刻苦の末、昭和二十五年（一九五〇）三月十四日、『時代の一面』の本文を脱稿したが、その直後の感想をしるしたのが、この「あとがき」の草稿である。本文の第二部と第三部の執筆に使用したのとおなじ厚手の罫紙一枚の両面に、やはり鉛筆で記されている。以下はその全文であるが、改行と句読点の追加は、適宜筆者がこれをおこなった。

「終戦と共に我終生の事業は成し遂げたので、更に欲求する所は無い気持であつたが、東久邇宮に外相就任を辞退した際に申述べた戦争犯罪人の問題が間もなく起つて来たので、更に一波瀾を見ることになつた。本問題に関する決定及び独逸の実例をも承知して居るので、本件に連座することになると豫想して居たが、果して九月、終戦前からの病気を養ふて居た軽井沢で令状の発布があつたとの通知に接して帰京した。病気の為暫時自宅療養を許されたが、一九四六年四月末日起訴状の送達を受けて、五月一日巣鴨拘置所に拘禁された。裁判は五月三日以来開始せられ、一九四八年十一月十二日全被告に対する判決の言渡しがあつた。裁判の結果は自分達の中立ての多くが認められないので、六人の被告は絞首刑の宣告を受け、多くの者が終身禁錮の重刑を課せられた。自分は禁錮二十年と言ふので、獄裡に春秋を送つて居る訳である。」

「人生の浮沈誠に期し難きものがあるが、凡ての事は暗黒面があると同時に光明面を有する。此裁判に対する自分の気持は平かならざるものが尠くないのは当然であるが、自分の半生の事業については、回想し且つ其幾分かは法廷を通して天下に明かにする機会を得ることになつたのは、自分にしては寧ろ望外の幸であつた。なぜかなれば、若しかかる境遇にならなければ、自分は左程深く過去を想ひ出すことがなく、又左程公に表現することがなかつただろうと思ふからである。」

「自分が少壮年時代に孔子の教で教育され、巧言令色仁鮮しと言ふ風に寡言質実を旨とし、又西郷南州に私淑した結果、誠意は自ら神明に通ずるので、宣伝も弁明も不必要であり、凡て事を行うに人を相手にするやうでは駄目で、天を相手にすべきであるといふ風に育てられたので、自分の為た事を吹聴せぬは勿論、弁明するのも男らしくないことになつて居たのである。然るに裁判（東京裁判）となれば、弁明も弁論もしなくてはならぬことになつた訳で、宣誓口供書も作成するし、証人台にも立つたのである。そして又そう言ふことが機因となり、習慣となつて、ここに回想した所を書き陳《つら》ねて見やうとの気持になつたのであるから、裁判が自分に与へた好都合の一つと言つてもいいだろうと思ふ。」

「扨て書き陳ねるとしても、前の吹聴、弁明したくない傾向は今にも残つて居るので、前書きにも述べたやうに、自叙伝とか回想録とかせずに、自分が躰験又は見聞した所を文明史的見地から叙述したい意図の下に発足したのであつた。然るに筆を進めて見ると、やはり自己中心の描寫となり、又時としては自己弁明にもなることになつた、これは執筆開始後、一、二日本人の著作及び雑誌記事を閲覧する機会が到来したが、その内に自分の行動に関係する部分があり、且つ誤謬を包蔵して居るものが多いので、之を是正しやうと考へたのが一因である。自分の趣味からすれば、このやうな論難は不愉快であるが、裁判にも一つ同様の経験があつたが、賣られた喧嘩は買はずばなるまいとの気持になつたことも事実である。しかし自分の現下の境遇上、何時になつたら本書が公刊せられ得るかの予想は更に有し得ないのであるから、前記の弁解やら議論やらは出来る丈け控へ目にしたやうな訳である。(1)」

この「あとがき」の草稿はさまざまな感想を誘うが、それらをまじえながら、『時代の一面』の性格について、つぎの三点を指摘しておきたい。

第一に、筆者は「伝記」の部分の冒頭で、『時代の一面』を「戦いの記録」と呼んだが、それは獄中という異常な環境の中で、これを約二カ月という短時日のあいだに書きおえた東郷の努力のことを指していただけではない。それだけでなく、『時代の一面』が本質的に東京裁判での法廷闘争の延長であったこと、具体的には、東郷が提出した宣誓口供書、東郷がおこなった証言などの集大成であったことを、筆者は言いたかったわけである。『時代の一面』の本文の張りつめた筆致にくらべると、この「あとがき」の草稿のそれがずっとおだやかなものになっており、ときに稚拙なおもむきさえただよわせているのは、『時代の一面』の執筆という、「最後の戦い」をすませた安堵感、それに踵を接して訪れる虚脱感のためであろう。「あとがき」の草稿の口調のおだやかさが、逆に「最後の戦い」にのぞんだ東郷の気迫のはげしさを照らし出しているように思われる。

第二に、『時代の一面』は、「戦いの継続」という性格をもっているため、いきおい自己主張がつよく前面に押し出された回想録である。

東郷は『時代の一面』の稿をおこすにあたって、「本書の目的は予の自伝に非ず、又自分の行動を弁解せんとするのでもなければ、日本政府のとつた政策を弁解せんとするのでもなく」(前書き)と断わっているが、じっさいに稿をおえてみると、やはり「自己中心の描写」や「自己弁明」の箇所が目につくことを、東郷自身、この「あとがき」の草稿で認めているわけである。

第三に、このことからもうかがえるように、『時代の一面』は、厳密な意味では「未完の書」、すくなくとも東郷にそういう思いが多少のこった形跡のある回想録といってよいであろう。

このことは、処々に散見する「此ノ点再調ノコト」といったたぐいの書き入れ、事実の確認や史料の補足を求める書き込みからも推測されるが、それればかりでなく、東郷が「あとがき」の草稿で使っている「文明史的見地から叙述したい」ということばからも察せられる。

この「文明史的見地」とは、もうすこし自分の立場を客観化し、第三者の見方も採り入れて、というほどの意味であろうが、そういう解釈上の推敲をほどこす時間的な余裕は、東郷になかった。本文脱稿後四カ月の七月二十三日は、東郷の死の日付である。

しかし、時間的な余裕があったとしても、ここまで「妥協」を排し、「戦い」を継続してきた東郷としては、解釈上の推敲を所詮未練にすぎないものとして、放棄したかもしれない。東郷の気性からみて、「売られた喧嘩」(東京裁判)を買わずにすませることは到底できなかっただろうと、想像されるからである。

ひとことでいって、『時代の一面』は、つよい自己主張につらぬかれた回想録である。しかも論旨のすすめ方は周到をきわめ、そこに描き出されている東郷の自画像に本質的な修正をほどこす余地は、ほとんどないように見うけられる。東郷は筆を外務省入省以降の公的生活にかぎっているが、自分の公的生活に関するかぎり、もはやだれにも一指もふれさせぬと、『時代の一面』を通して語りかけているかの如くである。

そういう自負にみち、且つそれにふさわしい堅固な備えをめぐらした回想録を前にするとき、これに拮抗しうる伝記を書くことはむずかしい。それに加えて、東郷の場合、伝記を書くのに必要な史料がきわめて乏しいという事情がある。(2)

この困難を解決する方法のひとつは、基本的には回想録自体、つまり、『時代の一面』に伝記の役割をはたしてもらいつつ、それに適宜解説をつけてゆくことであろう。以下に援用するのは、この方法である。

前述のような意味で、『時代の一面』は、じつによく出来た回想録である。なによりもまず、読者が『時代の一面』の本文を読み、直接東郷の個性にふれてくれることをねがうものである。以下の解説は、『時代の一面』を読むための参考資料の提供にほかならない。

解説に精粗の差が生じているのは、『時代の一面』の記述と、利用できる史料との兼ね合いによる。前者がかならずしも十分意をつくしているとは思われず、しかもこれを補足する後者にめぐまれるというような場合、解説はいきおい長くなりがちである。駐独大使と駐ソ大使の章がその例である。その逆の場合は、簡潔を旨としたつもりである。

東郷が『時代の一面』でふれなかった外務省入省までの経歴は、すでに「伝記」の部分で扱ったし、入省後外交官として成熟してゆく初期の十余年（奉天、ベルン、ベルリン、ロシア・サーヴィス）についても、やはり

「伝記」の部分で紹介しておいた。

それにつづくワシントン（大使館一等書記官、大正十五年―昭和四年）とベルリン（大使館参事官、昭和四年―昭和七年）での在外勤務については、『時代の一面』の記述にゆずり、以下、昭和八年（一九三三）二月、東郷が本省の欧米局長に就任したところから、解説をはじめたい。

二　欧米（欧亜）局長（昭和八年二月―昭和十二年十月）

東郷は欧米局長就任の直後、「国際連盟脱退後ニ於ケル帝国ノ対欧米外交方針」（昭和八年四月）と題する長文の意見書を内田康哉外相に提出したが、今回その全文を紹介することにした（第一分冊、附録一）。この意見書の主要な部分（字数にして約二分の一）は、すでに『時代の一面』の本文に収録されているが、収録されなかった部分にも、東郷の考え方を知る上で参考になる箇所がすくなくないこと、東郷がこれほどまとまったかたちで自分の外交観を披瀝している文書は他に見あたらないこと、この二つの理由のためである。

『時代の一面』に収録されなかった部分のうち、もっとも注目をひく箇所は、当時外務省や軍部に根強かった日ソ不可侵条約反対論の立場を八つに分類して、そのひとつひとつに東郷が詳細な反駁を加えているくだりである（附録、三九八頁―四〇一頁）。これを見ても、日ソ不可侵条約にかけた東郷の熱意のほどがうかがわれる。それはたんに一時の提唱といった性質のものではなく、東郷の持論の表明と考えてよいであろう。そして、そう考える背景として、「伝記」の部分で紹介した東郷の経歴、すなわち、第一次大戦直後のベルリンで、「ロシアの統一」を妨害するのは不可能であるという認識をしめしていたこと、つづいて帰国後欧米局第一課長の時代に、日ソ国交回復の早期実現のために尽力したことを指摘することができる。

この意見書は、満州事変以来、「日本軍ノ武威発揚セルニ反シ、帝国ノ国際信用ハ甚シク失墜セルノ憾ミアリ。」という危機感に貫かれ、この「国際信用」を回復するためには何をなすべきかを、英米ソの三国との関係改善を軸にして論じたものだが、この意見書から浮かび上ってくるのは、何よりもまず、積極的な日ソ関係改善論者としての東郷の姿である。「諸国ハ夫々異ナル政治形体ノ下ニ外交関係ヲ結ビ、国交ノ円滑ヲ計ルヲ常態トス。」と、東郷はこの意見書の中で説いているが、それは共産主義国ソ連にも適用されるべき原則であった。

さて、東郷の局長時代（昭和九年六月以降、欧亜局長）を概観すると、東郷がこの意見書の中で披瀝した数々の抱負のうち、実現したのは昭和十年（一九三五）三月のソ連からの東支鉄道（北満鉄道）買収だけであったといってよく、この点をのぞくと、その後の日本の歩みは、あらゆる意味で、東郷が意見書の中で危惧した方向にすすんでいったといってよい。その一例をあげると、昭和十一年一月のロンドン海軍軍縮会議からの脱退によって、東郷が「日米戦争惹テハ世界戦争ヲ惹起スル」おそれがあるとしていた、海軍軍備に関する無条約時代が到来したことである。

しかし、おそらく東郷個人にとってもっとも不本意であったのは、主管局長として、昭和十一年十一月の日独防共協定成立に関与しなければならなかったことであろう。そこでこの問題に焦点をしぼり、はなしをすすめてゆくことにしたい。

東郷は前述の意見書の中で、日独関係については、「極右党（ナチ）ノ政権獲得ヲ利用シテ、極東ニ於ケル我国ノ立場ヲ了解セシムルニ努ムルト共ニ、日独間文化的学術的ノ接触了解ヲ促進シ、以テ独逸ヲ我方ニ引付ケ置ク様仕向クルコト肝要ナリ」と、簡単に述べているだけであるが、なにぶん東郷がこれを書いたのは、ナチが政権を掌握した直後のことであり、それ以後のナチ・ドイツの一連の行動、国際連盟脱退（昭和八年十月）、ヴェルサイユ条約軍備制限条項破棄（昭和十年三月）、ロカルノ条約破棄・ラインランド進駐（昭和十一年三月）などによって、東郷がそのドイツ観をどう変えていったかを見る必要があるが、それを直截簡明なことばで語ってくれる当時の記録は見あたらない。しかし、つぎに紹介する二つの記録は、間接的にではあるが、東郷がしだいにナチ・ドイツに警戒心をつよめていった模様をうかがわせるように思われる。

ひとつは、リヒアルト・ゾルゲ（Richard Sorge）の証言である。この証言で扱われている時期は昭和九年（一九三四）の前半、新任のドイツ大使ディルクセン（Herbert von Dirksen）が東京に到着してから、約半年ぐらいのあいだのことである。ディルクセンは、それまで主として文化関係にかぎられていた日独間の接触を、政治の分野においても緊密なものとすべく、日本側への働きかけを開始したらしいが、そのさいディルクセンが強調したのは、両国が国際連盟からの脱退者という点で共通の立場にあることと、ドイツの反ソ政策であったという。ゾルゲはつぎのように語っている。

「同大使は日本人の有力者と会談を交えたり、雑談したりすることに依り、凡ゆる機会を利用して、独逸は反ソ政策及び反連盟政策に於ては日本と共通の政策を採るものであることを強調したのみならず、日本の外務省の天羽情報部長等が東亜新秩序なるものを唱へて居るのに対応して（「天羽声明」、昭和九年四月十七日）、独逸も亦欧州に於て新秩序を建設することを標榜して居ることを強調して居るのであります。然しディルクセン大使の此の努力は、日本の外務省方面で余り奏効しなかった様でありました。其の頃私は外務省で現在は外務大臣となって居る東郷氏に逢ひ、其の意向を打診する爲、ディルクセン大使の意見を述べましたところ、当時の同氏は現在の同氏とは違って居り、非常に懐疑的な態度を示し、少しも熱意を表さなかったのであります。[3]」

昭和九年に東郷に会ったときのゾルゲの肩書きは、ドイツの『フランクフルター・ツァイトゥング』紙の東京特派員であるが、逮捕されたゾルゲが検事の訊問に答えて、右の証言をおこなったのは、すでに太平洋戦争が開始されたあとの、昭和十七年（一九四二）三月四日のことである。そこで「現在は外務大臣となって居る」とか、「現在の同氏とは違って居り」という、挿入句が付け加えられているわけであるが、そこを取りはらって読むと、昭和九年当時の東郷の、日独の政治的接近に警戒心をくずさぬ姿勢が浮かび上ってくる。

もうひとつの記録は、それから約二年後の昭和十一年（一九三六）八月、ナチに追われたユダヤ系のドイツ（オーストリア）の音楽家ローゼンストック（Joseph Rosenstock）が、新交響楽団（ＮＨＫ交響楽団の前身）の指揮者に就任するため来日した機会に、ドイツの駐日臨時代理大使（大使館参事官）ネーベル（Willi Noebel）によって作成された報告「ユダヤ人音楽家の採用に関する日本政府の態度」である。この報告は全文が東郷との会見記になっているので、すこしながくなるが、その内容をくわしく見ておきたい。

「数日前、新交響楽団の指揮を引き受けたローゼンストックの到着によって、在日ユダヤ人音楽家の社会は、残念ながら、さらに強力なものになった。」

こう書き出したネーベルは、つぎにローゼンストックの東京到着を報じた『東京日日新聞』（毎日新聞の前身）の記事（昭和十一年八月二十日号）を取り上げ、これを良いきっかけにして、東郷欧亜局長にユダヤ人音楽家の問題を正式に提起したと、ことばをつづけた。

この『東京日日』の記事は、「美しき独墺音楽の種子を日本に移植　ユダヤ系世界的楽人が東京駅頭で握手に誓ふ」という見出しをかかげていたが、もうひとりの音楽家というのは、やはりナチに追われて来日し、この年の四月から上野の東京音楽学校（東京芸術大学音楽学部の前身）で教鞭をとっていたヴァイオリニストのウィリ・フライ（Willy Frei）のことである。この記事は、ローゼンストックが、フライ、クロイツァー（Leonid Kreutzer）などの、「ナチスの専制文化政策に対抗して母国をおはれた在留ユダヤ系楽人を糾合」して、ドイツ・オーストリア音楽の精髄を日本につたえることを熱望していると述べ、さらに記者会見でのローゼンストックの発言から、「私は単なる音楽家だから政治のことは知りませんが、ドイツの音楽が日に日に衰へてゆくことは事実です。楽聖といはれるフルトヴェングラー氏（ベルリン・フヰル・ハーモニーの指揮者。原註）もタクトを振ることを止められてしまひました。」を引用していた。

ローゼンストックの場合、この記事ばかりでなく、ナチの政権獲得後も、職を追われたユダヤ系音楽家を組織し（「ユダヤ文化連盟」）、これに拠ってオペラ上演などの音楽活動を継続するというベルリンでの「前歴」があったため、ドイツ大使館側はいっそう神経をとがらせたのであろう。しかし、前年の九月、ユダヤ人の市民権剥奪、ユダヤ人との結婚禁止などを定めた、悪名高いナチの「ニュルンベルク法」が施行されるにおよんで、そういう活動にも終止符が打たれた。(4)

さて、『東京日日』の記事を手にして東郷に面会をもとめたネーベルは、つぎのように切り出した。

ドイツ大使館はこの数年来、少数の例外をのぞくと、日本におけるドイツ音楽が圧倒的にユダヤ人によって代表されているのを苦々しく思ってきた。今日までこの問題を日本政府に持ち出さなかったのは、これまでのところ、在日ユダヤ人音楽家たちがドイツにたいする中傷活動をさしひかえてきたからである。しかし、ローゼンストックの到着によって、事情は一変したように思われる。『東京日日』の記事が示唆しているように、今後一種の「亡命者クラブ」の如きものが出来上り、かれらが団結して行動を開始し、やがてあの記事に出ているような、いや、もっと不愉快な発言で日本の世論を煽動し、日独関係に不幸な影響をもたらす危険が生じてきたからである。

こう述べたネーベルは、つづいて具体的な提案に移り、日本政府は日独関係を考慮して、ユダヤ人音楽家の採用を中止させ、そのかわりに「ドイツ人の血を引く音楽家」を採用させることはできないものかと、東郷にただした。ネーベルも、相手が私立機関の場合、政府が「影響力」を行使するのはむずかしいことを認めたが、公立機関と準公立機関、たとえば官立の大学・高等専門学校や放送交響楽団の場合、政府は「なんらかの措置」を講じることができるのではないかと、東郷に迫った。

これにたいする東郷の答えは、ネーベルによって、つぎのように報告されている。

「東郷氏は、わたしの提案をまったく拒否する態度をとった。そして、大要つぎの如く述べた。」

「周知のように、日本の世論は、ユダヤ人問題にたいして、ドイツの世論とはまったく異なる立場をとっている。多くの分野の日本人のあいだに、『追放されたユダヤ人』にたいする同情すらあることを否定できない。この純粋に原則的な観点からいっても、日本の世論によってユダヤ人を敵視するものとみなされ、人種差別に加担するものと解されるような、なんらかの措置を日本政府が講じることは不可能である。」

「たとえこの点をまったく度外視するとしても、なんらかの措置を講じることとは、技術的にみてほとんど不可能である。というのは、日本の慣例では、研究所、学校、交響楽団などの機関は、教師、芸術家などの採用を決定するにあたって、完全な自由を保持しているからである。これらの機関は、政府が人事問題に干渉することを好まない。この点は、準公立機関の場合もおなじである。」

東郷は、日本の世論に関するかぎり、ユダヤ人音楽家たちの存在によって、日独友好関係にひびが入ることなどありえない、自分はネーベルの言う三人のユダヤ人（ローゼンストック、フライ、クロイツァー）について、何んの心配もしていないと述べたのち、さらに答えをつづけた。

「これら数名の人物がなんらかの行動をおこし、それが日独関係に悪影響をおよぼすなどと考えるのは、まったく馬鹿気ている。悪影響をおよぼすおそれがあるのは、日本政府がドイツ側の要請に応じて、ユダヤ人を敵視する政策をとる場合である。そうなれば、ユダヤ系ドイツ人の境遇に同情している日本人たちに、召集をかけることになるからである。」

「ただし、貴下の心配があたり、この三人のユダヤ人諸君がさらに数名の参加をえて、ひとつの確固とした組織を作り上げ、ある種の政治活動を開始するようなことにでもなれば、はなしは別である。万一そういうことにでもなれば、日本政府としても、大事にいたらぬうちにこれを防止することに、無関心ではいられない。しかし、そのようなことは到底おこりえないと思う。自分も『東京日日』の記事をよんだが、現在の状態がそのままつづく可能性のほうが、はるかに大きい。」

最後にネーベルは東郷をなんとか説得して、この件をすくなくとも一度は文部省の該当部門の局長と協議することを承知させようとしたが、無駄であった。

「東郷氏は、この提案にたいしても、おだやかなことば使いではあったが、しかし断固とした口調で、まったく無意味であると言って、これを拒否した。」

ネーベルの報告は、つぎのように結ばれている。

「このような次第なので、会見の結果はきわめて不満足なものであったが、ともかく日本政府の立場を知りえたのは、意味があったと思う。この報告の内容は、ナチ党日本支部長に内密に知らせておいた。(5)」

にべもないとは、こういう東郷の態度をいうのであろう。ネーベルは取りつくしまもない様子で、引きさがっていったけはいである。

一般的にいって、日本政府はナチ・ドイツと提携関係を結んでいた時期においても、たんにユダヤ人であるという理由だけで、在日ユダヤ系外国人に迫害を加えたことはなかったといってよい。とくにこの会見がおこなわれたのが、まだ昭和十一年（一九三六）という「早い時期」であったから、東郷以外のだれが欧亜局長の立場にいたとしても、結論としては、おなじ答えをしたはずである(6)。

そこでその答えをどれほど明確なことばで語るか、つまり、その断わり方に関心がしぼられてくるが、その意味で、このときの東郷の応対ぶりはみごとである。だれか他の人物がおなじ椅子にすわっていたとしたら、こうも仮借ないことばをつらねて、ドイツ側の要請をはねつけたかどうかと、うたがってみたくなるほどである。このネーベルの報告は、交渉や論争における東郷の「非妥協性」がどういうものかを、よくつたえている。

ここで付け加えておきたいのは、東郷からこのようなあしらいをうけたネーベルが、大使ディルクセン帰国中の代理をつとめる地位にいたことと、この報告がベルリンのドイツ外務省に送付されていたことである。このときから約一年三カ月後に、東郷はそのベルリンに大使として赴任する。やがて東郷がナチ・ドイツの首都で、いわば「好ましくない人物」（persona non grata）の如き扱いをうける遠因は、このあたりにもひそんでいたのかもしれない。

東郷がネーベルと会見した昭和十一年（一九三六）八月は、前年の駐独陸軍武官大島浩とナチ党外交機関主宰者リッペントロップ（Joachim von Ribbentrop）との秘密交渉に端を発する日独防共協定問題が、すでに正式の外交交渉のルートに乗り、廣田弘毅内閣（外相有田八郎）が協定締結に原則的な同意をあたえていたころである。

前述の意見書や、日ソ関係改善にかける東郷の熱意からみて、『時代の一面』が述べているように、東郷がこの協定に賛成のはずはなかったが、東郷はその成立を阻止することができなかった。そればかりでなく、この協定が出先の外交機関の頭越しに、陸軍武官のイニシアティブによって開始され、陸軍によって推進されるという、きわめて変則的な経過をたどったことも、しばしば「外交大権」を口にした東郷にとって、我慢のならないことであったにちがいない。そして、後者は、大使としてベルリンに赴任してからの、大島陸軍武官との「戦い」に持ち越されることになった。

局長時代の東郷について、もう一、二ふれておくと、日独防共協定成立の翌年であるが、昭和十二年（一九三七）二月に林銑十郎内閣が発足したさい、新聞などで事前に取り沙汰された外相候補のひとりに、佐藤尚武（前駐仏大使、明治三十八年入省）、斎藤博（駐米大使、明治四十三年入省）、重光葵（駐ソ大使、明治四十四年入省）とならんで、東郷（大正元年入省）の名前があがっているのは、このころから外務省の内外で、東郷がそれだけの力量の持ち主と認められていた証拠であろう。なお、じっさいに外相に就任したのは佐藤尚武であった(7)。

東京のイギリス大使館が毎年作成していた「日本の指導的人物」（Leading Personalities in Japan）という略歴リストに東郷の名前が乗りはじめるのも、この昭和十二年からである。この年のリストに掲載された重臣、政界、官界、陸海軍、経済界などの著名人の数は百八十六名であるが、東郷と同年の外務省入省者の中では、「天羽声明」（昭和九年四月十七日）で有名になった天羽英二（駐スイス公使）と、川越茂（駐華大使）のふたりが、このリストに顔を見せていた。

東郷についての短評は、「東郷氏は英語をかなり良くはなすが、無口の傾向がある。外務省内での評判は良いらしく、駐独大使の候補に上っている。夫人はドイツ人である。」というものである。やはりこのころのイギリス外務省での東郷評として、「きびしい顔付きをした無口な男、しかし頭が良いことではたいへん評判である。」ということばものこっている。(8)(9)

短命におわった林内閣のあとをうけて、この年の六月に第一次近衛文麿内閣が成立すると、外相に返り咲いた廣田は、東郷に駐独大使への転出をもとめ、東郷もこれを承諾した。この内閣の発足後まもない七月七日の「蘆溝橋事件」に端を発する日中戦争の開始は、日本の進路を太平洋戦争へ向けて大きく傾けたが、ドイツへ赴任する東郷のさしあたっての任務は、この日中戦争遂行を容易にするための条件を、ドイツから取りつけることであった。

昭和十二年（一九三七）十二月二十四日、クリスマス・イブの当日、東郷は夫人と令嬢を伴って、ベルリンのアンハルター停車場に降り立ったが、これを出迎える人垣の中に、大島陸軍武官、日本大使館員、ドイツ外務省員などにまじって、リッペントロップ機関から派遣されたナチ親衛隊将校の姿も見えた。(10)

東郷がベルリンの土を踏むのは、第一次大戦の直後（大正八年―大正十年）と、ワイマール共和国の末期（昭和四年―昭和七年）につづいて、これが三度目であるが、もはやドイツは敗戦国ドイツでも、共和国ドイツでもなく、ナチ・ドイツに変貌していた。

三　駐独大使（昭和十三年一月―十月）

東郷が大使としてベルリンに駐在した昭和十三年（一九三八）は、ドイツ民族の「生存圏」獲得を目ざすヒトラーの東ヨーロッパ征服計画が確実に動き出した年であり、ヒトラーの外交上の賭けがことごとく効を奏して、まず三月のオーストリア併合、つづいて九月のミュンヘン会談での英仏の同意にもとづく、ズデーテン地方（チェコスロヴァキア領）の割譲が実現していった年である。

それに付け加えると、ヒトラーはこの計画の着手に先立って、国防軍首脳と外相を更迭したが、その結果、これ以後国防軍は事実上ヒトラーの掌握するところとなり、また外相にはノイラート（Constantin von Neurath）にかわって、駐英大使リッペントロップが就任することになった。いうまでもなく、リッペントロップは、防共協定以来の大島陸軍武官の旧友である。ヒトラーの征服計画の前触れであるこの交替劇が演出されたのは、二月上旬、すなわち、東郷がヒトラーに信任状を呈出し、正式に大使としての活動を開始してから、まだ一カ月にみたないころのことであった。

さて、以上のような背景を念頭に置きながら、東郷の駐独大使時代を見てゆきたいと思うが、結論を先に言ってしまうと、東郷はナチ・ドイツ政府にとって、いわば「好ましくない人物」(persona non grata)であった。それを証明するのが、つぎに紹介するドイツ側の記録である。そして、この文書の内容と、東郷の駐独大使時代が十カ月という短期間でおわったことのあいだには、密接な関係がある。

「最高機密」と記されたこの文書は、その日付と宛先から推して、昭和十六年(一九四一)十月に東條英機内閣が成立し、東郷がその外相に就任した直後に、ドイツ外務省政治局によって作成され、リッペントロップ外相に提出されたものらしい。そして、この文書の作成にあたって、外務省政治局が東郷に関する情報の提供をうけたのは、航空省(Luftfahrtministerium)内の「調査室」(Forschungsamt)という一機関からであるが、この「調査室」なるものは、ベルリンの外国公館が使用する電信・電話を傍受し、盗聴することを主たる任務とする特殊な機関であった。つまり、「調査室」が外務省政治局に提供した情報は、東郷在任中のベルリンの日本大使館と大使公邸にたいする「特殊な活動」によって裏打ちされたもの、ということになる。

この文書はかなりくわしく東郷の経歴を述べているが、既知の事項や些事をのぞくと、要点はつぎの数行に尽きている。

「東郷が大使としてベルリンに在勤した時期のどの資料にあたってみても、東郷という人物について、好ましい印象をあたえるものはなにもない。これらの資料が物語っているのは、東郷がまったく非友好的であり、つねに自説を主張してゆずらず、外交官にふさわしい柔軟性に欠け、交渉のさいにめったに譲歩することのない人物だということである。(11)」

この文書を手にしたリッペントロップは、昭和十三年（一九三八）の春から夏にかけて、東郷と交渉したさいの自分の記憶を再確認する思いがしたにちがいない。それでは東郷のどこがリッペントロップの気に入らなかったのか。

先に述べたように、東郷がベルリンに駐在した昭和十三年は、ヒトラーの東ヨーロッパ征服計画が動き出した年であるが、この計画を確実に日程に乗せてゆくためにも、防共協定以来の日独提携関係を維持するだけでなく、それをさらに強化してゆく政治的必要が当時のドイツにはあった。そして、そのためには、それまで中国と日本との間にほぼ均等に振り分けられていたドイツの極東政策を転換し、中国との関係を犠牲にしても、対日関係を優先させる必要があるというのが、とくに新外相リッペントロップの立場であった。

この方向への第一歩は、まず満州国承認を宣言する二月二十日のヒトラーの国会演説によって踏み出されたが、つづいて四月に入ると、蔣介石の軍事顧問をつとめていたファルケンハウゼン（Alexander von Falkenhausen）将軍以下、三十三名の在中国ドイツ軍事顧問団に帰国命令が出され、さらにドイツの外貨獲得にとって重要な役割をはたしてきた中国への武器輸出にも、禁止命令が出された。後者は前年度の輸出総額で八千三百万ライヒス・マルク、契約総額で六千百万ライヒス・マルクに上っていた。(12)

このドイツ軍事顧問団の引揚げと、中国への武器輸出の停止は、かねてから日本側がつよく要望していたことであり、日中戦争遂行を容易にするための条件として、東郷がドイツ側から譲歩を取りつけることを期待されていた問題であったが、それが東郷による交渉の結果としてではなく、日独提携関係を優先させるリッペントロップの意向によって、いっきょに解決されてしまったのである。なお、この措置を実行に移す過程で、リッペントロップロップは、とくに駐華ドイツ大使トラウトマン（Oskar Trautmann）と蔣介石のつよい抵抗に出会い、とりわけ軍事顧問団の引揚げを蔣介石に納得させるためには、最終的に大使トラウトマンの召還を必要とするほどであった。(13)

もちろん、リッペントロップは、この譲歩を無償でおこなうつもりはなかった。リッペントロップの思惑は、まずドイツ側が譲歩をしめし、つぎに日本側からそれに見合う経済的代償を取りつけるつもりでいたらしいが、この思惑は東郷には通じなかった。リッペントロップは、交渉相手としての東郷を甘く見ていたふしがある。

リッペントロップがこの代償の問題にはじめてふれたのは、二月二十二日の、外相就任後最初の東郷との会談のさいであるが、その後四月八日、五月二十日、五月二十八日の東郷との会談を通して、リッペントロップはドイツ側の要求を明確なものにした。リッペントロップは、ドイツが払った「多大な犠牲」（満州国承認、軍事顧問団の引揚げ、武器輸出の停止）にたいする見返りとして、中国（「華北」ないし日本軍の占領下にある地域）においてドイツの経済活動が日本のそれと「同等」な待遇をうけることをまず要求し、これが東郷によって拒否されると、つぎに「特恵待遇」（preferential treatment）、すなわち、ドイツの経済活動が英米などの他の第三国のそれよりも特恵的な待遇をうけることを、条約によって保証することを要求した。なお、後年の首藤安人（当時大使館商務書記官）の証言によると、リッペントロップがまず「同等」な待遇、つぎに「特恵待遇」を持ち出してきたのは、当時国民使節団の団長として滞独中の伍堂卓雄海軍技術中将、大島陸軍武官、小島秀雄海軍武官の助言によるものだというが、その後の経過からみて、これはありそうなことである。(14)

その後、この交渉は、条約による「特恵待遇」の保証をめぐって、六月三日に東郷とラウマー（Hermann

von Raumer, 無任所公使）およびヴィール（Emil Wiehl, 外務省経済政策局長）、六月二十二日に東郷とラウマー、六月二十九日に東郷とリッペントロップ、七月六日に東郷とヴィール、七月二十七日に東郷とヴィールという具合につづけられたが、東郷はドイツ側の要求を拒否しつづけた。東郷はドイツに対する「好意的待遇」は口にしたが、これを文書によって約束することを拒否し、且つこの「好意的待遇」も、日本と第三国、すなわち、英米との協力を排除する性質のものではないことを、付け加えることを忘れなかった。東郷がこの立場をゆずらなかったのは、ドイツ側が推測したように、ドイツ以上に巨大な権益を中国にもつ英米との関係の悪化をおそれたからである。(15)

けっきょく、リッペントロップは、自分のイニシアティブでおこなった日本への譲歩にたいする見返りを、ついに東郷から引き出せなかったわけだが、この危険を早くからリッペントロップに警告していたのは、かつて日独防共協定のドイツ案の作成を担当した経歴をもち、ながらくリッペントロップの政治顧問をつとめ、この年の四月から無任所公使の資格でこの交渉に参加していたラウマーである。このラウマーが六月二十二日の東郷との会談以後、この交渉から姿を消してしまうのは、この問題をめぐるリッペントロップとの意見の対立が頂点に達して、この日を最後にラウマーがリッペントロップに絶縁状をおくり、リッペントロップのもとを去ったからである。

余談にわたるが、昭和四十六年（一九七一）五月二十二日、筆者はこのラウマーをニュルンベルクに近いエアランゲン（Erlangen）の自宅に訪ねたことがあるが、「東郷はセンチメンタルなところが微塵もない、じつに手ごわい交渉相手であった」と語るラウマーのことばが、記憶にのこっている。「センチメンタル」ということばは、大島陸軍武官との対比で使われたものである。この代償をめぐる東郷との交渉がきっかけになって、リッペ

ントロップはリッペントロップ機関以来の側近であり、助言者であった人物を失うという犠牲を強いられたわけである。(16)

公刊されたドイツ外務省の記録によってみるかぎり、リッペントロップがこの交渉における東郷の態度について、大島陸軍武官に不満をもらした最初の機会は、六月十七日である。そのさい大島は、条約による「特恵待遇」の保証というドイツ側の要求に支持を表明し、ドイツ側はこの要求を撤回すべきではないと助言した。(17)つづいて七月五日、ふたたびリッペントロップは大島に東郷についての苦情を申し立て、大島は東京の参謀本部と連絡をとることを約束したが、のちに見るように、この連絡の中には、東郷問題ばかりでなく、いわゆる「防共協定強化」問題もふくまれていたのかもしれない。(18)

この大島の態度に力を得たのであろう、東郷の態度に業をにやしたリッペントロップがとったもうひとつの措置は、駐日ドイツ大使オット(Eugen Ott)に訓令をおくり、直接オットの口から、代償に関するドイツ側の不満を日本政府に申し入れることであった。この問題をめぐる東郷とドイツ側との最後の会談になった七月二十七日に、このことをヴィールから告げられた東郷は、非常に不愉快な様子であったというが、当然であろう。(19)

東郷とリッペントロップ(ないしその代理のラウマーとヴィール)が交渉の席で相対したのは、この経済的代償の問題に関してだけであったから、以上が東郷とリッペントロップとの公的関係の概略である。東郷はリッペントロップの安易な思惑を打ちくだき、リッペントロップは東郷からなんの譲歩も引き出せなかった。先に紹介したドイツ外務省政治局作成の文書(一九四一年十月十八日付)の一字一句は、リッペントロップの胸中を代弁するものであったにちがいない。

この交渉の経過を見ると、なぜこのような「非友好的」な人物を相手にしなければならないのか、ベルリンには東郷とは対照的に、きわめて「友好的」な旧友大島陸軍武官がいるではないか、しかも日本を現実に支配しているのは外務省ではなく、軍部ではないか――そういう感想がリッペントロップの胸中を横切ることがあったとしても、不思議はない。

しかし、この問題、すなわち、東郷更迭の策謀にはなしをすすめる前に、ベルリンに着任した東郷が自分に課していたもうひとつの任務にふれておきたい。この両者は相互に関連し合っているからである。そして、このもうひとつの任務とは、ひとことでいって、大島陸軍武官との「戦い」にほかならない。それは東郷にとって、日独防共協定成立の苦い記憶につながるものであった。

その「戦い」のことを、東郷は五月五日付の廣田外相あての電報の中で、つぎのように述べている。この時期に東郷がベルリンから本省におくった電報はほとんど残っていないので、その意味でも貴重な記録である。以下に引用するのは電報の全文であるが、句読点と濁点は筆者が付した。

第二四七号(部外秘、館長符号扱)

当地大使館附武官ノ行動ハ長キ間ノ因習アリテ、時ニ常規ヲ逸セルコトアルモ、漸次之ガ是正ヲ期シ居ル次第ニテ、詳細事情ハ申進メザリシ次第ナルモ、貴電第一三七号ノ次第アルニ付、当地ノ状況為念申報ス。

独逸側トノ関係ニ付テハ注意ヲ払ヒ来リ、「リ」外相ヲシテ其ノ外相就任後政府間ノ話合ハ同外相ト本使トノ間ニ為スベキ旨言明セシメタル次第ナルガ、之トテ曩ニ申進メタル通リ、独逸側ニ有利ナル場合ハ傍系ノ者ヲ利用スルコト有リ得ベキヲ懸念シ居リタルガ、去ル八日「リ」外相ト支那ニ於ケル日独経済提携ノ件ニ関シ会談ノ際、「リ」外相ヨリ、先方案ハ大島其ノ他トモ既ニ話済ナリ（其ノ以前本件ニ付伍堂中将、武官ト「ラウマー」トノ間ニ両三回会談セル筈）ト洩ラシタルニ付、本使ヨリ、右ハ予テ言明ノ趣旨ニ悖ル次第ニアラズヤト突込ミタル処、「リ」ハ伯林ニテハ日独協定ノ際ノ旧キ慣習モアリ、又其ノ後前大使ノ時ニハ自分トノ重要ナル会談ニハ大島武官常ニ同席セル次第モアリトテ、種々弁解ガマシキ言ヲ為セルニ依リ、旧キ慣習ハ自分ノ関知スル所ニアラズ、総テ貴方言明ノ通リ実行セラレンコトヲ期待スルモノナル旨述ベタルガ、先方ハ之ヲ首肯セリ。依テ前顕貴電ノ件モ、適当ノ機会ニ先方ノ注意ヲ喚起スルコトトスベシ。但シ支那ニ於ケル日独経済提携ノ件ニ付テハ、右様ノ成行アル為、先方ニテハ其ノ主張ガ容易ニ容レラルルガ如キ感想ヲ有シ居ルコトハ注意スベキ事実ナリ。

尚武官ノ行動ニ付テハ内部ニテモ引締ムル必要アルハ勿論ノ儀ナルニ付、去ル一日大島来館ノ際、本使ヨリ、主トシテ軍事関係ノコトハ武官ヨリ独側軍事当局ト接触ヲ為スコト勿論差支ナキモ、夫レ以外外交問題ニ付テハ外交当局間ニ之ヲ一任スルコト当然ニシテ、其ノ間他者ノ介在ハ面白カラザル結果トナルノミナラズ、本使トシテハ之ヲ承認スルヲ得ザル旨説示シタル処、大島ハ右ハ当然ノ儀ナルガ、唯時ニ参謀本部ヨリ軍事以外ノ事項ニ付テモ（在本邦独大使後任ノ件及植民地問題ニ対スル独側意向嚮合ノ如キヲ例示シ居リタリ）命令ヲ受クルコトアリテ、自分モ立場上困惑セル次第アリタルモ、貴使ノ所言ハ当然ノ筋道ナルニ付、自分モ自今充分注意スベキ旨述ヘタリ（了）。[20]

冒頭に出てくる廣田からの「貴電第一三七号」は現在のこっていないが、すでにベルリンと東京を結ぶ線上ではじまっていた東郷の更迭、大島の大使任命を目差す策謀に言及したものであったのかもしれない。ここで言う

「日独経済提携ノ件」とは、すでに紹介した経済的代償をめぐるドイツ側との交渉のことであり、この交渉の背後で大島などが暗躍し、リッベントロップに助言と支援をあたえていたことはすでに見たことである。さて、大島はこの電報の最後のくだりが述べているような意味で、じっさいにその行動をつつしんだのであろうか。

この電報からも読みとれるように、あきらかにリッベントロップは、日独防共協定以来の「旧キ慣習」が今後も継続することを期待していた。その「旧キ慣習」は武者小路公共前大使によっても承認されていたのだから、東郷によっても尊重されないはずはないと、リッベントロップは信じていたふしがある。そして、この「旧キ慣習」とは、リッベントロップにとって、なによりもまず、旧知の大島陸軍武官が政治活動ないし外交活動をおこなうことを、大使が黙認あるいは追認することを意味していたはずである。

しかし、かかる「旧キ慣習」こそ、東郷が打破しなければならないと信じていたものであった。この「旧キ慣習」を放置したことが、日独防共協定の成立を招いたというのが、東郷の信念であった。「旧キ慣習ハ自分ノ関知スル所ニアラズ」、そう東郷は四月八日の会談でリッベントロップに申し入れたというが、東郷はすでにおなじ趣旨の発言を二月二十二日、すなわち、外相に就任したリッベントロップとの最初の会談でもおこなっていた。

この二月二十二日の会談で、リッベントロップがはやくも経済的代償の問題を持ち出したことは、前にふれたが、これに対して東郷は、この代償の問題をふくめて、ドイツ政府と経済交渉をおこなう正式の権限を持っているのは、自分であって、当時ドイツに滞在中の伍堂卓雄海軍技術中将ではないと、はっきりリッベントロップに念を押したのである。(21)

林銑十郎内閣（昭和十二年二月—六月）の商工大臣という経歴をもつ伍堂は、そのころ日本政府がドイツに派遺した国民使節団の団長として、前年の十一月からこの年の四月までドイツに滞在していたが、後年の伍堂の証言によると、東郷の前任者の武者小路公共は、伍堂が「予備交渉」、すなわち、日独経済協力に関連するさまざまな交渉の予備的段階を担当することを、正式に承認していたという。[22] そして、リッペントロップは、おそらく代償の問題も、この伍堂との交渉によって、有利な解決にもってゆく手筈でいたのであろう。

東郷はその可能性を封じてしまったわけである。これは、武者小路前大使時代の「旧キ慣習」がもはや通用しないことを、リッペントロップに宣言したにひとしかった。この場合、東郷に活動を止められたのは、大島ではなく、伍堂であったが、その意味するところはおなじであった。東郷は外相リッペントロップとの最初の出会いにおいて、伍堂の資格の問題に托して、自分が前任者とはちがうことを、リッペントロップに明確に告げたのである。

「旧キ慣習」の中には、つぎのようなこともあったらしい。法眼晋作（当時大使館外交官補）によると、東郷が着任したころの大使館では、武者小路大使時代の遺産として、元来関係者以外の入室が禁じられている大使館の電信室に、陸海軍武官の補佐官などが自由に出入りし、本省からおくられてくる「館長符号」ないし「館長符号扱」の重要電報に勝手に目を通す、というような乱脈な状態がつづいていたという。[23]

東郷はこの点についても、さっそく綱紀の粛正をはかったらしく、その結果陸海軍武官の側から、東郷になってから外務省からの重要電報を「兎角見せることを渋り」という反撥がおこり、それは東郷を非難する声となって、陸海軍武官から東京へも打電されることになった。[24]

こうして見てくると、東郷の「旧キ慣習」との「戦い」がひきおこした波紋のひろがりが、しだいに鮮明になってくる。先に見た経済的代償に関する交渉の経過をまたずとも、すでに東郷はリッペントロップにとって、意のままにならない人物であり、これはおなじく陸海軍武官がいだいた感想であったにちがいない。東郷の「挑戦」にたいして、「旧キ慣習」を温存しようとする側は、ただちに反撃を開始したが、それは陰険な性質のものであった。

首藤安人（当時大使館商務書記官）の後年の証言によると、東郷がベルリンに着任してからまだ約三カ月、すなわち、「三月か四月頃、大使館付海軍武官（小島秀雄）は、海軍省へ日独協力関係増進を必要とする此際、独逸外務大臣と折合いの悪い東郷大使を留任せしむることは帝国のために採らざる処なりと強調し、大使を独逸より追出さんとする趣旨の電報を打ちました。其の電報には陸軍武官（大島浩）と打合済みと書いてありました。」というが、これは事実であろう。首藤らがこの小島の電報の内容を知ったのは、後日それが外務省から東郷へ転電されてきたためだという。(25)

この首藤の指摘する小島の電報と対応するごとく、「原田日記」（『西園寺公と政局』）の四月中旬（四月十六日頃）の項に、すでに東郷更迭の策謀がはじまったことをつたえる、つぎの記述が見える。

「海軍の者の話によると、『参謀本部では目下ベルリンの大使館附武官の大島少将を大使にする策動をしきりにやってをって、そのために東郷大使を追ひ出そうとしてゐる』といふことである。それは東京のドイツ大使館付武官オットー少将が駐日大使に栄転したので、結局日本の陸軍もさうしたいといふ運動なのである。(26)」

「原田日記」がつたえているように、この策謀はオットの大使任命を利用してすすめられたものだが、それはベルリンでつぎのような経過をたどった。

まず、二月上旬、国防軍首脳と外相の更迭がおこなわれ、外相に駐英大使リッベントロップが就任した。その結果、駐英大使が空席になったが、まもなくリッベントロップは、自分の後任として、駐日大使ディルクセンの起用をヒトラーに進言することを決めたようである。当時ディルクセンは休暇のため帰国の途上にあったが、東京を発つ直前にディルクセンがドイツ外務省におくった報告（一月二十六日付）と電報（二月五日付）は、リッベントロップの対日政策を支持するものであり、満州国の承認、在中国ドイツ軍事顧問団の引揚げ、中国への武器輸出の停止をつよく勧告していたからである。このディルクセンの意見具申は、ヒトラーの前に提出され、つづいて二月二十日、ヒトラーによる満州国承認の声明となった。こうして、今度は駐日大使が空席になることになったわけである。(27)

つぎに、三月十七日、ヒトラーが腹心の国防軍参謀総長カイテル（Wilhelm Keitel）に、駐日陸軍武官オットを外交官として活用することはできないものかという指示をあたえ、これをリッベントロップにとりつぐことを命じた。これは、オットがかつてワイマール共和国の最後の首相であり、その後ナチによって暗殺されたシュライヒャー（Kurt von Schleicher）将軍の副官をつとめた前歴があるため、オットを本国に呼びもどし、国防軍の要職につけることは政治的な理由で不可能であるというカイテルの説明にたいする、ヒトラーの答えであったようである。オットが日本の参謀本部と緊密な関係にあることをヒトラーが高く評価していたこと、それゆえ外交官としての活用というのが、駐日大使に任命することを意味していたことは、まずまちがいないが、まだこの段階では、ヒトラーは大使任命に先立ってオットを帰国させ、直接オットの意向などを打診するつもりでいたようである。(28)

これに関連したもうひとつのドイツ側の記録は、当時外務省でリッペントロップの秘書官長をしていたエーリッヒ・コルト（Erich Kordt）の回想録の記述である。それによると、このヒトラーの指示を聞いたリッペントロップは、ただちに「総統は陸軍武官オイゲン・オット将軍を大使に任命することを望んでいる。プロトコールという点で問題はないか」とコルトにただし、これでオットの大使昇進は決まった模様である。

つづいて、コルトは、「おそらくヒトラーは、ドイツの陸軍武官を大使に昇進させるという先例（Präzedenz-fall）をつくれば、日本もそれに見習うことを計算に入れていたものと思う。じじつ、数カ月後に大島が駐独大使に任命され、その通りになったのである。」(29)と書いているが、オットの昇進と大島の昇進とを連動させるという着想がヒトラーから出たものだとしても、この着想が実を結ぶためには、それを推進する人物がいなければならない。

ここで筆者はオットから、類似の、しかし性質を異にするはなしを聞いたことを思い出す。昭和四十六年（一九七一）五月二十一日、ミュンヘン郊外のトゥツィング（Tutzing）という町の老人ホームで療養中のオットを訪ねたときのことであるが、オットはつぎのように語った。大島は大使になることを希望しており、もしドイツ側が先に陸軍武官を大使にしてくれれば、日本政府はそれに見習うことをドイツ側につたえ、その結果自分は大使に任命され、やがて大島の大使昇進も実現したのである、と。四月一日付で駐日大使に任命されたオットは、打合せのため帰国を命じられ、五月下旬にベルリンにもどっているから、この大島の動きを耳にしたとしたら、そのときのことであろう。大使に任命されたときは、オットはまだ東京にいたのである。(30)

これにたいして、大島と大島の弁護側は、東京裁判において、一貫してこれと反対の趣旨の発言をしている。

すなわち、大島は自分で大使になるつもりは毛頭なく、現役の軍人としてとどまることを希望していたのだが、参謀本部のつよい要請によって、やむなく大使就任を受諾したのである、と。[31]

しかし、このおなじ昭和十三年（一九三八）に発生し、東郷をまったく排除してすすめられた別の重要な問題について、大島が東京裁判のさいに事実に反する証言をおこない、巣鴨拘置所から出所後、大島自身がそのことを認めたことが、今日ではあきらかになっている。それは、「防共協定強化」問題、すなわち、日独伊三国軍事同盟条約交渉の発端に関してであり、これをリッペントロップと大島の二人のうちの、どちらが先に切り出したのかという点をめぐってであるが、東京裁判での大島は、これがこの年の一月、まずリッペントロップから提案されたと証言したが、じつはそうではなく、これを最初に提案したのが大島であったこと、そして、その時期はこの年の七月上旬であったことが、その後あきらかになったのである。[32]

このおなじ時期にかかわり、しかも相互に無関係ではない問題についての大島の偽証を念頭に置くと、東郷更迭問題に関連した大島の証言についても、疑惑が生じてくる。つまり、「先例」をつくることをまず持ち出したのは、じつは大島であったというオットの後年の談話も、そう簡単には無視できないことになるのである。

事実はオットの言う通りであったのかもしれないし、あるいはそうではなく、ヒトラーの着想が先行したことなのかもしれない。仮りに大島が先に持ち出したのだとしても、それはヒトラーにたいしてではなく、おそらく旧友リッペントロップにたいしてであろうが、その場合にも、東郷が意のままにならない人物であることを知った二人のあいだでの、「自分が大使であれば」、あるいは「君が大使であれば」といったたぐいの、どちらが先に切り出したとも断定できないような雑談ないし放談のひとこまとして登場してきたことなのかもしれない。

しかし、着想の出所がどこであれ、重要なことは、三月十七日のヒトラーの指示以降、オットの大使昇進を「先例」として利用する策謀が、急速に実現に移されていったことである。

前にふれたように、元来ヒトラーは大使任命に先立ってオットを帰国させるつもりでいたようだが、そうはならず、二週間後の四月一日にオットが正式に大使に任命されているのも、この「先例」という意識がリッペントロップにあったからであろう。なお、帰国の途上、ディルクセンがエジプトで駐英大使任命のしらせをうけたのも、ほぼ同時である。

他方、首藤の指摘する三月ないし四月の小島の電報といい、「原田日記」の四月中旬の項がつたえる参謀本部の動きといい、三月十七日を起点にして考えると、いかにも迅速であって、ドイツ側と日本側との共謀を匂わせている。そもそも「先例」を利用するといっても、日本側の積極的な協力がないかぎり、実現は不可能なわけである。

この共謀の中心に立つ人物として、筆者はリッペントロップと大島の組合せしか思いつかない。オットの後年の談話に誇張があるとしても、大島がこの共謀と無縁であったとは、考えられないことである。

四年におよぶ駐在武官の経歴、その間にドイツで培った名声、さらにリッペントロップとの特殊な個人的関係などを背景にして、大島がベルリンで築き上げた「厚い壁」が、東郷の前に立ちはだかったのである(33)。

六月初頭、第一次近衛文麿内閣の陸相が杉山元から板垣征四郎にかわると、この策謀にいっそう拍車がかかったようである。のちに板垣は日中戦争の解決よりも、日独提携関係の強化にいっそう熱心であったと評される人物である。なお、その直前に、陸軍次官が梅津美治郎から、大島と親しい東條英機にかわり、また外相が廣田弘毅から宇垣一成にかわっている。「原田日記」の六月二十一日の項に、つぎの近衛のはなしが引用されている。

「伍堂中将が国民使節としてベルリンに行って、日独経済協定のためにしきりに奔走し出してゐるが、勿論これには陸軍の大島中将も参加してゐた。ところが東郷大使は、それは当然外交の一部としてやらなくちゃあならないといふので、途中から自分の方にその問題を引取ったといふのが、まあ謂はば陸軍側及び伍堂中将なんかの非常な不平になった。その上かねてから『東郷を代へてくれ』といふ要望があり、参謀本部は大島大使館附武官を大使にさせたいと内々思ってゐた。この前にも話したやうに、東京駐在のオットー（Eugen Ott）といふ武官が、駐日ドイツ大使に昇進したので、陸軍はそれと同様にしきりに大島中将を駐独大使にしたがってゐるわけだ。で、その問題を板垣陸軍大臣から宇垣外務大臣に話してみたけれども、なか〳〵さう急に行くもんではなく、宇垣外務大臣にもまた相当考もある。ところが板垣は、返事をしないといふので、『宇垣外務大臣はすべてのことがのろい』と非常に憤慨して話してゐた。(34)」

宇垣新外相は陸軍側の要求に容易に屈しなかったが、その後の経過については、成田勝四郎（当時大使館三等書記官）の手紙（昭和十三年十二月六日付）が要を得ている。成田は東郷のモスクワ転出とほぼおなじ時期に、ベルリンから新京へ転勤になるが、その途中で東京に立ち寄り、「最確実なる方面より伝承する処」を、モスクワの東郷に書きおくったのである。句読点は筆者が付した。

「大使更迭に付ては、在英大使の人選（吉田茂の後任）最困難にて、宇垣氏は『東郷大使にロンドンに行って貰ふと好都合だが、さうすれば大島の昇格問題起る故困る』云々と洩したることもあり、又軍部に駐独大使更迭問題起りたる際も、『現大使は何も失敗してゐないのだから換へる必要は無い』と云居りたる由なるも、笠原（幸雄陸軍）少将、小島（秀雄海軍）武官等より、『東郷大使は独逸官辺の気受け頗る悪く、リッペンの如きは東郷大使を相手とせず』とか、『チェコ問題に際し友邦大使は何れもミュンヘンに赴きたるも、東郷大使のみ動かず、大島はリッペン私用の飛行機の提供を受けてミュンヘンに赴けり』等の悪宣伝電報来り居り、一方その交渉（「防共協定強化」問題）の為大島を起用すべしとの論起り、外務省内の若手にも呼応する者あり、遂に軍部の圧迫勝を占めたるものの如く、伯林よりの大島の欠点を指摘したる諸電の如きは、殆んど外務省幹部の利用する処とならざりし憾有之候。[35]」

ここで「外務省内の若手にも呼応する者あり」と言われているのは、つぎのような事情のことである。たとえば七月三十日、昭和七年（一九三二）前後に入省した八名の少壮事務官、東光武三、三原英次郎、中川融、牛場信彦、青木盛夫、甲斐文比古、高瀬侍郎、高木広一は、宇垣外相を大磯の私邸に訪ね、外務省人事の刷新と外交政策の転換について、強硬な申し入れをおこなったが、前者は当時の外務次官堀内謙介にかえて、公使として待命中の白鳥敏夫の起用を要求するものであり、後者はその直前にはじまった宇垣と駐日イギリス大使クレーギー（Robert Craigie）との会談の中止を迫るものであった。かれらの立場は、「蔣（介石）政権潰滅、防共枢軸の強化、及在支英仏蘇の政治的勢力の排除」ということばがしめすように、日独伊提携関係の強化を最優先の外交課題と見なす「枢軸派」のそれであり、かれらが擁立しようとしていたのが、白鳥である。[36]

この白鳥擁立運動についていえば、八月末に近衛首相も白鳥の外務次官起用を宇垣にすすめたというが、宇垣

はこれを好まず、やがて九月下旬、白鳥は駐伊大使に任命されることになるのである。(37)

しかし、その直後に興亜院設置問題などが理由になって、宇垣が外相を辞任すると、今度は白鳥を外相に起用せよという運動が外務省内からおこり、これもけっきょく成功しなかったが、このとき白鳥外相の実現を目差して、近衛首相のもとに提出された「連判状」には、「約五十名」もの外務省事務官の署名があったという。(38)

成田の言う「外務省内の若手にも呼応する者あり」とは、このような情勢、すなわち、「枢軸派」ないし白鳥擁立派の発言力の増大を指すものであり、そのため東郷の更迭、大島の大使昇進という陸軍の策謀にたいしても、「外務省幹部」は無力であったことを物語るものである。

この陸軍の策謀についての情報がベルリンにつたわってきたのは、初夏のころ、五月から六月にかけてであったという。これを友人の陸軍武官補佐官山県有光から最初に耳打ちされた法眼晋作は、ただちに東郷にこれをつたえ、東郷はさっそく受話機を取り上げて、堀内外務次官に抗議の国際電話をかけたというが、前述のような情勢では、はかばかしい返答は得られなかったであろう。(39)

この陸軍の策謀に憤激した大使館員の昌谷忠(当時大使館一等書記官)、成田勝四郎、首藤安人、法眼晋作らは、それぞれの知己をたどり、東郷支援を訴える運動をおこしたが、策謀をくつがえすにはいたらなかった。たとえば成田は岳父の佐藤尚武元外相に事態の急をしらせ、応援を求めたというが、佐藤が八月六日に宇垣外相を訪ね、つぎのように申し入れているのは、佐藤自身の見識をしめすとともに、成田らの運動にたいする支援の意味もこめられていたのであろう。(40)

「それ（大島を大使にすること）は絶対によくない。外国から見れば、貴下は陸軍大将であって、陸軍大将が外務大臣をしてゐるだけでなく、他の閣僚にもかなりたくさん陸軍や海軍の大将がゐる（内相末次信正海軍大将、文相荒木貞夫陸軍大将）。そこへもって来て、またドイツの大使に現役の士官を持って行くことになると、どうしてもこれは日本の外交はやっぱり軍部に動かされてゐるといふことになる。まあそれに違ひないけれども、さういふことになっては、これまででさへ非常に警戒してゐる外国は更に強い警戒を始める。それからオットーは向ふの陸軍少将で、今日駐日ドイツ大使となったけれども、これはナチス派の者であるからできたのである。オットー大使が陸軍の軍人であるといふことと、今日日本の陸軍中将の大島が駐独大使となるといふのとでは、全然性質が違ふ。[41]」

宇垣は、このときはまだ大島の大使昇進に同意のけはいを見せなかったというが、九月に入ると、ついにそれを承認するにいたった。「原田日記」の九月三日の項に、つぎの近衛の談話が引用されている。

「宇垣外務大臣はいよ〳〵人事に手をつける。（中略）結局重光（葵駐ソ大使）をロンドンに持って行き、東郷をソヴィエトに、さうしてドイツは大島陸軍中将を予備役に編入して、改めて大使に任ずる。[42]」

この宇垣の決定と、八月二十六日の五相会議（近衛首相、宇垣外相、板垣陸相、米内光政海相、池田成彬蔵相）の決定、すなわち、「防共協定強化」問題を日独政府間の正式交渉に移すという決定とは、不可分の関係にあると思われる。

七月上旬、まず大島陸軍武官からこの問題がリッペントロップ外相に持ち出され、つづいて七月十二日、リッペントロップは対象をソ連に限定せず、英仏をも対象にふくむ包括的な日独伊三国軍事同盟条約案を大島に提示したが、当時ドイツに出張中で、このリッペントロップ案を携行して帰国した笠原幸雄（当時陸軍少将）の後年の証言によると、この案に関して、リッペントロップは、まず「日本の軍部の意向」が知りたいこと、つぎにこの案を東郷にしめした場合、「反対する虞れがある」から、東郷にはしめさないでもらいたいこと、この二点を大島に申し入れたという。それればかりでなく、八月五日に東京に帰った笠原の口から、東郷が「独逸政府首脳部」、とくにリッペントロップと「折合いが悪い」ことも、宇垣につたわっていたのである。なお、笠原は宇垣の義弟であった(43)。

やがて笠原の携行したリッペントロップ案をめぐって、対象をソ連に限定しようとする立場（外務と海軍首脳部）と、リッペントロップ案を支持する立場（陸軍と海軍事務当局）とのあいだで対立が生じるが、けっきょくこの相違点についての最終的な詰めを欠いたまま、八月二十六日の五相会議は、この問題を政府間交渉に移すことを決定するのである。

なお、日本の軍部がどれほどリッペントロップの意向に忠実であったかは、笠原の東京到着が八月五日であるにもかかわらず、陸海軍側がリッペントロップ案について、外務事務当局に正式に連絡してくるのが、八月二十三日であったことからもわかるが、そのさいにも、影佐禎昭（陸軍省軍務局軍務課長）と井上庚二郎（外務省欧亜局長）のあいだで、「陸軍軍務課長より東郷大使には連絡せざる様駄目を押す。欧亜局長之を約諾せず。但し連絡する場合には相談すべしと約す。」というやりとりがあったほどであるという(44)。

この問題に関して、東郷はベルリンといわず、東京といわず、軍部、とくに陸軍から全面的に忌避されていた感があるが、その源をたどってゆくと、リッペントロップと、その協力者大島にゆきつかざるをえないのである。

このようないきさつを背景にして、「防共協定強化」問題を政府間交渉に移すことを決めた以上、宇垣はもはや東郷をベルリンに留めておくわけにはゆかないと判断したのであろう。

ここで、この「防共協定強化」問題をふくめて、日独伊三国軍事同盟と東郷との関係についての、東京裁判休廷中の大島の発言にふれておきたい。

それは重光葵の『巣鴨日記』の昭和二十三年（一九四八）四月二十日の項に引用されている、大島の談話のことである。この日付がしめすように、巣鴨拘置所内で、重光が大島を訪ね、大島からつぎのはなしを聞き出したのは、東京裁判が判決準備のため、一時休廷に入った直後のことである。筆者の知るかぎり、東郷が三国同盟に賛成であったという説は、この重光の『巣鴨日記』が紹介している、大島の談話だけである。

「大島前大使は曰く、東郷氏は伯林に於て三国同盟に賛成の意見を度度表示して居る。最後の時もモスクワから蘇聯と中立条約を結ぶことを前提として三国同盟に賛成して居る。東郷氏が終始独逸に反対して居たと云ふことは何人も信用せぬ、事実は反対であった云云。」(45)

しかし、その大島は、東京裁判の法廷では、これとちがった趣旨の証言をしている。大島は、まず、三国同盟に関して、東郷から「不賛成の印象を私は得ておりました。」と述べ、つづいて、「私が東郷氏から得た印象は、英仏の方まで拡げるということに不賛成であるということは、確実に私は申し上げることができます。」と語り、それでは対象をソ連に限定する場合、東郷は賛成ではなかったのかという検察側の追求にたいして、「それだけはっきり私は申し上げるだけの協議、もしくは東郷氏の意見を聴いておりません。」と答えている。おなじ大島の証言によれば、ベルリンで大島がこの問題について東郷とことばをかわしたのはただ一度だけ、つまり、政府間交渉に移すという訓令が両者に到着した直後の九月初頭、大島が東京からの訓令にしたがって東郷を訪問し、七月以来の事実の経過の概略を説明したときだけであるという。そして、そのときにも、東郷の意見をきいたわけではないから、自分は「印象」という表現を使用するのであると、大島は説明している(46)。

大島が三国同盟に関連する二つの重要な問題点、日独防共協定交渉の発端と、「防共協定強化」問題の発端について、東京裁判で偽証をしていたことは前にふれたが、東郷と三国同盟との関係に関するかぎり、大島の法廷での証言が真相を語っていると思われる。東郷のモスクワ時代のことは、のちにふれるが、東郷のベルリン時代については、もはやこれ以上の補足は不要であろう。なぜ大島が休廷中に前述のようなことを重光に語ったのか、理解に苦しむ。

東郷が「防共協定強化」問題について、はじめて正式な連絡をうけたのは、八月三十一日付の宇垣外相の電報によってである。それにすぐつづいて、モスクワ転勤を求める宇垣の電報がとどいた。東郷は前者にたいしては反対の意見を表明し、後者にたいしてはベルリン駐在の継続を希望したが、無益であった。

東郷のベルリン着任後わずか三カ月ではじまった東郷更迭の策謀は、やがて「防共協定強化」問題が登場するにおよんで、実現を見ることになった。こうして東郷の駐独大使時代は、十カ月でおわった。

「当時の余の立場は稍《やや》奇異であつた。莫斯科（モスクワ）の地位は余の多年の宿望であつた。又余は伯林（ベルリン）に於て普通の意味で成功したとは云へない。然し余の伯林よりの転任は、余が恐れ、余が戦つた情勢の発展に便ならしむることは明らかで」あったので、自分は三国同盟計画を阻止するために、もうしばらくベルリンに留まりたかったと、後年東郷は述べている。[47]

十月二十七日の深夜、東郷はフリードリッヒ・シュトラーセ停車場から出るモスクワ行きの国際列車で、ベルリンをあとにした。[48] ポーランドのワルシャワを通過するさい、欧亜局長時代からの旧知森元治郎（当時同盟通信ワルシャワ特派員）が、駅頭で見送ってくれた。十月二十九日、東郷はモスクワに到着した。[49]

四　駐ソ大使（昭和十三年十一月－昭和十五年十月）

ドイツ外務省政治局作成の文書（一九四一年十月十八日付）が物語るように、[50] 東郷はナチ・ドイツ政府にとって、いわば「好ましくない人物」（persona non grata）としてベルリンをあとにしたわけだが、それとはまことに対照的に、このときからちょうど二年後、「松岡人事」によって帰国を命じられ、昭和十五年（一九四〇）十月にモスクワを去るときには、東郷はソ連政府にとって「好ましい人物」（persona grata）であったという評判が、モスクワの外交団のあいだで話題になった。

モスクワ駐在のアメリカ大使スタインハート（Laurence A.Steinhardt）は、東郷が離任の直前の十月八日に大使公邸で催した午餐会に、外相モロトフ（V. M. Molotov）、貿易相ミコヤン（A. I. Mikoyan）などが出席した事実に注目し、さらにモスクワのドイツ大使館員（「わたしの情報提供者」）から得た情報として、つぎのような報告を国務省に送った。

「わたしの情報提供者は、東郷はソ連政府にとって『好ましい人物』（persona grata）であったのだから、この時期に大使を交替させるのは日本政府の誤りであると語った。[51]」

このドイツ大使館員は、スタインハートの報告の前後の記述からみて、当時のドイツ大使シューレンブルク（Friedrich Werner von der Schulenburg）の側近のひとりであったと考えてよく、ここで語られていることは、おそらくシューレンブルクの意見を反映したものであろう。そうだとすれば、これは昭和十一年（一九三六）十月からモスクワに駐在し、とくに前年八月の独ソ不可侵条約以来、ソ連政府首脳ともっとも接触の多かった外国大使の観察として、軽軽に看過しえない情報といわなければならない。

このシューレンブルクは、モスクワに駐在する外交団の中で、東郷とその家族がとくにしたしく交際した人物であったこと、のちに対ソ開戦（一九四一年六月）につよく反対し、やがて反ヒトラー抵抗運動に加わり、ヒトラー打倒後のドイツ政府の外相に擬せられたこともあったが、ヒトラー暗殺計画（一九四四年七月）の失敗後、逮捕され、四カ月後に銃殺刑に処せられたことを付け加えておこう。[52]

東郷とモロトフとのあいだの通訳をつとめた野口芳雄（当時大使館二等通訳官）によると、スタインハートが注目した午餐会は三時間半もつづき、モロトフ、ミコヤンなどのソ連政府要人がこれほど長時間外国大使公邸に居つづけるのは異例なことなので、アメリカのUP、APなどの通信員は、日ソ間で「重要な協議」がおこなわれているのではないかと、疑ったほどであったという。「重要な協議」とは、独ソ不可侵条約につづいて、日ソ間にも不可侵条約の如きものが締結されるのではないかという、当時英米側がいだいた疑惑のことを指している。

この午餐会は、それに先立って、モスクワの迎賓館でおこなわれたソ連政府主催の東郷送別の宴にたいする答礼として催されたものだが、やはり野口によると、この送別の宴の席で、モロトフは通訳の野口の耳に口を寄せ、他の出席者にはきこえぬような小さな声で、「自分は長い公的生活の中で、貴下のように自国の利益を頑強に擁護する人物に出会ったのははじめてである。自分は貴下をすぐれた外交官としてばかりでなく、人間として尊敬する。」という賛辞を東郷に呈したという。(53)

なぜこういうことがおこったのか。モロトフの賛辞の意味は何であったのか。

もちろん、ソ連政府要人の発言の「真意」は測りがたく、その発言を額面通り受けとることには危険が伴うが、たしかなことは、東郷が大使としてモスクワに在勤した二年間、正確には最後の一年間に、昭和十一年（一九三六）十一月の日独防共協定以来、険悪な空気がたちこめていた日ソ関係に顕著な改善のあとが見られたばかりでなく、のちにくわしくふれるように、東郷の手による日ソ中立条約成立の可能性もあったことである。

東郷の時代に日ソ関係がこのように推移した理由は、大使としての東郷の力量と、独ソ不可侵条約によって象徴される、ソ連外交政策の転換と模索、この二つの要因の複合によるものと思われるが、以下、主として前者に力点を置きながら、はなしをすすめてゆきたい。

モスクワは東郷にとって「宿望の地」であったが、そこで東郷を待っていたのは、当時の外相リトヴィノフ（Maxim Litvinov）との、翌昭和十四年（一九三九）四月までつづく難航をかさねた漁業交渉である。東郷は着任早々の十一月十一日、漁業協定の締結をいそぎたいとリトヴィノフに申し入れ、つづいて十一月二十八日、両者の二度目の会談がおこなわれ、リトヴィノフは日本はポーツマス条約を侵犯しているのだから、この条約をたてにとって北洋漁業権を主張することはできない、いくつかの条件を附した一年間の暫定協定ならば交渉に応じてもよいと切り出し、東郷は日本はポーツマス条約を侵犯していない、一年間の暫定協定というソ連案は一方的にすぎると切り返し、はやくもはげしい議論の応酬がはじまっている。(54)

当時大使館参事官として東郷を補佐し、この漁業交渉に参加した西春彦によると、この年のソ連側の態度は例年になく強硬で、通常前年の漁業協定を一年延長するというかたちで、十二月末に交渉がおわるのに、この年の交渉妥結は翌年四月に持ちこされ、辛うじて出漁期に間に合う状態であったという。そして、その間、東郷はリトヴィノフに向かって、「あなたと話しするのは嫌いなんだけれど、あなたが外務大臣だから、しかたなく話しするのだ」と言い放ち、リトヴィノフもこれにこたえて、「自分もそうだ」とやりかえす場面もあったというから、その難航ぶりが想像される。(55)

この漁業交渉の末期のころのことであるが、ソ連の外交政策転換のきざしを指摘するドイツ外務省記録のひとつに、東郷夫人の名前が登場してくる。それは、三月二十日付で、モスクワのドイツ大使館参事官ティッペルスキルヒ（Werner von Tippelskirch）からドイツ外務省政治局東欧課長シュリープ（Martin Schliep）におくられた書簡の中の、つぎの一節である。

「現在のソ連政府の態度は、ともかく注目に値いする。スターリンが党大会（三月十日）で、ドイツについてじつに控え目なことばで語ったことは、われわれをおどろかせたが、いっそうおどろくべきことだと思うのは、日本大使夫人に語ったリトヴィノフのことばである。東郷夫人はこれを極秘の情報として、わたしに知らせてくれたのである。リトヴィノフは東郷夫人につぎのように語ったそうである。まず、ベルリン駐在の日本大使（大島浩）による日独伊三国軍事同盟交渉が、独伊の態度のために行き詰まったことを自分はくわしく知っていると述べ、つぎに、この点に関連して、独伊はソ連との関係の調整に乗り出そうとしていると述べたそうである。このリトヴィノフの発言の本来の狙いは、日本にたいする圧力であり、漁業交渉における日本側の威嚇的な言辞にたいする反撃であると思うが、仮にそうだとしても、わたしはこのリトヴィノフの発言を見過ごすわけにはゆかない。[56]」

このように述べたティッペルスキルヒは、前年末に開始されたが、一月以来中断されたままになっている独ソ経済交渉を再開する意味があるのではないかと、ことばをつづけてゆくのであるが、この報告の前後におこった事件を年表風にならべてみると、なぜティッペルスキルヒがこのリトヴィノフの発言を重視したかが、あきらかになる。

三月十日、スターリンは第十八回ソ連共産党大会で、ソ連は英仏のために火中の栗を拾うような真似はしないと述べたが、これは五月三日のモロトフの外相就任とともに、ソ連の外交政策転換のひとこまとして、よく引用される演説である。三月十五日、ヒトラーは前年九月のミュンヘン会談での英仏との合意を破って、プラハ進駐を決行し、チェコスロヴァキアを解体した。ヒトラーのつぎの征服目標がポーランドであることは、ほとんど疑いの余地がなかった。三月二十一日、ドイツはポーランドにダンチヒの割譲を要求し、三月二十六日、ポーランドはこれを拒否した。つづいて三月三十一日、ヒトラーにたいする「宥和政策」の破産を確認したイギリス首相チェンバレン（Neville Chamberlain）は、ポーランドにたいする軍事援助の保障を声明した。

他方、前年の秋以来の日独伊三国軍事同盟条約交渉は、対象をソ連に限定しようとする日本政府と、英仏をも対象に含めようとする独伊側（および、これを支持する現地の大島駐独大使と白鳥敏夫駐伊大使）との対立が依然としてつづき、やがて日本政府の態度に不満をいだいた独伊側は、五月二十二日、日本を除外した同盟条約、いわゆる「鋼鉄の条約」（Pact of Steel）を締結した。

こうしてみてくると、リトヴィノフの発言の中でもっとも注目をひく箇所は、「独伊はソ連との関係の調整に乗り出そうとしている」と述べているくだりであり、これは「独伊」の意向に仮託して、独ソ接近の可能性を示唆したことばとして読むことができる。三月十日のスターリンの演説を引き合いに出していることからみても、ティッペルスキルヒがそう受けとったことはまちがいない。

この時期から八月二十三日の独ソ不可侵条約成立にいたる、英独ソの三国の利益と政策が複雑に錯綜した経過に立ち入る余裕はないが、三月二十日という早い段階での、この予言的ともいえるリトヴィノフの発言のことは、『時代の一面』には記されていない。(57)

ティッペルスキルヒは、おなじ書簡の中で、「一昨日」、すなわち、三月十八日に「日本側の同僚」（東郷か西であろう）に会ったとき、漁業交渉は依然続行中であり、妥結の希望はまだのこされているときかされたと書いているが、交渉妥結は四月二日のことであった。

さて、五月三日、英仏との協調論者と見なされていたリトヴィノフにかわって、モロトフが外相に就任したが、東郷とモロトフとの最初の会談は、五月十二日に満蒙国境のノモンハンで発生した武力衝突をめぐる抗議の応酬ではじまった。まず五月二十一日、モロトフは東郷の来訪をもとめ、外蒙古のノモンハン、ハルハ河方面において、最近日満両軍による侵入が頻繁におこなわれ、そのさい航空機も使用されているので、ソ連政府はソ蒙相互援助条約（一九三六年三月締結）にもとづいて抗議すると述べ、つづいて五月二十五日、東郷はモロトフを訪ね、日本政府はソ蒙相互援助条約を承認しておらず、外蒙古の事件についてソ連側から抗議をうける筋合いではない、今回の事件は外蒙兵の不法な越境によって発生したものであるから、すでに満州国から外蒙古に抗議ずみである、ただし、日本政府は日満共同防衛の見地から、ソ連兵がこの事件に関係しているとすれば、厳重に抗議すると申し入れた(58)。

このノモンハン事件解決のため、東郷とモロトフが本格的に交渉の席で相対するのは、九月に入ってからのことである。それまでの約三カ月の間、両者は北樺太利権や北洋漁業の問題をめぐって、多少の往来があったにすぎない。それにもかかわらず、はやくも七月上旬、モスクワ駐在のイギリス大使シーヅ（William Seeds）が外務省におくった報告の中で、つぎのような予測（「勝負は五分五分」）をしているのは、興味ぶかい。シーヅはすでにノモンハン事件に関する交渉が進行しているものと想定していたようである。この報告はモスクワに駐在する各国大使の横顔をスケッチしたものだが、つぎに紹介するのは、東郷のポートレイトである。

「多少不可解なところのある人物、ときおり東郷の使う英語が理解できないので、余計にその印象をうける。しかし、明敏な頭脳の持ち主であり、信用できる人物だと思う。東郷を取り巻くソ連の空気は猜疑心にみち、到底親しみのもてるものではないが、それにたいして、東郷はいくぶん諦念をまじえた威厳をもって耐えている。相互援助条約交渉をおこなっているフランスの同僚やわたしにとっても、モロトフはじつに厄介な相手であるが、そのモロトフと、蒙古の国境でおこっている武力衝突というような問題で会談せざるをえない東郷の立場を考えると、ぞっとする。もっとも、勝負は五分五分というところかもしれない。というのは、あるときリトヴィノフがわたしに話してくれたのだが、東郷の押しのつよさは情け容赦もないもので、あの強情な古つわもののリトヴィノフも、くたくたにさせられるというのだから。(59)」

「相互援助条約交渉」とは、英仏ソによる対独包囲網の形成をめざして、この年の四月から三国のあいだでつづけられていた軍事交渉のことである。ドイツの対ソ接近とはげしく競合したこの二つの選択のうち、ソ連が最終的にえらんだのは、後者、すなわち、ドイツとの不可侵条約の締結であった。

はなしを東郷とモロトフにもどすと、両者は「頑強に自国の利益を擁護する」点で似ていたばかりでなく、交渉のスタイルという点でも、何か似通うところがあったようである。

前述の英仏ソ三国軍事交渉のために特使としてモスクワに派遣され、ソ連側と折衝したイギリスの外交官ストラング（William Strang）は、モロトフ（および、その影響下に育ったソ連の外交官）と交渉するさいの心得として、つぎのように述べている。

「われわれは、われわれの意図を正確に、余計なことは一切まじえず、文字通り正確に述べなければならない。しかもおなじ表現を使用して、それをくりかえし、くりかえし述べなければならない。われわれの述べていることと、われわれの意図とのあいだに寸分の隙もないことをかれらに納得させるには、これ以外の方法はない。かれらにたいして、いかなる提案をする場合でも、その提案は十分に考えぬかれ、且つ持続的に保持されている外交政策によって、しっかり裏打ちされていなければならず、それに加えて、厳格で疑いぶかく、いら立たしい精神の持ち主によって加えられる、執拗で且つ容赦のない攻撃にも耐えうる性質のものでなければならない。[60]」

東郷とソ連側との交渉の席によく居合わせた太田三郎（当時大使館三等書記官）は、「東郷が頑固に同じことを何回も何回も言うので、通訳官のほうが弱ってしまい、恥かしくて通訳ができなくなったとこぼしていることが、よくあった。じつになんべんでも同じことを言う。」と語っているが、この点などは、まさしくストラングのすすめの見本の如きものであろう。[61]

五月中旬の国境紛争に端を発したノモンハン事件は、その後関東軍の暴走と、これを制止できない陸軍中央の無力のために、関東軍とソ連軍との全面衝突に発展し、やがて八月下旬に開始されたソ連機甲部隊の大攻勢にあって、関東軍は惨憺たる敗北を喫した。独ソ不可侵条約成立後のことであるが、スターリンがこのノモンハンでのソ連軍の勝利にふれて、「これこそがアジア人を理解させる唯一のことばである。」と語ったことが、ドイツ側の記録にのこっている。[62] なお、ソ連軍の大攻勢の開始が八月二十日、そして、独ソ不可侵条約の調印が八月二十三日であるのは、その後の経過を見ると、偶然の符号ではなかったのかもしれない。

ここでノモンハン事件と日本政府および東郷の動きに目を転じると、政府は七月十七日の五相会議(平沼首相、有田八郎外相、板垣征四郎陸相、米内光政海相、石渡荘太郎蔵相)で、「適当な機会」をとらえ、この事件をモスクワでのソ連との外交交渉によって解決することを決定し、その趣旨の訓令を七月二十一日付で東郷におくったが、東郷は容易に動こうとはしなかった。東郷がソ連側に交渉の意向を表明したのは、八月二十二日、つまり、独ソ不可侵条約成立の前日、北樺太利権の問題で、外相代理ロゾフスキーと会談したさいである。そして、このときも、まず口火を切ったのはロゾフスキーであった模様である。ロゾフスキーは、再三国境問題に言及し、日本側からなんらかの具体的な提案があれば、ソ連側はこれを検討する用意があると述べて、東郷の意向を引き出したのである。[63]

前述のソ連軍の大攻勢開始の時期(八月二十日)といい、このロゾフスキーの発言(八月二十二日)といい、いずれもソ連側がノモンハン事件の解決をいそいでいたことをうかがわせるが、そう推測するもうひとつの理由は、独ソ不可侵条約(八月二十三日)に附属する秘密議定書(ポーランド・バルト三国などに関する、独ソ間の勢力範囲の設定)の存在である。ソ連が最終的に英仏との協調ではなく、ドイツとの提携を選んだのは、この秘密の取り決めのためであると見てよいが、ドイツによって東部ポーランドの占領を保障されたソ連としては、すみやかに関東軍に痛撃を加え、しかるのち早急に停戦をはかる必要があったのではないだろうか。

東郷がソ連側への停戦交渉の申し入れに関して、きわめて慎重な態度をとったのは、ノモンハン事件の「主役」が関東軍という、「半独立国的な存在」であることを考慮したためである。その結果、日本政府の言う「適当な機会」は、八月下旬のソ連軍の猛攻をうけて、関東軍麾下の第二十三師団が死傷率約七〇パーセントという壊滅的な打撃をうけたあとにしか、到来しないことになったが、参謀本部がはじめて明確なことばで、「ノモンハン方面ニ於ケル攻勢作戦」の中止を関東軍に命じたのが、この敗北後の九月三日であったことを考えると、東郷がなぜ慎重な態度をとったかが想像できる。(64)

当時、太田三郎は、「責任をもって相手国と交渉しなければならないときに、まずなすべきことは、相手国に向う前に、日本に向かって値切ることである。まず日本政府と交渉すること、それでしっかり日本を値切った上でないと、相手国との交渉などできるものではない。」というはなしを東郷からよくきかされたというが、東郷の眼は、まず日本側の情勢の確認に向けられていたわけである。(65)

さて、独ソ不可侵条約成立の衝撃をうけて、平沼騏一郎内閣が倒れ、阿部信行内閣が発足し、その外相に野村吉三郎が就任したが、しばらく阿部が外相を兼任していたところ、東郷が重光葵(駐英大使)とともに、外相候補として、重臣層のあいだで話題になったことをここで書きそえておこう。(66)

独ソ不可侵条約につづいて、九月一日にドイツ軍のポーランド攻撃が開始され、九月三日に英仏がドイツに宣戦を布告し、かくしてヨーロッパは第二次大戦に突入した。そして、おなじころ、東郷のもとには、「全般的国交調整を主眼とする交渉を切り出し、その一適用問題としてノモンハン事件を平行的に急速処理することをはかるべし」という訓令(九月四日付)、つづいて具体的な停戦案を指示する訓令(九月六日付および九月八日付)がとどきはじめた。東郷がモロトフと停戦交渉を開始するのは、九月九日である。(67)

このモロトフとの交渉開始に先立って、東郷は九月六日と七日の両日、ドイツ大使シューレンブルクと長時間にわたって会談し、さらに交渉開始後の九月十三日、「中間報告」をかねてシューレンブルクと会談し、きわめて注目すべき意見の交換をおこなった。その模様はシューレンブルクの覚書によって知ることができるが、すぐあとで見るように、これは双方にとって益するところの多かった会談であったと思われる。シューレンブルクの覚書きが簡潔なものであることが、惜しまれるほどである。注目をひくのは、つぎの四点である。

第一に、この覚書の宛先が、ドイツ大使の報告の場合通常使われる外務省ではなく、外務次官ワイツゼッカー(Ernst von Weizsäcker)になっており、しかもワイツゼッカー個人に宛てた色彩がつよいことである。それに加えて、この覚書を同封するワイツゼッカーへの「半公信」の中で、シューレンブルクが、「わたしはまだこの点(日ソ関係とドイツの態度)について、詳細な訓令を受けとっていない。」と書いているのも、見のがすことができない。

第二に、日ソ関係の改善がのぞましく、そのための第一歩がノモンハン事件の解決であることについては、ふたりの意見は一致したが、この事件を交渉によって解決することについては、すでに外相代理ロゾフスキーと話し合ったと東郷が述べたのにたいして、「自分の経験に照らしてみて、ノモンハン事件をふくめ、重要な政治上の問題については、モロトフ以外のだれと話し合ってみても意味がない。」と、シューレンブルクが忠告していることである。

第三に、東郷がノモンハン事件の解決、あるいは日ソ関係改善のための交渉を申し入れても、「ソ連側の拒絶に出会うことはあるまいと自分は確信している。」と、シューレンブルクが東郷に語っていることである。

このシューレンブルクの二つの助言は、ソ連政府首脳との接触という点で、東郷よりもはるかに経験がふかいばかりでなく、独ソ不可侵条約にもとづいて、ソ連がドイツとの合意の下に、東部ポーランドへ兵を進める日が迫っていること、つまり、ノモンハン事件の解決がソ連の利益にも合致することを知っている人物の助言として、きわめて重要である。もちろん、シューレンブルクが独ソによるポーランド分割の日程表のことを東郷に洩らした形跡はないが、東郷はシューレンブルクの発言から、ロゾフスキーではなく、直接モロトフを相手に交渉すれば、早期妥結の見通しがあることを読みとったにちがいない。ちなみに、モロトフがリッペントロップの問合わせにこたえて、ソ連軍が「近日中」に行動をおこすことをシューレンブルクに連絡するのは、九月九日、すなわち、東郷と停戦交渉を開始する当日である。(68)

しかし、第四に、シューレンブルクも、東郷の立場について、理解をふかめたはずである。というのは、シューレンブルクが以上の助言にとどまらず、さらに一歩をすすめて、東郷が希望するなら、ノモンハン事件の解決、あるいは日ソ関係改善のために、自分はよろこんで仲介の労をとるつもりであると述べたのにたいして、「現在の段階で第三国（ドイツ）を介入させるのは、問題を紛糾させるだけである。」と答えて、東郷がこれを断わっているからである。

それればかりではない、それから一週間後の九月十三日、すでにモロトフとの交渉開始後のことであるが、東郷は「貴下だけにしらせる極秘の情報」だとして、モロトフが交渉妥結に熱意をしめしていること、まだ意見の対立がのこっているが、それを打開すべく、目下日ソ両国の名誉を損なわない解決策を検討中であることをシューレンブルクに報じたのち、以上のことをベルリンに連絡しないでもらいたいと、シューレンブルクに依頼しているからである。そして、この依頼をうけたシューレンブルクは、「東郷氏はベルリンからの干渉をおそれており、それはただ有害なだけだと言っている。」と述べ、さらに「ベルリン」とは「大島（浩駐独大使）」のことだと説

明しているのである。(69)

シューレンブルクも、これでは覚書の送付先を外務省ではなく、ワイツゼッカー個人にせざるをえなかったであろう。リッペントロップ外相と大島との緊密な関係は、ドイツ外務省関係者のあいだで周知の事実であり、この「大島」をリッペントロップと読みかえることも、あながち不可能なことではなかったのである。

東郷はこの三度の会談で、よほど胸襟をひらいてシューレンブルクと語り合ったのであろう。シューレンブルクの二つの助言は、東郷にとって有益なものであったはずだが、そのシューレンブルクにたいしても、東郷が日ソ関係改善についてのドイツの仲介を断わっているのは、記憶しておいてよいことである。東郷がモスクワにいるかぎり、ドイツによる日ソ間の仲介は、東郷を排除したかたちでしかすすめられないことが、これではっきりしたわけである。

ここですでにはじまっていたリッペントロップの動きを簡単に見ておくと、東郷によるドイツ仲介の拒絶の意味が、いっそうあきらかになる。

独ソ不可侵条約の成立によって、強烈な敗北感を味わった旧友大島にたいして、リッペントロップがあらたに持ち出したのは、日独ソの三国をつらねた不可侵条約の結成であり、そのためにドイツは日ソ間の仲介をつとめてもよいという提案であった。リッペントロップは、独ソ不可侵条約調印のためモスクワへ向かう直前、この意向を大島につたえ、さらに九月五日に大島が東部戦線のドイツ大本営を訪ねたときも、再度この構想を大島に披瀝した。またリッペントロップは、モスクワで不可侵条約に調印したさいも、日ソ関係改善のための仲介役をつとめる用意があることをスターリンに言明し、スターリンもこれに肯定的な態度をしめしたようである。リッペントロップの狙いは、日独ソによる反英ブロックの形成であり、同時に独ソ和解によって打撃をうけた日本の「枢軸派」に、再起のきっかけを用意してやることであった。じじつ、このリッペントロップの動きに呼応するごとく、やがて再起した「枢軸派」が提唱するのが、反英米ブロックの形成をめざす日独伊ソ四国協商論である[(70)]。

こうしてみてくると、東郷による拒絶の意味は、あたらしい装いの下で再開されたリッペントロップの対日接近政策にたいする抵抗であることがわかる。またこのリッペントロップの動きを念頭におくと、東郷との会談覚書を同封したワイツゼッカーへの「半公信」の中で、自分はまだ日ソ関係とドイツの態度について、「詳細な訓令を受けとっていない」とシューレンブルクが書いているのも、不満ないし皮肉の表明と読めないこともない。つまり、このときシューレンブルクと東郷は、リッペントロップへの不信を共有していたのかもしれないのである。

さて、東郷とモロトフとのノモンハン停戦交渉は、九月九日、十日、十四日、十五日の四日にわたっておこなわれ、シューレンブルクの予言した通り、交渉は順調にすすみ、つぎの停戦協定が成立したが、時刻はすでに九月十六日の午前二時を指していた。この停戦協定をふくむ東郷・モロトフの共同声明が発表されたのは、一時間後の午前三時である。

「㈠　日満軍及ビソ蒙軍ハ九月十六日午前二時（モスクワ時間）ヲ期シ、一切ノ軍事行動ヲ停止ス。㈡　日満軍及ビソ蒙軍ハ九月十五日午後一時（モスクワ時間）、其ノ占メ居ル線ニ止マルモノトス。㈢　現地ニ於ケル双方軍代表者ハ、直チニ本合意㈠及ビ㈡ノ実行ニ着手ス。㈣　双方ノ捕虜及ビ屍体ハ交換セラルベク、右ニ付現地ニ於ケル双方軍代表者ハ直チニ相互ニ協定シ、実行ニ着手ス。」

さらに共同声明は、ノモンハン地区の国境画定のための混合委員会（ソ蒙側代表二名・日満側代表二名）をすみやかに設置する点についても、合意が成立したことをあきらかにした。(71)

このノモンハン停戦協定の成立から計って、正確に二十四時間後の九月十七日午前二時、スターリンはシューレンブルクをクレムリンに招き、モロトフ同席の下で、今暁午前六時を期し、ソ連軍が国境線を越えて、ポーランドへ進撃することをつたえた。(72)

ノモンハン停戦協定に関する後日談を書きそえておくと、国境画定混合委員会の場合も、捕虜の交換の場合も、けっきょく現地での交渉では結着がつかず、交渉は翌年のモスクワでの東郷・モロトフ会談にもちこされた。そして、前者は、昭和十五年（一九四〇）六月九日、東郷とモロトフのあいだで国境線の図上画定をおえ、後者も、同年四月下旬、最終的な解決をみた。後者の場合、日満兵の捕虜（百十六名）がソ蒙兵（二名）のそれをはるかに上廻っていたため、同数交換の建前からいうと、日満側は不利な立場にたたされたが、東郷の主張によって、全員の返還が実現したのだという。(73)

この停戦協定の成立によって好転した日ソ間の空気を反映して、この年の漁業交渉は前年のように年を越すことなく、東郷とモロトフとの折衝によって、昭和十四年（一九三九）十二月末（正確には一月一日早暁）に妥結を見た。

さて、ノモンハン停戦協定の成立から翌年十月の帰国までの一年間は、東郷の動きがモクスワに駐在する諸外国の外交官、なかんずく、英米両国の大使館の注目をもっとも集めた時期であり、その理由は、独ソ不可侵条約につづいて、日ソ不可侵条約が締結されるのではないかという英米側の疑惑であった。当時英米側の下した予測の最大公約数を求めると、「可能性なしとしないが、実現の公算はすくない」(possible,but not probable) ということになろうが、「可能性」をまったく否定できない以上、英米側に不安はのこった。そして、この「可能性」を増大させるかどうかは、アメリカの対日政策の如何に依るというのも、英米側の平均的な見方であったようである。[74]

この疑惑が見当はずれなものでなかったことを証明するかの如く、停戦協定成立後二カ月の昭和十四年（一九三九）十一月、東郷は日ソ不可侵条約の締結を野村吉三郎外相（阿部信行内閣）に進言した。翌昭和十五年六月、有田八郎外相（米内光政内閣）から日ソ中立条約の可能性について打診をうけたとき、東郷が引き合いに出した「客年十一月拙電第一五一四号」というのが、その進言のことである。[75]

残念ながら、この東郷の電報はのこっていない。そこで当時の電報に照らして、なぜこの時期に東郷が日ソ不可侵条約の締結を進言したのかをくわしく検討することはできないが、ノモンハン停戦交渉開始にいたるまでの東郷の慎重な態度を考えると、東郷はかなりの成算があって、この進言におよんだものと思われる。そして、東郷にそういう自信をいだかせたのは、うたがいもなく、ノモンハン停戦交渉以来のモロトフとの接触のふかまりであろう。

『時代の一面』によると、東郷は日ソ不可侵条約によって、つぎの二点、すなわち、「第一に、重慶（蔣介石）政権の対日抗戦意欲を低下させて、日中戦争終結の気運を促進し、第二に、アメリカ政府の対日圧迫態度を反省させて、日米調整の有利な展開に寄与する」ことを期待したのだという。[76]

ここで、はなしを先にすすめる前に、東郷の日ソ不可侵条約論と、ほぼ時期をおなじくして登場してきた白鳥敏夫（前駐伊大使。十月中旬帰国）らの提唱する日独伊ソ四国協商論（以下、「四国協商」論と略記）の一環、ないしその布石としての日ソ不可侵条約論との相違について、ふれておきたい。

第一に、東郷が昭和八年（一九三三）四月に内田康哉外相に提出した意見書が物語るように、日ソ不可侵条約は、東郷にとって、長年の持論であった。その意見書の中で、東郷は日ソ不可侵条約反対の立場を八つに分類して、そのひとつひとつに詳細な批判を加えていたが、その東郷の批判の対象のひとつであったのが、反共イデオロギーをかかげて反ソ政策を推進する、他ならぬ白鳥らであり、この白鳥らがまもなく「枢軸派」を形成して、日独伊提携強化、すなわち、防共協定から三国軍事同盟にいたる計画を押しすすめてきたのである。前述の意見書からもわかるように、東郷の対ソ政策は、元来そういうイデオロギー的な立場とは縁の切れたものであった。

第二に、「日独伊軍事同盟のくずれが、日ソ不可侵条約から、ひいて日独ソの軍事同盟まで行こうとする運動がある。」と評されたように、[77]白鳥らの日ソ不可侵条約論は、独ソ不可侵条約によっていったんは後退を余儀なくされた「枢軸派」が見出した活路であり、かれらの視野の先には、依然として三国同盟の目標がすえられていたことである。かれらのあたらしい定義によれば、「現状維持勢力」としての英米と「現状打破勢力」としての日独伊との対抗関係において、ソ連はむしろ「現状打破勢力」に属するものと見なされた。そして、これら「四国協商」論者は、最初からドイツによる日ソ間の仲介を期待し、且つそれを計算に入れていた。この点において、かれらの立場は、先に紹介したリッペントロップの大島浩（前駐独大使。十二月帰国）への働きかけに呼応するものであった。

これにたいして、東郷は、一貫して三国同盟計画に反対であり、ドイツによる日ソ間の仲介についても、これをシューレンブルクに断わっていたことは、すでに見たところである。

「日独伊軍事同盟のくずれ」があらたに唱え出した日ソ不可侵条約論と、東郷のそれとのあいだには、これだけのちがいがあったのである。

太田三郎（当時大使館三等書記官）によれば、シューレンブルクと東郷は、考え方において似ているところがあり、ふたりは独ソ不可侵条約と日ソ不可侵条約の並存という構図をえがいていたというが、(78) じじつそうであったのだろう。

シューレンブルクは、ソ連指導者の対外的な行動様式を見る場合、共産主義というイデオロギー的な観点を極力排除し、これを権力政治という観点からとらえ、かれらは基本的に「孤立主義者」(Isolationist) であり、軍備の強化につとめつつも、国際紛争に巻き込まれることを好まず、かれらが対外的な武力行使に踏み切るのは、自国が攻撃をうけた場合か、「敵」の敗北が明白になった場合にかぎられると見ていたというが、この点においても、東郷とシューレンブルクのあいだには、類似性が認められたといってよいであろう。(79)

ともかく、ドイツの仲介によらない日ソ不可侵条約という東郷の構想は、さまざまな想像をかきたてるが、肝心の東郷の意見具申の電報がのこっていない以上、想像はこのあたりでやめにしておくほかはない。

たしかなことは、昭和十四年（一九三九）十一月の、東郷の日ソ不可侵条約締結の進言は、野村外相によって採用されなかったことである。当時日本政府のとりうる対ソ政策は、つぎの三つ、第一に、国境画定、通商条約、長期漁業条約の締結などの個々の懸案の解決による国交の平常化、第二に、個々の懸案解決から一歩をすすめて、東郷の方式での不可侵条約締結による国交の安定化、第三に、不可侵条約を布石とする「四国協商」の形成、この三策につきるであろうが、阿部信行内閣が選択したのは、第一の政策であった。[80]

独ソ不可侵条約につづいて、第二次大戦がヨーロッパで勃発したとき、阿部内閣はヨーロッパ戦争に介入せず、日中戦争の解決に専念することをあきらかにしたが、二つの非交戦大国、アメリカとソ連との国交調整に関しては、前者を優先させ、後者をそれに従属させる方針をとった。当時の日米関係は、この年の七月二十八日の、アメリカによる日米通商航海条約の廃棄通告（六カ月後に発効）が物語るように、悪化の一途をたどっていた。政府部内に、「対米施策ヲ有利ナラシムル為、日蘇接近ノ気配ヲ装フコトアリ」という声もあったようだが、不可侵条約締結にまですすむことには、否定的であった。[81]

阿部内閣が日ソ不可侵条約に否定的であった理由のひとつは、それが「四国協商」論、つまり、独ソ不可侵条約によって断ち切られたはずの三国同盟計画の新装版の一環として、喧伝されることが多かったからである。この意味では、東郷は、またしても「枢軸派」の妨害に会ったといってよいかもしれない。

昭和十五年（一九四〇）一月、阿部内閣にかわって、米内光政内閣が成立し、有田八郎が外相に就任したが、

「通商条約締結を限度として、不可侵条約に及ばない」[82]という前内閣の対ソ方針は、基本的に継承された。しかし、より微細に見ると、有田の下で、日ソ国交調整にたいする消極的な態度は、いっそうつよまったようである。三月二十一日、シューレンブルクも、ドイツ外務省への報告の中で、つぎのように書いている。

「東郷氏は、国境画定交渉と経済交渉を妥結にみちびくために、そして、日ソ関係改善の前提条件をつくり出すために、個人として出来る最大限のことをしていると思うが、さまざまな日本大使館員の発言から推して、有田の外相就任以来、東京からうるさい注文をつけられていることはたしかである。とりわけ、東郷氏の交渉の自由にきびしい制限が課せられ、東京からの訓令だけを、それもゆっくり時間をかけて執行することを命じられているようである。[83]」

東郷は前年十一月の野村前外相への進言を忘れたわけではなく、また有田は東郷がいったん提出した自分の進言を容易に取り下げるような人物でないことを、よく承知していたはずである。シューレンブルクの報告は、あきらかに東郷に同情的な筆致で書かれているが、有田は個々の懸案についての東郷とモロトフとの交渉が早い速度ですすみ（じじつ、漁業交渉は、前年よりも三カ月早い十二月末に妥結している）、その結果二人の話題が不可侵条約に行きつくことをおそれていたのであろう。「ゆっくり時間をかけて」とは、交渉妥結を引き延ばせというにひとしい。

いずれにしても、日ソ不可侵条約にたいする東郷の熱意は依然持続していた。シューレンブルクがつたえているような事情を背景にして、この年の四月中旬、東郷は斉藤輝宇良（当時大使館二等書記官）を一時帰国させ、東京の情勢を探らせるとともに、不可侵条約締結の必要を各方面に説かせることにした[84]。

そのころ、重慶（蔣介石）政権へのソ連の軍事援助の停止を狙った対ソ接近策が、参謀本部情報部長土橋勇逸、同部ロシア班長甲谷悦雄らによって用意されていたが、それは不可侵条約よりも政治的結合の度合いの低い、日ソ中立条約案であった。帰国した斉藤の携行した東郷の不可侵条約案は、外務省でひらかれた「会議（陸海外三省事務当局会議であろう）に参加した全員から叩かれて、孤立無援の状態」であったという。そして、そのさい、この会議に出席していた甲谷から安東義良（外務省欧亜局第一課長）にしめされたのが、甲谷らの用意していた参謀本部の日ソ中立条約案であり、これがのちに有田から東郷におくられる、中立条約に関する政府案の基礎になった[85]。

このような気運、とくに参謀本部の動きに押されたのであろう、四月下旬、有田は重慶政権への援助停止と新政権（主席汪兆銘。三月三十日南京で発足）への協力要請をソ連側に申し入れる件で、東郷の意見を打診してきたが、東郷は、ソ連側が「無条件」でこれを承諾するとは、到底思えず、相当突っ込んだ話し合いになることが予想されるから、なによりもまず、「日蘇国交調整ノ限界」についての政府の意向を確認しておきたい、つまり、不可侵条約までゆくつもりがあるのかどうかを知りたいと返電した[86]。

これにつづいて、中立条約交渉を命じる有田の訓令が東郷におくられてくることになるが、その発出が五月末であり、その間一カ月が経過しているのは、やはり有田の消極的な態度が主たる理由であろう。

この訓令にたいする東郷の返電は四通（六月十日付二通、六月十九日付、六月二十二日付）残っているが、その内容は辛辣なものであった。

それを要約すると、「客年十一月拙電第一五一四号」(野村前外相への進言)のころにくらべると、ソ連の国際的地位ははるかに有利なものになっている、この段階で相互不可侵の約束すら欠けている「軽度ノ政治的協定」、つまり、政府案による中立条約を提案し、しかもその見返りとして、ソ連から重慶政権援助の停止を引き出そうというのは虫がよすぎて、妥結の可能性はほとんどない、むしろこのさい中立条約の提議を見合わせるべきである(「速ニ是ヲ打切ルヲ可トスベシ」、六月二十二日電報)、ただし、不可侵条約ならば、まだ成立の見込みはある、というものであった。今度は東郷が不可侵条約を固執し、交渉開始までにさらに一カ月が経過することになった。(87)

東郷は、この返電の中で、「最近欧州政局ノ進展ニ伴ヒ、蘇聯邦ノ向背ガ諸方面ニ及ボス影響ノ益々重大トナリ来レルコトハ明カニテ、英佛伊何レモ新大使ヲ任命シ、当地ニ於ケル外交的活動ヲ企図シツツアリ。」(六月十日電報)と書いているが、このうち、イギリスの新駐ソ大使(五月二十四日任命)とは、労働党首脳のひとりであり、英仏米ソによる「反ファシズム戦線」結成の提唱者であるクリップス(Stafford Cripps)のことである。

東郷の指摘するように、ソ連を取り巻く国際環境は、前年末にくらべると、いちじるしく変化していた。

それを年表風に簡単にたどってみると、独ソ不可侵条約につづいて、ソ連のポーランド進駐、ソ連の対フィンランド戦争(前年十二月—三月)とつづく事態は、ソ連と英仏米側との関係を冷却化させたが、この年の五月から開始された西部戦線でのドイツの電撃作戦と相つぐ勝利(五月二十七日の英軍のダンケルク撤退開始、六月十四日のドイツ軍のパリ入城、六月十七日のフランスの降伏)は、英米側にとって、ソ連の潜在的価値を急速に増大させることになった。ナチ・ドイツとの死闘が開始された以上、英米側の関心が、ヨーロッパにおける唯一の非交戦大国ソ連の動向にひきつけられるのは当然であった。なお、かつての「宥和主義者」チェンバレンにかわって、チャーチル（Winston S. Churchill）がイギリス首相に就任したのは、五月十日であり、新駐ソ大使クリップスは、そのチャーチル内閣の任命であった。

他方、このヨーロッパ情勢の急展開、とくにフランスの降伏は、日本の軍部に南進論の擡頭をうながし、元来重慶政権への援助停止を狙いとしていた対ソ接近策に、「北守南進」という見地から、あたらしい意味が附与されることになった。すなわち、英米との利害の衝突が予想される南進のためには、「北方静謐《せいひつ》」の確保が必要であるという議論である。そして、いうまでもなく、ドイツの電撃作戦の華々しい成功は、「バスに乗りおくれるな」という風潮を生み出し、その時流に乗って、「枢軸派」（もしくは「四国協商」派）の再登場となり、三国同盟計画の復活となり、さらに陸軍による米内内閣倒閣にいたるのである。

このような日本国内の趨勢を念頭に置くと、東郷が有田の訓令にたいする返電（六月十九日電報）の中で、中立条約交渉の開始をドイツに「内報」するのを断わっていることが、注目をひく。有田の訓令は、たんに「内報」だけにとどまらず、「本件交渉ガ独ニ向ケラレタルモノニアラズトノ趣旨ヲ以テ釈明スル」ことも、あわせて指示していたが、なぜそれほどドイツに遠慮する必要があるのかという嘲笑の口吻が、東郷の返電からありありとうかがえる。ドイツの仲介を排すという東郷の姿勢は、依然かわっていなかった。

中立条約交渉について、本省とのあいだで意見の応酬があった後（東郷の言う「まず日本政府と交渉すること」）、東郷がこれをモロトフに正式に提議したのは、七月二日である。モロトフにしめされた日本案（口頭、訳文）は、つぎの三カ条であるが、そのうち、第一条末尾の「双方ハ」以下のくだりは、政府原案にはなく、この

箇所は東郷の主張によって追加されたもののようである。(88)

一、両締約国ハ、「「ソ」聯邦及日本国間ノ関係ヲ律スル基本的法則ニ関スル条約」(大正十四年・一九二五年の日ソ基本条約)ヲ以テ、両国間相互関係ノ基礎ト為スコトヲ確認ス。双方ハ平和的親善関係ヲ維持スベク、又互ニ領土的保全ヲ尊重スベキコトヲ言明ス。

二、若シ締約国ノ一方ガ行為ノ平和的ナルニ不拘、第三国若クハ他ノ数国ヨリ攻撃セラルルニ於テハ、締約国ノ他ノ一方ハ全紛争ノ継続中、中立ヲ守ベシ

三、本協定ハ五年間締結セラル。(89)

この提案に接したモロトフは、「一般ニ日蘇関係ヲ安定セシメ、其ノ一方ヲ攻撃セントスル第三国ヲ援助セズトノ了解ヲ目的トスル貴使ノ提案ハ、日蘇両国ノ利益ニ合致スル」と述べ、さらにこの提案をソ連政府が「肯定的態度ヲ以テ迎フルハ今ヨリ申上ゲ差支ナシ」と言明し、できるだけすみやかに回答することを約束した。

この日の会談は約三時間におよんだというが、これをつたえる東郷の電報も詳細なものである。その中から、日本の南進政策と、重慶政権への援助の停止にふれた二人のやりとりを、つぎに対話風に再構成してみよう。

モロトフ　「欧州戦争ニ伴フ国際政局ノ変化ニ当リ、日蘇両国共関心ヲ有スベキ新問題ニ直面スルコトトナリタル処、英仏蘭等ノ近状ニ鑑ミ、南洋方面ニ於テ日本ハ軍事上及経済上ノ問題ニ直面セル譯ナルガ、国際間ニ大ナル役割ヲ演ズル日蘇両国ガ相互ノ利益及権利ヲ考慮シ、相互間ノ関係ヲ安定且強固ナラシメントスルハ、

変化シツツアル現状ニ合致スル所以ナリト信ズル。」
東郷　「現下ノ国際政局ノ帰結トシテ、我方ノ南洋方面ニ対スル関心ノ増大セルハ当然ナルモ、我方ニ於テハ、同方面ニ付テモ軍事的紛争ノ発生ノ如キハ、厳ニ之ヲ避ケタキ意嚮ナリ。」
モロトフ　「日蘇関係ノ安定及強化ガ両国ニ幸スルコトニ付テハ多言ヲ要セズ。右実現ノ暁ニハ、米国ノ如キモ、一層注意深ク且真面目ナル態度ヲ以テ日蘇両国ニ接スルコトトナルベシ。」

日本の南進政策を是認するが如きモロトフの口ぶりと、そのアメリカへの言及が注目される。

東郷　「三年来支那ニ於テ大規模ナル戦闘行為ガ継続中ナル処、蘇側ニ於テモ右ノ事実ヲ認ムルト共ニ、自発的ニ重慶政府ニ対スル援助ヲ打切ル旨ノ了解ヲ与ヘラルル様希望スルモノナルガ、右希望ハ支那ノ現状ニ照シ、必ズシモ多キヲ求ムルモノニアラズト考フ。」
モロトフ　「支那ノ問題ニ関シテハ、蘇政府ハ之ヲ『アクチュアル』ノ問題トシテ考ヘ居ラズ。支那ニ対スル蘇聯ノ援助ノ如キハ、目下ノ所ニテハ根拠ナシ。尚万一蘇聯ガ重慶政府ヲ援助シ居ランニハ、現在トハ異リタル状態ニ陥リタルコトトナラン。殊ニ蘇聯ハ目下自国ノ国防其ノ他ニ専心シ居リ、他国ニ武器等ヲ供給スルノ余裕ナキ次第ナリ。」
東郷　「(支那)問題ガ蘇政府ニ取リ『アクチュアル』ノモノニアラズトノ貴下ノ言明ヨリ推シ、少クトモ軍備ニ於テハ援蔣行為ナシトノ結論ニ達シ、欣快ニ存ズル処、我方トシテハ、蘇政府ガ将来ニ対シテモ同様ノ態度ニ出ヅルコトヲ希望シ居ルモノナレバ、中立協定案第二ノ趣旨ニモ顧ミ、右意嚮ヲ我方ニ通報セラルルノ擧ニ出ヅルコトトモナレバ、最モ好都合ナリ。」

モロトフ　「支那ニ関スル限リ、日本ガ協定案第二ノ、平和的態度ニ拘ラズ攻撃セラレタルモノトハ考ヘラレズ。何レニセヨ、自分ハ過去ニ於テ蘇聯ガ支那ヲ全然援助シタルコトナシトハ言ハズ。蘇聯ハ曩《さき》ニ支那ノ非鉄金属ヲ必要トシタルコトアリ。此ノ関係上、航空方面ノ武器及人員ヲ以テ一時援助ヲ行ヒタルコトアルモ、今日トナリテハ新領土経営ノ必要モアリ、軍事資材ノ如キ、国内ノ需要多ク、他ヲ顧ルノ気持ナキハ先ニ述ベタル通リ（ナリ）。[90]」

重慶政権への援助については、モロトフは現在これを停止していると述べるだけで、将来についての言質をあたえることを避けた。なお、ここでモロトフが「新領土」と呼んでいるのは、六月中旬から下旬にかけて、ソ連が軍事占領したバルト三国（エストニア、ラトビア、リトアニア）と、ルーマニアのベッサラビア地方のことを指している。これは、ポーランド分割とともに、独ソ不可侵条約から引き出される帰結のひとつであった。

しかし、中立条約そのものについては、モロトフは基本的に同意を表明し、迅速な回答を約束したが、回答は遅延し、それが東郷にしめされたのは、一カ月半後の八月十四日になった。このソ連側の回答のおくれは、日本の政局におこった変動、すなわち、米内光政内閣が倒れ、七月二十二日に第二次近衛文麿内閣（外相松岡洋右）が発足したことと無関係ではない。当然ソ連側としては、しばらく新内閣の対ソ政策を注視する態度に出たのであろう。

七月二十三日、東郷は松岡新外相にあてて、ソ連側に新内閣にたいする疑惑があることを指摘し、早急に対ソ政策を鮮明にすることを訴えた。

「茲両三日ノ当国新聞ニ依レバ、蘇側ニ於テハ新内閣ノ対蘇態度ニ対シ相当疑念ヲ懐キ居ルガ如キ節アリ。右ハ猜疑心深キ蘇聯邦ノ常ナルモ、(中略)新陸相(東條英機)ガ昭和十三年末発表セル(中ソ)二正面作戦論迄蒸返シ居ル次第ナルニ依リ、蘇側ノ斯ル先入主ヲ払拭シ、本件交渉ヲ促進スル為ニハ、此際新内閣ニ於テモ日蘇国交ノ根本的調整ヲ希望スルモノナル旨、明白ニセラルルコト極メテ緊急ナル処、第三国ニ対スル帝国ノ地歩ヲ堅ムル関係ヨリスルモ、本件交渉ノ成立ハ我対外政策上第一ノ緊急事ト思考ス。(91)」

つづいて七月二十五日、東郷は中立条約交渉の妥結が「我方第一ノ緊急事」であることを再度力説し、「一日モ是ガ遷延ヲ許サザル情勢」であるから、このさい積極的に「我方ヨリ働掛ケ、以テ急速妥結ニ導ク」必要があることを松岡に打電した。(92)

他方、モロトフは、八月一日、最高ソヴィエト会議での演説(バルト三国とベッサラビア地方の併合を声明)の中で、日ソ関係にも言及し、両国の関係が平常化に向っていることをしめす一例として、まず六月九日の東郷・モロトフによるノモンハン国境の図上画定をあげ、つづいて、「一般的にいって、日本側にわが国との関係改善を希望する徴候があるとみて差しつかえあるまい。日ソ両国が相互の利益を承認し、且つすでに不要になっているある種の障害を除去する必要を理解し合うようになれば、両国間の関係改善は可能となろう。」と述べたが、これはあきらかに新内閣の対ソ政策を打診するための「観測気球」の一種であろう。なお、モロトフは、日本で南進論がたかまっていることも、指摘するのをわすれなかった。(93)

八月三日、東郷はこの演説にふれて、ソ連は依然中立条約交渉にたいする基本的態度をかえていないが、日本にたいして「相当ノ注文ヲ有スル」もののようであり、再開後の交渉は「相当ノ紆余曲折」を予想しなければならないという判断をしめし、さらにことばをつづけて、このモロトフの演説から日ソ間で政治的交渉が進行中であるという「示唆」を第三国がうけるおそれがあり、そういう第三国が「直チニ之ヲ問題化シ、為ニ不測ノ障害ヲ見ズトモ限ラズ」と警告して、みたび松岡に訓令を督促した。(94)

その直後であろう、「新内閣ニ於テハ、日蘇両国ガ大局的見地ヨリ各自ノ生存権ヲ尊重シ、東亜ニ於ケル平和ヲ保持スルコトヲ希望シ、過般話合ノ中立協定ノ急速締結ヲ希望シ、右提案ニ対スル蘇聯邦側ノ的確ナル回答ヲ承知シ（タシ）。」という松岡の訓令が東郷のもとにとどいた。これに先立つ七月二十七日、近衛内閣は不可侵条約の締結をふくむ、「対ソ国交ノ飛躍的調整」をはかることを決定していたが、松岡はとりあえず前内閣によって開始された中立条約交渉の結果を見ることにしたようである。(95)

八月五日、東郷は松岡の訓令をモロトフにつたえ、ソ連側のすみやかな回答をうながし、モロトフは「近日中ニ回答スベシ」とこたえた。(96)

八月十四日、モロトフは七月二日の日本側の提案にたいする、ソ連側の回答（文書）を東郷に手交したが、それは日本案への原則的な同意を表明するかたわら、それに重要な修正を求めるものであった。ソ連側が日本案の受諾つまり、中立条約締結の前提として持ち出した条件は、つぎの三点である。

一　日本の提案は、その内容からみて、中立条約にとどまらず、実質上不可侵条約であり、また敵対的な国家結合への不参加を約束する条約であると了解する。

二　日本の提案は、第一条前段において、一九二五年（大正十四年）の日ソ基本条約を両国関係の基礎としているが、つぎの理由から、この点について異議がある。日ソ基本条約は、ポーツマス条約（日露戦争を終結させた条約）の効力を存続させているが、満州事変以来、日本はポーツマス条約の重大な侵犯をおこなっており、その結果同条約が完全に効力を有するものとは見なしえないあたらしい事態が発生している。そこでこの事態に照らして、ポーツマス条約がいかなる範囲まで依然効力を有するのかを再審議する必要がある。とくに北樺太の石油・石炭利権は解消すべきである。ただし、ソ連政府は向う五年間、北樺太の石油を提供する用意がある。また利権営業者の投資にたいしては公正な補償を約束する。

三　「上述ノ外、中立条約ノ締結ニ際シテハ、更ニ重要ナル一ノ事情ヲ考慮スルノ要アリ。即チ日蘇中立条約ハ日本ニ対シ最大ノ利益ヲ与へ、其ノ南方ニ対シ積極的行動ヲ進展セシムル為、北方ニ於ケル日本ノ地位ヲ改善セシムルニ反シ、蘇聯邦ハ僅カノ利益ヲ得ルノミニテ、非交戦国タル蘇聯ニ執リテハ、他ノ諸国トノ関係ニ於テ新タニ複雑ナル問題生ズベシ。即チ蘇聯邦ハ日本ト中立条約ヲ締結スルコトニ依リ、或程度支那竝ニ太平洋及南洋ニ於テ重大ナル関心ヲ有スル諸国トノ関係ノ悪化ニ付、危険ヲ負担スベク、従テ蘇聯邦ハ重大ナル喪失ヲ蒙ルコトアルベク、而モ右ハ経済上ノ損失ノミニ止マラザルベシ。然ルニ日本政府ハ日蘇間ニ中立条約ノ締結ヲ提議スルニ当リ、蘇ノ重大ナル利害ニ抵触スル右ノ事情ニ考慮ヲ拂フ所無キ処、蘇聯邦ノ平和政策ハ常ニ蘇聯ト隣接スル諸国ノ利害ヲモ考慮シ居レリ。仍テ蘇政府ハ日本トノ間ニ中立協定ヲ締結スルニ先立チ、蘇聯邦ガ日蘇間中立協定締結ニ依リ蒙ルコトアルベキ損失ヲ最少ナラシムル為ノ措置ニ関シ、日本政府ガ如何ナル態度ヲ持スルヤニ付、日本政府ヨリ説明ヲ得度シト考フル次第ナリ。」

七月二日に東郷が申し入れた重慶政権への援助の停止について、ソ連側の回答は何もふれていないが、東郷がこの点について念を押すと、モロトフはつぎのように答えた。

「日本ノ態度如何ニ依リテ、中立条約ニ関連スル諸問題解決セラルベク、日支関係ニ関スル話合、即チ蘇聯邦ノ対支軍事援助ニツイテモ話合出来得ベシト考ヘ居レリ。」

この日の東郷とモロトフとの会談は四時間半におよんだというが、モロトフが終始強調したのは、「日本ハ中立条約ニ依リ、蘇聯邦ヨリハ更ニ大ナル利益ヲ受クルモノナルニ依リ、蘇聯邦トシテハ日本ヨリ、代償ヲ得ルニアラザレバ、日本ノ提案ヲ受諾シ得（ズ）」という点であり、その「代償」とは、なによりもまず、北樺太の石油・石炭利権の解消であった(97)。

このソ連側の回答に接したときの感触について、後年、東郷は『時代の一面』の中で、つぎのように記している。

「されば北樺太利権に関して話合い成立すれば、当時我方より熱望したる蔣介石援助打切りの条項をも加へて、即時にも条約成立の運びに至るべき状況になつた(98)。」

これはノモンハン停戦交渉以来、モロトフとのあいだで、漁業交渉、経済交渉、捕虜交換交渉、国境画定交渉と、数多くの会談をかさねてきた者だけが感知することのできる、ひそかな、しかしたしかな手応えであったのであろう。

八月十八日、東郷はソ連側の回答に如何に対処すべきかについて、松岡にその意見を具申した。まず重慶政権への援助停止については、文書による約束をとりつけるのは困難と思うが、モロトフの口ぶりから推して、「何等カノ方法ニ依リ、我方ニ満足ヲ与ヘントノ気持ハ看取セラレタリ。」と述べ、つぎにモロトフの言う「代償」にふれながら、最近のソ連の遣り口を見ると、「其ノ一旦主張シタル所ハ容易ニ之ヲ翻ヘサザルヲ例トスルニ依リ、少クトモ或ル程度ノ実益ヲ与フルニ非ザレバ妥結困難ナリト認メラル。」という見通しを語り、最後に、つきつめてゆくと、ソ連側の回答をどう扱うかは、つぎの二つの選択にたいする日本政府の決意の如何にかかってくると、ことばをすすめた。

「我方ニ於テ支那事変ノ解決ニ充分ノ目算ヲ有シ、且ツ南方発展ニ際シ米国トノ間ニ衝突ノ危険ナシ（此ノ点ニ付テハ米国ガ鋭意努力中ナル軍備拡張完成後ノ対日態度ヲモ考慮ニ加フル必要アリ。原注）トノ御見込ナルニ於テハ、蘇聯邦トノ間ニハ特ニ協定スルコトモナク、現在ノ通リ不脅威不侵略ノ態勢ヲ以テ進ムコト亦一方法ナリト考ヘラレザルニアラズ。」

「但シ、此ノ場合ニハ両国間ノ懸案解決ハ益々困難トナリ、北洋漁業及北樺太利権ニ対シ、強度ノ圧迫ガ加ハルニ至ルハ予測ニ難カラザルノミナラズ、第三ニハ極東ヲ目標トスル米蘇接近ノ怖レモ充分ニ覚悟スベキ必要アリ。」

「之ニ反シ、帝国ニシテ南洋ニ対シ積極的態度ニ出デ、已ムヲ得ザル場合ニハ武力的行動モ致方無シトノ決意ヲ有セラルルニ於テハ、独ガ客秋沿『バルト』諸国ニ有シタル政治的地歩ヲ放棄シ（独ソ不可侵条約にもとづく勢力範囲の設定。筆者）、西欧及北欧ニ進出スルニ至レル故智ニ倣ヒ、小利ヲ去リ大利ニ就クノ方策ニ出デ、本件政治協定ノ成立ヲ図ルベキハ帝国ノ大計（傍点原文）上寧ロ必要事ト存ゼラル。」

「其ノ場合、蘇聯ニ於テ満州ノ駐兵量制限ニ付協定ヲ希望シ来ル場合ニハ、極東蘇領ニ於ケル駐兵量制限ニ誘導スルコト然ルベシ。他方北樺太利権回収ニ関スル蘇側希望ノ大ナルベキハ前述ノ通リニテ、何《ど》ノ途大ナル事態ノ変化ナキ限リ、右利権ノ満足ナル経営ノ為ニハ常ニ武力行使ノ覚悟ヲ持スル必要アル儀ナルニ付、政府ノ負担ト会社ノ実績ヨリ考査ヲ加ヘ、此ノ際暫ク歴史的感情ヲ去リ、実際ニ即スル方策ニ出ヅルコトモ考究ノ余地ナキニアラザルベシ(99)。」

いうまでもなく、東郷の選択は後者である。このさい北樺太利権の解消でソ連に譲歩しても、日本はソ連と中立条約を締結すべきであるというのが、東郷の主張であった。

東郷はドイツの仲介に依らない日ソ提携実現の日が近いこと、かくして持説の正しさが立証される日が遠くないことを予想していたであろうし、東郷の言うごとく、この昭和十五年（一九四〇）八月に日ソ中立条約が成立していれば、一年前の独ソ不可侵条約の場合ほど強烈ではないにしても、かなりの衝撃波が諸外国の首都、なかんずく、重慶とワシントンを襲っていたはずである。

しかし、そうはならなかった。まもなく東郷が受けとったのは、八月十四日のソ連側の回答に関する訓令ではなく、帰朝命令（八月二十九日付）であった。東郷・モロトフの中立条約交渉は、松岡によって放棄された。

この東郷の解任は、大公使だけを数えても約三十名に帰朝命令が出された「松岡人事」のひとこまであるが、仮りにこの「松岡人事」がなかったとしても、いずれ松岡と東郷とが対ソ政策をめぐって激突することは必至であった。松岡はまさに東郷が反対してきたこと、日独伊三国同盟の締結と、ドイツによる日ソ関係の仲介とを、その大構想のかなめに据えていたからである。八月二十四日、松岡は訪日中のアメリカの駐ソ大使スタインハートに、モスクワでの東郷の活動にたいする不満を語り、東郷にかえて駐ソ大使に建川美次（陸軍中将）を起用する意向を洩らした(100)。

松岡は白鳥敏夫（松岡の外交顧問）とおなじく、「四国協商」論者であり、その大構想とは、まず三国同盟の成立をはかり、つぎにこの同盟の威力を借りて、日独伊ソ四国協商の実現をめざす、そのさい、ドイツの「対ソ影響力」を利用して、ドイツに日ソ関係調整の仲介役をつとめさせる、というものであった。まず日独提携強化、つぎにドイツの仲介による対ソ交渉という手順であり、これは東郷方式とまったく対立するものであった(101)。

八月二十三日、リッペントロップは松岡の打診にこたえて、特使スターマー（Heinrich Stahmer）の東京派遣を駐独大使来栖三郎に告げたが、まもなくスターマーの任務の中に、「政治協定締結」の意向を日本側にただすことがふくまれていることが、東郷からの電報で判明した。東郷は、八月二十九日、訪日の途上モスクワに立ち寄ったスターマーと会談し、この点をスターマーからきき出したのである(102)。

ドイツの「対ソ影響力」を過信していた松岡は、八月十四日のソ連側の回答が「代償」を要求しているのを知って、これをドイツの仲介に依らない日ソ直接交渉、つまり、東郷方式のもたらす不利益と解釈したのであろうし、スターマー来日の使命が判明するにおよんで、松岡は自分の外交的手順についての確信をいっそうつよめたのであろう。

その後、九月十九日の御前会議で、三国同盟締結の政府決定がなされるまで、「対米関係への影響」、「日ソ関係の調整」、「参戦義務の自主性ないし自動性」の三点が、くりかえし論議の対象となったが、そのさい、第二の疑点については、松岡はスターマーの言う、ドイツは「正直なブローカー」として日ソ関係の仲介をつとめるという保証を引用し、同盟反対論者の不安をしずめるのがつねであった。

こうしてみると、これは空想の領域に属するが、東郷方式による日ソ中立条約が先に成立していれば、三国同盟は成立しなかったかもしれないという議論を組み立てることも、まんざら不可能ではない。東郷とモロトフの双方が認めていたように、東郷方式による中立条約によっても、すくなくとも日本にとって、「対米関係における外交的立場の強化」(103)という目的は十分はたせたからである。

いずれにしても、三国同盟から四国協商へという松岡の大構想において、ドイツの「対ソ影響力」に関する松岡の誤算は致命的であった。やがてドイツの「対ソ影響力」が低下しているばかりでなく、ドイツは対ソ戦争を準備していることがあきらかになり、松岡の大構想は破産した。

ちなみに、松岡は北樺太利権の解消を東郷方式のもたらす不利益と見たようだが、翌昭和十六年（一九四一）四月十三日、松岡自身がモスクワで日ソ中立条約を成立させたとき、松岡はソ連側への秘密書簡の中で、事実上この利権解消を約束したことを書きそえておこう。東郷は『時代の一面』の中で、この松岡の中立条約にふれ、「但し蔣（介石）非援助なし」と、皮肉な口調で書きとめている。(104)

さて、八月二十九日、「松岡人事」によって帰朝を命じられてからの東郷について、附記しておくべきことは、つぎの四点であろう。

第一に、東郷は帰朝命令につづいて、松岡から、建川新大使の到着を待ち、「貴地ニ於テ事務引継ノ上御出発相成様致サレタシ」という電報(九月六日付)を受けとったが、(105)最初からこの訓令にしたがう意志はなかったらしい。松岡の電報を受けとると、東郷はさっそく残留する塚本毅(当時大使館一等書記官)を呼び、建川に会うのはいやだといって、はやばやと塚本に建川との事務引継ぎを命じたのである。(106)

しかし、その後建川の赴任がおくれ、今度はモスクワではなく、十月十五日に満州のハルビンで両者が落ち合い、事務引継ぎをする取り決めができたらしい。すくなくとも十月十一日に東京を出発した建川は、そのつもりで赴任の途についたのだが、十月十四日に新京(長春)まで来てみると、東郷のモスクワ出発は十月二十日であるという電報がとどいていた。両者はシベリア鉄道ですれちがうことになったわけである。新京でこの点を記者団に質問された建川は、「従来東郷大使によって行はれて来た交渉を継承せず、初めからやり直す。第一歩から出直すのだから、引継は要らぬ。」と、すこぶる意気軒昂たる様子で答えたというが、(107)このシベリア鉄道でのすれちがいも、東郷によって仕組まれたふしがある。

東郷の「松岡人事」にたいする抵抗は、そればかりではない。「松岡人事」によって帰朝を命じられた約三十名の大公使のうち、東郷は辞表の提出を求められながら、それを最後まで拒絶したただひとりの人物になった。困りはてた門脇季光(当時大臣官房人事課長)が東郷の自宅まで足をはこび、再考をもとめたところ、東郷は「辞表の提出は松岡の政策を承認することになるから、断わる」と述べたそうである。(108)後年の『時代の一面』

は、この件について、松岡にたいする「いたづら心」であったと説明しているが、(109) 当時の東郷の心境はそれほどおだやかなものではなかったであろう。最後まで拒絶したというのは、翌年十月の外相就任まで、という意味である。

第二に、東郷は三国同盟に反対ではなかったという、東京裁判休廷中の大島浩の発言（重光葵『巣鴨日記』所収）のことである。そのうち、ベルリン時代の東郷に関係する部分は、すでに扱ったが、モスクワ時代の東郷にふれた部分を再度引用すると、東郷は「最後の時も、モスクワから、蘇聯と中立条約を結ぶことを前提として、三国同盟に賛成して居る。」というものである。(110) このくだりも、ただ理解に苦しむというほかはない。東郷の日ソ不可侵条約論（ないし中立条約論）と、白鳥、松岡らの唱えた「四国協商」論の一環としての日ソ不可侵条約論との相違については、すでに何度も説明してきたので、これ以上の補足は不要であろう。

第三に、これは難問であるが、この節の冒頭で紹介したモロトフの東郷への賛辞の意味は何んであったのか、という問題である。

交渉のスタイルがどこか似通っていたという点をふくめて、東郷とモロトフが俗に言う「ウマが合う」間柄、はなしがよく通じる関係にあったことは、多くの証言がみとめている。しかし、モロトフの賛辞がたんに個人的な「好み」の表明であったとは考えられず、そこになんらかの政治的な意味合いがふくまれていたと思うのだが、これを解くのがむずかしいのは、相手がソ連の外交の場合、たとえばモロトフの回想録といったたぐいの史料が存在しないことである。そこで以下はあくまで筆者の推測にすぎないことを、あらかじめお断わりしておきたい。

推測の手がかりは、十月三十日、建川新大使があらたに日ソ不可侵条約を提案したのにたいして、十一月十八日、モロトフが政治的結合の度合いの低い、中立条約を逆提案したことである。[111]

その背景を簡略化してもう一度たどってみると、まず七月二日、東郷が中立条約を提案し、つぎに八月十四日、モロトフがこれを政治的結合の度合いの高い、不可侵条約と読みかえることを提案した。十月三十日の建川案は、このモロトフの提案を考慮に入れて作成されたものだが、今度はモロトフがその立場を後退させて、反対に中立条約を提案してきたのである。

ちなみに、十一月十八日のモロトフの提案の本文は、七月二日の東郷の提案から、第一条前段（大正十四年・一九二五年の日ソ基本条約の再確認）を除いたものといってよい。モロトフは、八月十四日以来の北樺太利権の解消要求を、附属議定書に盛り込むことを忘れなかったが、条約の性格については、八月十四日の立場を変更し、政治的結合の度合いを弱めようとしたのである。

八月十四日から十一月十八日にかけての、このモロトフの立場の変更に関係がある出来事といえば、まず九月二十七日の三国同盟の成立（調印ベルリン）、つぎに十一月十二日・十三日のベルリン会議の二つであろう。このベルリン会議で、リッペントロップはモロトフに「四国協商」案を提示したが、それは三国同盟へのソ連の政治的同調を求めるとともに、日独伊ソの四国の今後の勢力範囲（ドイツは中央アフリカ、イタリアは北部及び東北アフリカ、日本は南洋方面、ソ連はインド洋方面）の設定をめざすものであった。この「四国協商」案は、リッペントロップの手になるものだが、「四国協商」という構想そのものは、最初から三国同盟と不可分のものであったので、はなしを簡略化するため、ここでは三国同盟ということばで、両者を代表させることにしたい。[112]

さて、七月二日に東郷から中立条約の提案をうけて以来、当然モロトフの念頭にあったのは、日ソ間の政治的接近をどの程度まですすめることが、もっともソ連の利益にかなうかという問題であり、そのさいモロトフがもっとも重視したのは、日ソ接近と、もうひとつの非交戦大国アメリカとの関係であったと思われる。日ソ接近によって、日本の希望する「北方静謐」を保証し、かくして日本の南進政策にはずみをあたえ、「日米帝国主義」の衝突を促進することは、ソ連の基本戦略に合致するであろうが、他方日ソ接近を一定限度以上に高めることは、米ソ関係の悪化を招くおそれがあったわけである。東郷と中立条約交渉をすすめるにあたって、「日米衝突ヲ促進セシムルガ如キ協定ナラバ、我ガ方ハ一切ノ協定ヲ是認スベキモ、米国ヲシテ反『ソ』行動ヲトラシムルガ如キ協定ハ、許容シ得ザル所(113)」というのが、モロトフの基本的な立場であったと見てよい。

八月二十五日、つまり、八月十四日のソ連側の回答の約十日後、ソ連の駐日大使スメターニンは、訪日中のアメリカの駐ソ大使スタインハートに、日ソ関係の改善はありえないことを強調し、今後もソ連の対重慶政策はかわらないと述べたが(114)、この発言なども、米ソ関係にそそがれたモロトフの細心の注意のあらわれと見てよいであろう。日ソ間に中立条約が成立するとすれば、それはなんの前触れもなく、突如として成立するものでなければならなかった。

モロトフが保とうとした日ソ接近と米ソ関係との微妙なバランスを決定的にくずしたのが、三国同盟の登場である。リッペントロップによる「四国協商」案の提示をまたずとも、三国同盟以降の日ソ接近が、あたらしい意味を帯びてきたことはあきらかである。すくなくとも第三国との関係においては、それは「四国協商」への第一歩、ソ連の枢軸陣営への加担と映らざるをえなかったであろう。

米ソ関係の悪化を望まないモロトフが、この点を見のがすはずがなかった。モロトフが八月十四日の不可侵条約の提唱から、十一月十八日の中立条約の提案へと、その立場を切りかえてきた最大の理由は、三国同盟の成立であったと考えざるをえない。

前置きがながくなったが、モロトフの胸中を推測してみると、じつはモロトフは「失われた機会」を東郷と共有していたのではないか。「失われた機会」とは、三国同盟という夾雑物の介在しない、日ソ提携の実現である。東郷とモロトフの二人は、動機と思惑を異にしながらも、この一点において、まったく一致していたのではないだろうか。モロトフがモスクワを去る東郷に呈した賛辞の中に、この「失われた機会」への多少の感慨がまじっていなかったとはいえまい。すくなくともそう考えるほうが、モロトフの全面的な賞讃のことばが受け入れやすくなる。

十月十五日、三国同盟成立後の情勢を討議するため、一時ベルリンにかえっていたシューレンブルクが、モスクワに帰任した。十月十七日、シューレンブルクはモロトフを訪問し、リッペントロップから托されたスターリン宛ての長文の書簡をモロトフに手渡した。それはモロトフをベルリン会議（十一月十二日・十三日）へ招請するとともに、会議での最重要議題として、三国同盟とソ連との関係をあげ、日独伊ソの四国の「利益の境界の画定を世界的規模でおこなう」ことを提案していた。このベルリン会議でのリッペントロップとモロトフとの意見の対立が、ヒトラーに対ソ攻撃を決意させる重要な契機のひとつとなったことは、よく知られている（十二月十八日、ヒトラーの「バルバロッサ作戦」命令(115)）。

おなじ十月十七日、東郷はモロトフを訪問しているが、これは三日後にせまったモスクワ出発に先立つ離任の挨拶であろう(116)。

さらに東郷は前日の十月十六日、モスクワに帰任した直後のシューレンブルクと会い、ここで日ソ中立条約が成立の直前までできていたことを、はじめてシューレンブルクに打ち明けた模様である。東郷にとっても、日ソ中立条約は、なんの前触れもなく、突如として成立するものでなければならなかった。しかし、まったく不本意な解任によって、この交渉から手を引くことを余儀なくされた東郷にとって、最後にこの「秘密」を洩らしたい人物は、シューレンブルクのほかにいなかったであろう。

この十六日の夜、シューレンブルクは、「もっとも信頼すべき筋からきいた極秘の情報」として、つぎのような電報をドイツ外務省におくったが、その出所は東郷以外には考えられない。

この電報は、成立の直前までできていた日ソ交渉の内容として、一、中立条約の締結、ただし、実質において不可侵条約、二、五カ年有効の漁業条約の締結、三、ソ連による蔣介石援助の停止の三点を報じたが、そのうち、五カ年有効の漁業条約は、中立条約成立の機会に、東郷が実現を図ろうとしていた「秘策」であろう。[117]

つづいてシューレンブルクは、まもなく着任した建川新大使との最初の会見の模様を、つぎのようにベルリンにつたえたが、括弧を付して東郷との対比を挿入しているのは、建川への皮肉と読めないこともない。

「日本大使（建川）は、今日モロトフを訪問し、不可侵条約に類似した条約を即時締結する訓令と全権を自分はもっていることをモロトフにつたえたと、話してくれた。日ソ間に横たわる個々の懸案は、すべて条約締結後の改善された雰囲気の中で解決できるというのが、同大使の意見である。（この手順は、前任者の東郷大使がふんだ手順とはまったく反対である）。これにたいして、モロトフは、ソ連政府はまず個々の懸案を取り上げ、つぎに条約締結と同時に、これらの懸案を解決することを希望すると答えたそうである。[118]」

三国同盟とともに「失われた機会」、この感慨をモロトフおよび東郷と多少なりとも共有する人物がいたとしたら、それは、このシューレンブルクであろう。独ソ不可侵条約と日ソ不可侵条約の並存は、シューレンブルクの夢想でもあったらしいからである。

第四に、「失われた機会」への感慨——これは筆者の推測にすぎないが、モロトフの「真意」が何であれ、モロトフからうけた賛辞の記憶は、当然東郷にとって忘れがたいものであったにちがいない。そして、このことと、外相としての東郷の対ソ政策とは無関係ではなかったと、筆者は考えている。

昭和十五年（一九四〇）十月二十日、東郷はモスクワをあとにし、シベリア鉄道で帰国の途についた。おなじ鉄道で赴任の旅をつづけてきた新大使建川美次、公使西春彦らの一行がモスクワに到着したのは、十月二十三日であった。(119)

五　第一次外務大臣

この章と次章を扱う『時代の一面』の記述は、東郷がもっとも心血を注いだ部分であり、東郷の意中が充分吐露されているので、以下、それにもかかわらず、この時期の東郷について投げかけられる問題点のいくつかを拾い上げ、それに解説をつけてみたいと思う。

第一に、昭和十六年(一九四一)十月、なぜ東郷は東條英機内閣に外相として入閣したのか、という問題である。

この問題を検討する前提として、東郷が欧亜局長の末期の、林銑十郎内閣発足(昭和十二年二月)のころから、何度か外相候補のひとりにかぞえられていたこと、それ以後外務省出身者の中で、依然外相候補としてのこっていたのは、東郷と、当時帰国中の重光葵(駐英大使)のふたりであったことを指摘しておく必要がある。つまり、外相を外務省出身者中の、外相未経験者からえらぶとすれば、当然候補はこのふたり、東郷より入省が一年早い重光と、東郷にしぼられてくることである。そして、いうまでもなく、戦前の日本において、外相は外務官僚の経歴の頂点であり、この地位を提供されて断わることは、通例考えられないことである。

そこで、問題はむしろ重光ではなく、なぜ東郷がえらばれたかに移ってくるが、東郷は重光にくらべて、二つの「強み」があったようである。

ひとつは、東郷が駐ソ大使時代に、ノモンハン停戦協定を比較的日本に有利なかたちで締結したことを、陸軍が高く評価していたことである。もうひとつは、重臣のひとりの元首相岡田啓介海軍大将が、第二次ロンドン海軍軍縮会議(昭和十年—昭和十一年)からの脱退に反対した欧亜局長東郷の活動を記憶していて、その識見を買っていたことである。(120) ちなみに、このとき東條前陸相を首相に推薦した内大臣木戸幸一と、重光との親交は有名であるが、前述の二つの要因が作用して、重光ではなく、東郷の指名に落ち着いたのではないかと思われる。

なお、この年の七月、外相松岡洋右を退陣させるかたちで、第三次近衛文麿内閣が発足し、新外相に海軍大将で前商工相の豊田貞治郎が就任したとき、やはり前述の岡田が東郷を外務次官に推し、東郷がこれを断わったといういきさつがある。岡田からこの件を打診された東郷は、外務次官には吉田茂（前駐英大使）が適当である、すくなくとも「親英米派」として知られる吉田を起用するぐらいの覚悟がなければ、日本外交の立て直しはできないと答えたそうである。(121)そして、けっきょく東郷と外務省同期の天羽英二（前駐伊大使）が、豊田の下で外務次官をつとめることになった。

東郷にしてみれば、外務次官では役不足、あるいは軍人外相の下で何ができるか、という自負があったのであろうが、外相ということになれば、はなしは別であろう。日米交渉が危機的な状態にあることは、東郷も概略承知していたはずであるが、もちろんこの交渉は国家機密事項であるから、東郷がその詳細を把握するのは、外相就任後のことである。

東郷は入閣にあたって、軍部の説得、交渉の妥結、戦争の回避について、かなりの自信をもっていたふしがある。東郷と付き合いの長かった森元治郎（当時同盟通信記者）の、「初めて外相になった東郷は意気軒昂である。」という観察の通りであろう。(122)

東郷は欧亜局長時代と駐ソ大使時代と、二度にわたって自分の直属の部下としてはたらき、その気心をよく知った同郷の後輩西春彦（前駐ソ公使）に、今回も補佐役、つまり、外務次官をつとめることを命じた。東郷が西にあたえた最初の仕事は、「枢軸派」の外務省員四名の辞職を取りつけることであった。(123)また東郷は七高の同窓で中国通の川越茂（元駐華大使）と、外務省の先輩佐藤尚武（元外相）のふたりを、外交顧問に招いた。まもなく佐藤は東郷の懇請により、建川美次にかわって、戦前最後の大使としてソ連に赴任することになる。

第二に、戦争を阻止する目的で東條内閣に入閣した東郷は、それに失敗したのだから、外相を辞任すべきではなかったか、という問題である。

この批判の代表的なものは、吉田茂『回想十年』に記されたそれであろう。時期は十一月二十六日付の「ハル・ノート」の到来後まもないころだというが、吉田は東郷を訪ね、「ハル・ノート」は「最後通牒」ではないと論じ、この点が他の閣僚によって理解されなければ、「外務大臣を辞めるべきだ。君が辞職すれば、閣議が停頓するばかりか、無分別な軍部も多少は反省するだろう。それで死んだって男子の本懐ではないか」と、東郷に迫ったという。終戦後、吉田はおなじ趣旨のことを、大野勝巳にも語っている。(124)

他方、この批判に対峙するかの如く、巣鴨獄中の東郷の歌稿の中に、「唯一つ妥協したるがくやしくも其後のまがつみ凡《すべ》てはこれに」という一首がある。東京裁判で禁錮二十年の判決が東郷に下ってから約二カ月、昭和二十四年（一九四九）一月十四日の作である。(125)

この「妥協」が開戦時の辞職の問題に係ることは、まちがいない。吉田の指摘をまつまでもなく、東郷自身、東條内閣入閣から開戦までの期間に、何度か辞職の瀬戸際に立ち、そこから辛うじて頭をめぐらし、外相の地位にふみとどまる経験を通過していたのである。

まず、東郷は十月末からの大本営政府連絡会議において、対米交渉断念と即時戦争決意を主張する統帥部を説得し、「甲案」と「乙案」の二つをもって、交渉を継続する決定を獲ちとったが、この統帥部との論争に東郷が辞職の決意をもって臨んだことがあげられる。(126)入閣時の東條首相の言質などから、東郷は軍部の説得について、やや楽観視していた気味があるが、じじつはその通りにはこばず、また外相就任後、日米交渉の経過を検討すればするほど、それが容易ならぬ事態に差しかかっていることが明瞭になった。

しかし、この交渉継続を取りつけたことには、いわば附帯条件がつけられていた。それは交渉継続と併行して、戦争決意のもとに作戦準備をすすめること、交渉不成立の場合はただちに開戦を決意すること、この二つである。元来東郷は交渉継続論者であるばかりでなく、交渉不成立の場合でも、対米戦争を回避すべきであるという主張を保持していたが、東郷は交渉継続の承認と引き替えに、この附帯条件への同意を迫られたのである。というより、この附帯条件への同意がなければ、そもそも東郷の交渉継続案が統帥部によって受け入れられたかどうか疑わしい。

つぎに、東郷がこの同意を迫られたのは、十一月一日の朝から深夜にいたる連絡会議の席であるが、そのさい東郷は「一夜の猶予」を求め、即刻同意を迫る統帥部の圧力をしりぞけた。このときが、東郷がもっとも真剣に辞職を考慮した機会であったと思われる。なお、東郷のほかに、蔵相賀屋興宣も、即刻同意を拒んだ。[127]

この連絡会議の散会が二日の午前二時、東條首相に同意をつたえたのが、同日の正午というから、その間約十時間であるが、そのあいだに東郷は元首相廣田弘毅を訪ねている。廣田は外務省の先輩の中で、松平恒雄とともに、東郷が氏《うじ》という敬称を付して呼んでいた人物である。廣田の助言は、「若し予（東郷）が辞職すれば直ちに戦争を支持する人が外務大臣に任命せらるることになるのは明かであるから、予は職に止まって交渉成立の為め全力を尽すべきである」というものであったという。[128]

この約十時間のあいだに、東郷の胸中を揺れうごいた辞職か留任かの選択のうち、けっきょく東郷は後者をえらんだわけだが、前述の獄中歌の「唯一つ妥協したるがくやしくも」とは、このことを指すのではないかと、筆者は推測している。

東郷を留任にひきもどしたのは、「米国の態度が予想外に強硬である」ことはすでにわかっていたが、[129] ともかくまだ交渉がおわったわけではなく、まず交渉成立に全力をつくすべきである、という責任感であろう。

そこで戦争阻止をめざす東郷の期待は、辞職の決意を賭して統帥部の合意を取りつけた二つの日本側提案、「甲案」と「乙案」の成否にかかってきたわけであるが、この両案に関する訓令電報ばかりでなく、当時外務省からワシントンの日本大使館に送られる暗号電報がアメリカ側によって傍受され、解読されていたこと、とくに「甲案」の説明電報の如きは、それにひどい誤訳がほどこされていたことは不幸であった。このことは、この傍受電報の誤訳の問題を東京裁判の過程で発見した東郷の日本側弁護人西春彦の著書『回想の日本外交』にくわしいので、[130] くわしくはその記述にゆずりたいが、この点に関連して、ふれておきたいことがひとつある。

それは、松岡洋右外相の時代に遡るが、この年、すなわち、昭和十六年（一九四一）四月二十八日付で、つぎの電報がワシントン駐在のドイツ代理公使から、ベルリンのドイツ外務省に送られていたことである。

「絶対に信頼できる筋から聞いたところによると、国務省は日本側の暗号電報を解読する方法を会得しており、それ故ベルリンからの大島大使の報告を当地の野村大使に伝達してくる、東京からの情報電報も解読する能力をもっている。[131]」

つまり、すでにこの時期に、外務省の暗号電報がアメリカ側によって傍受され、解読されている危険をドイツ外務省は察知していたわけである。そして、この警告がドイツ外務省から大島浩駐独大使へ、大島から東京の外務省へとつたえられた公算は大きいと思われるのだが、[132] その後開戦時にいたるまで、この点についての徹底的な調査が外務省によっておこなわれた形跡はない。

さて、最後に、東郷が辞職を考慮したもうひとつの機会は、十一月二十六日付のアメリカ側の回答、「ハル・ノート」を手にしたときであり、吉田茂の批判も、このときの東郷に向けられていたわけである。[133]しかし、このときの東郷の心事を忖度する前に、東郷が獄中で書きとめた断片を二つ紹介しておきたい。いずれも「ハル・ノート」にふれたものであるが、『時代の一面』の記述よりも、より生々しい感情の表白がみられる。カッコ内は筆者による補足である。

「(外相)就任後のことはあれ以上は出来ぬ。全力を尽くしたとの自信。殊に『ハル・ノート』発出に伴う米(国)の態度に照らし、辞職は出来ぬ。」

「『ハル・ノート』接到迄は全力を尽くして働いた。又闘つた。同『ノート』により、我が力の足らざるを謝すよりも、我が誠意の認められざるを恨む気持の方が強かつた。其後は働く熱がなくなつた。此れが幾分の過失とも言ふべきか……。軍と戦ふにも力がはいらなかつた。殊に軍は開戦を前にして非常な勢にて、之に対抗する力は到底あり得なかつた。十一月二日には奮戦す。其時でも、軍人でしかも予備のもの外務大臣の後任――(西)次官に。[134]」

「ハル・ノート」が東郷を襲った衝撃の大きさがつたわってくる。

東郷にしてみれば、対米交渉断念と即時開戦決意を主張する統帥部の反対をしりぞけ、ともかく交渉継続までことをはこんだこと、「甲案」において、中国(正確には北支、蒙古などの、いわゆる防共地区)からの撤兵にはじめて期限(いちおう二十五年)を明示したこと、「乙案」において、とりあえず当面の緊張を緩和するため、七月下旬の日本軍の南部仏印進駐以前の状態に復帰するという暫定的な取り決めを提示したこと、この両案を統帥部に納得させることが如何に難事であったか——これら苦闘の日々の記憶がいっきょに噴出してきたのであろう。

「ハル・ノート」は、事実上この両案を無視し、中国全土からの日本軍の撤退、重慶政権以外のすべての政権の否認など、軍事的にみて満州事変以前の状態にもどることを要求するにひとしいものだったからである。つまり、「甲案」および「乙案」と、「ハル・ノート」の提示する要求との懸隔はあまりに大きく、日本側が「ハル・ノート」を受け入れる余地はほとんどのこされていなかったからである。

それに加えて、東郷は外相として、十一月五日の御前会議の決定「帝国国策遂行要領」の拘束をうけていた。これは十一月一日の連絡会議の決定を最終的に確定したもので、十一月末までに対米交渉が成立しない場合には武力発動に移る、その時期は十二月初頭とすると定められていた。

しかし、このときも東郷は辞職を考慮し、佐藤尚武外交顧問などの意見をただし、また佐藤を介して、前内大臣牧野伸顕の意見を求めたりしたというが[135]、最終的には「『ハル・ノート』発出に伴う米（国）の態度に照らし、辞職は出来ぬ」という境地にかえっていったようである。

当然東郷は「ハル・ノート」を内容的に最後通牒、「尠くとも『タイム・リミット』のない最後通牒」と見なし、他方吉田は「実際の肚の中はともかく、外交文書の上では決して『最後通牒』（(ultimatum) ではなかった筈だ。」と論じている[136]。

この対立する立場に関して、筆者は判断を留保すると、ここで書いておく。つまり、東條内閣入閣時から「ハル・ノート」到着までの東郷の苦闘を思うと、容易に判断が下せないという意味である。

しかし、確実に言えることは、戦争阻止という入閣時の目的をはたせなかった苦悩が、その後の東郷の言動、すなわち、戦争の早期終結への努力、とくに第二次外相時代の終戦工作への挺身と不可分に結びついていたことである。

前者の例として、緒戦の戦果に沸き立つ昭和十七年（一九四二）元日の、東郷の外務省員への訓辞と、その情景を描き出す栗原健の一文を引用しておきたい。栗原はのちに名著『終戦史録』を編むことになる人物である。

「外相は、その時フロックコートに（或いはモーニングコートだったか）威儀を正し、打ち続く心労に顔面蒼白、いささかけいれんを伴うかの如き面持ちをもって、……次のような意味の訓辞をした。『内外の情勢いかんともし難く、力及ばずして不幸戦争にまでなってしまったが、かくなる上は、われわれはこの戦争を日本に最も有利な時、切り上げなければならない。外務省員は、たとえ他の用務を放てきしても一意この事のために身を致して貰いたい……』と。たまたま元旦、緒戦の戦果を改めて祝う人々が、外務省と真向いの海軍省との間の霞ヶ関の通りを、日の丸の小旗をふって通っていた。東郷外相のそのときの訓辞と、門前の光景とがいまなお私の脳裏に実に印象的にのこっている。私は、その末席につらなっていたが、その時始めて外相の真意をうかがい、その見識と勇気にひそかに敬意を表しながら、条約改正の頃この門前で大隈外相が遭難したこと、後に立つ銅像の陸奥外相の日清戦争当時における苦心、さらに日露戦争の講和を結んで、焼打ち事件の起った東京に立ち返り、早速また病軀を押して北京に赴いた小村外相らのことを想い、いずれ東郷外相は往時に倍積した苦難に直面されるであろうと思ったことであった。[137]」

第三に、対米最後通告の遅れの問題である。そのため真珠湾への奇襲攻撃が最後通告に先立っておこなわれることになり、この攻撃が「だまし討ち」の汚名をうけ、「真珠湾を忘れるな」という合言葉が生まれ、それがいまなお生きつづけていることは周知の事実である。

東郷は獄中で書きとめた断片の中で、「通告時の怠慢は国家に非常なる損失、万死に値す」と記しているが、[138]この通告遅延がワシントンの日本大使館員の怠慢以外の何物でもなかったことは、今日良く知られている。

ただ遅延がおきた理由のひとつとして、十四通にわけて打電された対米交渉打切りに関する最後通告のうち、第十四通目の訓電、すなわち、アメリカ側への提示の日時を指示した電報だけが、「普通電」としておくられてきたことを指摘する声もあるので、[139]その点にふれておきたい。

この訓電の本文はつぎの如くである。

「本件対米覚書貴地時刻七日午後一時ヲ期シ米側ニ（成ル可ク国務長官ニ）貴大使ヨリ直接御手交アリ度シ」

現存するこの訓電の原本を見ると、そこには明瞭に「大至急」と書かれている。「普通電」などという指定は何処にも見あたらない。[140]

ここで筆者の感想を附記すると、この「普通電」云々の問題をふくめて、その後外務省がなぜ通告遅延の理由を詳細に究明し、その結果を公表しなかったのかという、強い疑問である。

野村吉三郎駐米大使が国務長官ハル（Cordell Hull）に最後通告を手交したのは、午後二時二十分であったが、これが東郷の指示した午後一時に手交されていれば、奇襲攻撃開始までに約二十五分の余裕があり、「だまし討ち」の汚名は避けられたかもしれないし、また遅延理由の究明と公表がおこなわれていれば、東京裁判で東郷が背負った負担はかなり軽減されたものと思われる。すくなくとも、のちにふれる法廷での海相嶋田繁太郎との「論争」はおこらなかった公算がつよい。ワシントンの日本大使館に怠慢があったことはまぎれもないが、その後外務省も、上述の意味で、日本国民にたいして怠慢であったことを、筆者は指摘せざるをえない。

昭和十七年（一九四二）九月一日、東郷は大東亜省設置問題で東條首相と激しく対立し、外相を辞任した。大東亜省の設置は外交の一元化を乱すこと、アジア諸国を差別視するものであること、この二点が東郷の主張であったが、そればかりでなく、東郷が東條内閣の倒閣を策していたことは、『時代の一面』の記述の通りである。[141]けっきょく東郷は単独辞職を余儀なくされたが、ここにも開戦時の「妥協」の思いが、なにがしか尾を引いていたのかもしれない。

なお、これまで東郷と行動を共にしてきた外交顧問川越茂と外務次官西春彦は、即刻東郷にならって、辞表を提出した。もうひとりの外交顧問佐藤尚武は、この年の二月、東郷の懇請をうけて、駐ソ大使に就任し、すでに任地に赴いていた。

六　第二次外務大臣

昭和二十年（一九四五）四月に鈴木貫太郎内閣の外相に就任してから、八月十五日にいたるまでの東郷の活動については、『時代の一面』の記述に付け加えるべきものは、ほとんどない。とくに史料的な補足という意味で、前述の『終戦史録』が『時代の一面』と形影相伴う感があるので、いっそうその思いをふかくする。

そこで、以下、多少の感想と史料の紹介をもって、解説の責めをふさぎたい。

第一に、前章で吉田茂の東郷批判にふれたが、おなじ吉田がつぎのように述べて、東郷の終戦のさいの努力を高く評価していることにふれないのは、片手落ちになるであろう。

「（前略）後に再び終戦内閣の外務大臣となって、鈴木貫太郎総理を助け、事態を収拾して終戦に導き、そのため非常な努力を払ったそうだ。これは東郷君が開戦に対する責任観念から、終戦の外務大臣として時局収拾に死力を尽されたのであると信ずる。[142]」

しかし、片手落ちになるといえば、この年の四月から五月にかけて、和平工作の容疑で憲兵隊に逮捕された吉田の早期釈放と不起訴に関して、東郷の尽力があったことにふれないのも、やはりおなじあやまちを犯すことになるであろう。

女婿吉田の逮捕を知った牧野伸顕が知り合いの中村四郎（当時宮内省警備局長）に東郷との接触を依頼し、中村が牧野の意を東郷につたえると、東郷は吉田の即時釈放を阿南惟幾陸相に何度も迫ったというものだが、一度などは、宮中の廊下ですれちがった阿南をつかまえ、「阿南君、吉田君の件はどうなったのか。約束がちがうではないか。」と、語気するどく阿南を詰問している東郷の姿を、中村はその場に居合わせ、目撃している。なお、中村によると、この東郷の尽力のことは、当時牧野、東郷、中村の三人が知るだけで、吉田には知らされて

いなかったらしく、そのためであろうか、吉田の『回想十年』には記載されていない。(143)

第二に、東郷が終戦工作をすすめてゆくという観点から、首相、外相、陸相、米内光政海相、梅津美治郎参謀総長、豊田副武軍令部総長の六名だけからなり、一切の随員を排除した最高戦争指導会議構成員会議の結成を図ったことの意義は、いくら強調しても強調しすぎることはない。(144)この会合での六名の卒直な意見の交換によって、終戦へ向う素地がつくられてゆくわけであるが、この東郷の動きの背後には、随員をまじえた開戦時の大本営政府連絡会議の苦い記憶が生きていたのであろう。

まず五月十一日、十二日、十四日の三日にわたって開かれたこの会合で、対ソ外交の積極化が決まり、やがて六月十八日の会合で、ソ連に和平の仲介を依頼する方針が確定するのであるが、その直後の六月二十二日の、構成員六名のみの御前懇談の模様を、当時東郷が携行していた小型の手帖の記述から抜粋しておこう。

この手帖の記述は、東郷の女婿で秘書官付の東郷文彦が、そのつど東郷の口述を筆記したもので、内容的には『時代の一面』の記述の中に全面的に組み込まれているが、この六月二十二日の手帖の記述に限って、つぎのような事情がある。

「当日の御前懇談の模様は、東郷外相起案の上、御前参集諸員の承認を求め、『サイン』した後、御手許に提出することに意見が一致していたのであるが、このことは遂に実行されなかつた。おそらくは東郷外相多忙のためであつたであろう。(145)」

そこで記念の意味もふくめ、これを全文紹介しておきたい。句読点と、「御前会議」と「最戦会議」に付したカッコ内の註は、筆者のものである。

「然ル処、六月二十二日午後三時、右構成員ニ対スル拝謁アリ。先ヅ陛下ヨリ、内外ノ情勢緊迫シタ次第ニテ、皆ノ集合ヲ求メタワケデアル、而シテ戦局ノ推移ハ甚ダ困難ナルモノアリ、今後空襲激化冬ノ到来等ヲ考フル際ハ、人民ノ苦痛モ亦甚シキコトヲ想像セラルル次第ナレバ、過日ノ御前会議（六月八日）ノ決定ニ依ル作戦ハ其侭遂行スルモ差支ナキモ、他方成ルベク速ニ戦争ヲ終結スルコトニ就テモ、一同ノ努力ヲ求ムルトノ御沙汰アリ。之ニ就テ総理ヨリ宸襟ヲ悩マスコトノ恐惶ナルコトヲ申上グルト同時ニ、聖旨ヲ奉戴シ、成ルベク速ニ戦局ノ収拾ニ努ムベキコトヲ申上ゲ、引続キ海相ヨリ先般来ノ最戦会議（最高戦争指導会議構成員会議）ノ話合ニ言及シ、蘇聯ノ態度ヲ七月上旬迄ニ偵察セル後、速ニ之ヲ通シテ和平ノ申出ヲ為スコトニ大体ノ話ノキマリタルコトヲ申上ゲ、外相ヨリ右話合ニ至ル経緯ト和平ノ申出ヲ為スニ就テノ利害、即チ若シ之ガ成功セザル場合ノ内外ニ及ボス影響（外国ニ就テハ、一方我方ノ弱味ヲ見ラルルコトトナルト同時ニ、反面我方ノ条件ニシテ公正妥当ナルモノナルトキニ於テハ敵側民心ノ戦意ヲ減殺スルコトトナルベシ）ヲ考察スル必要アルモ、和平ノ提唱ヲ我方戦力ノ猶存スル間ニ於テ為スニ非ンバ、何等ノ効果ナシ、他方中立国及重慶ヲ通スルヨリモ蘇聯ヲ通スルノ利益大ナルコト、但シ蘇聯ヲ通スル場合、蘇聯ノ利害ニ合致スルコト先決問題ナルニ依リ、我方ニ於テハ、蘇聯ニ対スル代償及和平条件ニ就キ相当ノ覚悟ヲ要スベキコトヲ言上シ、次イデ参謀総長ヨリ和平ノ提唱ハ内外ニ及ボス影響大ナルヲ以テ、充分事態ヲ見定メタル上、慎重ニスルノ要アル旨ヲ述ベ、更ニ陛下ノ御尋ネニ応ジ、慎重トハ必ズシモ敵ニ対シ一撃ヲ加ヘタル後ト謂フニ非ル旨ヲ言上セリ。而ル後陛下ニ於カレテハ、更ニ意見ナキコトヲ確メラレタル後、入御アラセラレタリ。(146)」

第三に、ソ連に和平の仲介を依頼するという東郷の構想は、基本的には国内対策、つまり、これによって軍部の強硬派を押さえこみ、これを終戦の方向に誘導する方策であったと思うが、そこに一脈、駐ソ大使時代の記憶、とくに離任にあたってモロトフからうけた賛辞の記憶が流れていなかったかどうか——これが終戦時の東郷の対ソ政策に関する筆者の感慨である。

とくにその感をふかくするのは、七月二十六日の「ポツダム宣言」発表以降、ポツダムからモスクワに帰るモロトフを待ち、その意向の打診を佐藤尚武大使に命じる東郷にたいしてであるが、この疑問、いや、感慨は、依然筆者の中での「未定稿」である。(147)

八月八日、ようやく面会に応じたモロトフが佐藤に告げたのが、日本への宣戦の通告であったことは、いうまでもない。

第四に、このソ連参戦以降の東郷の奮闘、とくに聖断と東郷の関係については、あまりによく知られているので、再説を要しないと思う。つぎに紹介するのは、東郷が獄中で書きとめた断片「ポツダム宣言受諾」の一節である。

「本事項処理につき、最初より最後まで信頼し得たるは、陛下のみなりきと言ふも過言に非ず。閣内にても宮中にても、時折ぐらつくありたるも、陛下のみははつきりした気持。予の生涯中、かく程立派な人格に接せることなく、歴史にも尠し。」

「外の人には皆相当の懸引を感じて、こちらも其れに対処する気持になることがあつたが、陛下のみは純心。

但し祖家に対する責任と国民を思ふ念に終始せられたと感じた。(148)」

天皇とただ二人、これが当時の東郷の、偽りのない心境だったようである。

そのときから三十八年を経て、天皇に謁見した西春彦は、はなしが東郷に及んだとき、天皇の口から、「東郷外相は終戦の時も開戦の時も、終始同じ態度であった」という言葉が洩れるのを聞いたという。(149)

解説　『時代の一面』について——註

(1)　巣鴨遺稿。巣鴨遺稿については、参考文献の項を参照されたい。

(2)　一例をあげると、東郷の全生涯を通じて、利用できる東郷の私信は一通しかない。すなわち、巣鴨獄中から旧友池田俊彦におくった手紙（昭和二十三年二月二十三日付）があるだけである（東郷茂徳記念会編『故東郷元外相二十年祭追憶録』所収、昭和四十五年七月二十三日刊、非売品）。つぎに日記は、昭和二十年八月十五日までの公的生涯の時期について皆無であり、獄中の最後の二年間（昭和二十三年四月十六日—昭和二十五年七月二十一日）の日記がのこっているだけである。

(3)　「検事訊問調書」、『現代史資料(1)・ゾルゲ事件(一)』（みすず書房、一九六二年）、二五三頁。

(4)　『ローゼンストック回想録』（中村洪介訳、日本放送出版協会、昭和五十五年）、二三頁—二四頁。

(5)　ネーベルよりドイツ外務省への報告、一九三六年八月二十九日付、Politische Beziehungen Japans zu Deutschland, Band I, ドイツ外務省記録。この文書と、註(11)で引用する文書の二つを筆者に提供されたのは、日独関係史の専門家で、現在早稲田大学講師のゲルハルト・クレープス博士（Dr. Gerhard Krebs）である。御好意に感謝のほかはない。

(6)　一例として、昭和十三年（一九三八）十二月六日の五相会議の決定、「猶太人対策要綱」を紹介しておこう。「民族問題関係雑件・猶太人問題」第五巻、I—四—六—〇—一—二、外務省記録。

独伊両国トノ親善関係ヲ緊密ニ保持スルハ現下ニオケル帝国外交ノ枢軸タルヲ以テ、盟邦ノ排斥スル猶太人ヲ積極的ニ帝国ニ包容スルハ原則トシテ避クベキモ、之ヲ独国ト同様極端ニ排斥スルカ如キ態度ニ出ルハ、タダニ帝国ノ多年主張シ来レル人種平等ノ精神ニ合致セザルノミナラズ、現ニ帝国ノ直面セル非常時局ニ於テ、戦争ノ遂行特ニ経済建設上外資ヲ導入スルノ必要ト、対米関係ヲ悪化スルコトヲ避クヘキ観点ヨリ不利ナル結果ヲ招来スルノオソレ大ナルニ鑑ミ、左ノ方針ニ基キ之ヲ取扱フモノトス

方　針

一、現在日、満、支ニ居住スル猶太人ニ対シテハ他国人ト同様公正ニ取扱ヒ　之ヲ特別ニ排斥スルガ如キ処置ニ出ツル

コトナシ
二、新ニ日、満、支ニ渡来スル猶太人ニ対シテハ一般ニ外国人入国取締規則ノ範囲内ニ於テ公正ニ処置ス
三、猶太人ヲ積極的ニ日、満、支ニ招致スルガ如キハ之ヲ避ク、但シ資本家、技術家ノ如キ特ニ利用価値アルモノハ此ノ限リニ非ズ

(7) 『東京朝日新聞』、昭和十二年一月三十日号(朝刊)、三十一日号(朝刊)。
(8) 一九三七年八月三十日付、FO371／21044, F8675／8675／23、イギリス外務省記録(Public Record Office, Kew)。
(9) ベルリンのイギリス大使館よりイギリス外務省への電報、一九三七年十二月三十一日付に記されたコメント、FO371／22180, F76／76／23, イギリス外務省記録。
(10) ベルリンの新聞『ベルリーナー・ターゲブラット』(Berliner Tageblatt)、一九三七年十二月二十五日号。
(11) 外務省政治局次長リンテレン(Emil von Rintelen)宛て、一九四一年十月十八日付、Büro des Staatssekretärs, Japan, Band V, ドイツ外務省記録。当時リッペントロップは、特別列車内に事務局を設け、この列車でベルリン・ミュンヘン(ないしベルヒテスガーデン)間を往復しながら、執務をつづけることがよくあったが、この文書は同列車でリッペントロップに同行していたリンテレン気付になっている。「調査室」については、ドイツ外務省政治文書室のマリア・カイペルト博士(Dr. Maria Keipert)から御教示をうけた。さらにこの文書の提供者については、註(5)を参照されたい。
(12) Documents on German Foreign Policy(DGFP), Series D(D), (London, 1949), Vol.I, No.576, No.577.
(13) この経過は、たとえば、John P.Fox, Germany and the Far Eastern Crisis, 1931–1938(Oxford, 1982), pp.291–331にくわしい。
(14) 『時代の一面』、一一二頁―一一三頁(改造社版)、一一四頁―一一五頁(原書房版)。
(15) この交渉の詳細は、DGFP, D, Vol.I, No.571, No.575, No.587–No.590, No.598, No.602, No.604–No.606.
(16) テオ・ゾンマー『ナチス・ドイツと軍国日本』(金森誠也訳、時事通信社、昭和三十九年)、一五二頁―一五三頁、およ

び、ラウマーの筆者への談話。

(17) DGFP, D, Vol.I, No.595.

(18) Ibid., No.603.

(19) Ibid., No.605, No.606.

(20) 昭和十三年五月五日付、『外務省の百年』下巻（原書房、昭和四十四年）、一四三一頁—一四三二頁。

(21) DGFP, D, Vol.I, No.571.

(22) 伍堂卓雄証言、極東国際軍事裁判速記録（以下、速記録と略称）、第三五一号。

(23) 法眼晋作氏談話。

(24) 小島秀雄証言、速記録、第三五一号。

(25) 『時代の一面』、一一一頁（改造社版）、一二四頁（原書房版）。

(26) 第六巻（岩波書店、昭和二十六年）、二八八頁。この記述は前後の関係から推して、四月十六日のものと思われる。

(27) DGFP, D, Vol.I, No.564, No.565, No.569. さらに、Herbert von Dirksen, Moscow, Tokyo, London(London, 1951), pp.192–199.

(28) カイテルよりリッペントロップへの書簡、一九三八年三月十七日付、DGFP, D, Vol.I, No.574.

(29) Erich Kordt, Nicht aus den Akten(Stuttgart, 1950), pp.199–200.

(30) オットの筆者への談話。

(31) 大島浩口供書、速記録、第三二二号など。

(32) 三宅正樹『日独伊三国同盟の研究』（南窓社、一九七五年）、一四三頁—一四八頁、同『日・独・伊三国同盟をめぐる諸問題』（外務省外交史料館資料第七号、昭和五十四年三月）、二頁—四頁、野村実『太平洋戦争と日本軍部』（山川出版社、一九八三年）、一八七頁。三宅氏によれば、大島は同氏のインタービューに答えて、「自分は生命がおしかった。あれはウソだ」と語り、しかし「自分の言うことは、自分の生きている間は公表して欲しくない」と付け加えたそうである。そこで三宅氏は約束を守り、昭和五〇年（一九七五）六月六日の大島の病没後、大島夫人の同意を得て、前掲の外交史料館資料第七号において、その公表に踏み切ったのだという。なお、大島は、昭和十年（一九三五）の日独防共協定交渉の発端についても、東京裁判において、類似の偽証をしていたことがあきらかになっている。野村、前掲書、三九頁―四一頁。

(33) この「厚い壁」という表現は、小島秀雄氏談話から借用した。

(34) 第七巻、一八頁―一九頁。

(35) 成田勝四郎の手紙、速記録、第三三五号。

(36) この会談後、事務官側が作成した「覚」、『現代史資料(10)・日中戦争（三）』（みすず書房、一九六三年）、三五一頁―三五四頁。

(37) 宇垣一成証言、速記録、第三三〇号。

(38) 「原田日記」第七巻、一四一頁―一四二頁。

(39) 法眼晋作氏談話。

(40) 成田勝四郎氏談話。

(41) 八月七日の項、「原田日記」第七巻、六九頁。

(42) 同上、第七巻、九五頁。

(43) 笠原幸雄宣誓口供書、『時代の一面』、一一六頁―一一七頁（改造社版）、一二七頁―一二八頁（原書房版）。

(44) 「経過日誌」、『現代史資料(10)・日中戦争(三)』（みすず書房、一九六三年）、一七八頁。

(45) 重光『巣鴨日記』（文芸春秋新社、昭和二十八年）、三七七頁―三七八頁。

(46) 大島浩証言、速記録、第三二二号。

(47) 東郷茂徳宣誓口供書、速記録、第三三七号。

(48)『ベルリーナー・ターゲブラット』、一九三八年十月二十九日号。

(49)森元治郎氏談話。

(50)註(11)を参照。

(51)スタインハートより国務長官への電報、一九四〇年十月九日付、および、十月十七日付、Foreign Relations of the United States(FRUS), 1940(Washington), Vol.I, p.664, pp.568-569. イギリス大使クリップス(Stafford Cripps)も、この午餐会にふれ、それが「非常に陽気なパーティ」であったと、イギリス外務省に報じている、一九四〇年十月九日付、FO371/24736, F4632/626/23, イギリス外務省記録。またモスクワ発同盟電も、モロトフなどのソ連政府首脳が「日本大使館の招宴に出席したことは全く異例である」として、外交団の注目をあつめていることをつたえている、『朝日新聞』昭和十五年十月十一日号(夕刊)。

(52)Hans von Herwarth, Zwischen Hitler und Stalin, Erlebte Zeitgeschichte, 1931-1945 (Propyläen Verlag, 1982), p.102.

(53)野口勝雄氏談話。

(54)リトヴィノフと東郷との会談メモ、一九三八年十一月十一日付、十一月二十八日付、Документы Внешней Политики СССР, TomXXI, 1938 (Moscow, 1977), pp.627-630, pp.652-656.
この『ソ連外交文書集』は、現在、昭和十三年(一九三八)を扱うこの第二十一巻でおわっている。なお、ロシア語を解しない筆者のために、この史料集中の関係文書邦訳の労をとられたのは、横手愼二氏である。

(55)西春彦『回想の日本外交』(岩波新書)、八八頁。

(56)一九三九年三月二十日付、DGFP, D, Vol.6, No.51.

(57)三宅、前掲書、一七九頁—一八〇頁。

(58)外務省欧亜局第一課『昭和十四年度執務報告』、一九頁。

(59) 一九三九年七月五日付、FO371／23686, N3287／281／38, イギリス外務省記録。
(60) Lord Strang, Home and Abroad(London, 1956), p.165.
(61) 太田三郎氏談話。
(62) G. Hilger and A. G. Meyer, The Incompatible Allies(New York, 1953), p.305.
(63) 外務省欧亜局第三課『日ソ交渉史』(昭和十七年)、三七六頁。
(64) 『現代史資料(10)・日中戦争(三)』(みすず書房、一九六三年)、一四二頁。
(65) 太田三郎氏談話。
(66) 「原田日記」第八巻、七七頁―七八頁、クレーギーよりハリファックス外相への報告、一九三九年八月三十一日付、FO371／23554, F9691／23／23, イギリス外務省記録。
(67) 『日ソ交渉史』、前掲、三七七頁。
(68) シューレンブルクよりドイツ外務省への電報、一九三九年九月九日付、DGFP, D, Vol. 8, No.37.
(69) シューレンブルクよりワイツゼッカーへの「半公信」、一九三九年九月十六日付、および、同封のシューレンブルクの覚書、九月七日付、九月十三日付、DGFP, D, Vol. 8, No. 79. なお、筆者は便宜上、この『ドイツ外交文書集』の英語版を使用しているが、念のため、ドイツ語版(Akten zur Deutschen Auswärtigen Politik, 1918-1945, Serie D, Band VIII)にあたってみると、「ベルリン」とは「大島」であるというくだりは、"Er Fürchte Eine Einmischung Berlins (Strich: Oshima's!!), die nur schaden könne."となっている。
(70) 細谷千博「三国同盟と日ソ中立条約」(日本国際政治学会太平洋戦争原因研究部編『太平洋戦争への道』第五巻、朝日新聞社、昭和三十八年所収、一五九頁―三七〇頁)、二三三頁―二三五頁。独ソ不可侵条約以降の日ソ関係については、特に註記しない場合でも、このすぐれた研究に負うところが非常に多い。
(71) 外務省欧亜局第一課『昭和十四年度執務報告』、二一二頁―二二〇頁。

(72) シューレンブルクよりドイツ外務省への電報、一九三九年九月十七日付、DGFP, D, Vol. 8, No.80.

(73) 外務省欧亜局第三課『日ソ交渉史』(昭和十七年)、三八〇頁—三八六頁。

(74) アメリカ国務省極東部のジョージ・アチソン (George Atcheson) の覚書、一九三九年十一月六日付、FRUS, 1939, Vol. 3, pp.76—78.

(75) 東郷より有田外相への電報、昭和十五年六月十日付、「日ソ中立条約関係一件」、B—一—〇—〇—J/R—一、外務省記録。

(76) 『時代の一面』、一三二頁(改造社版)、一四三頁(原書房版)。ここでは細谷氏の要約を借用した。細谷、前掲論文、二四二頁。

(77) 「原田日記」第八巻、昭和十四年九月二十一日の項、八一頁—八二頁。

(78) 太田三郎氏談話。

(79) シューレンブルクについては、Carl E. Schorske, "Two German Ambassadors: Dirksen and Schulenburg," in G. A. Craig and F. Gilbert (Edited by), The Diplomats, 1919-1939(Princeton, 1953, pp. 477-511 を参照。

(80) この三策の要約も、細谷、前掲論文、二四三頁のそれを借用した。

(81) 陸海外三相の申し合わせによる「対外施策方針要綱」、昭和十四年十二月二十八日付、『日本外交年表竝主要文書』(原書房、昭和四十一年)、下巻、四二二頁。

(82) 三谷太一郎「独ソ不可侵条約下の日中戦争外交」、入江昭・有賀貞編『戦間期の日本外交』(東京大学出版会、一九八四年所収)、三二〇頁。

(83) 一九四〇年三月二十一日付、Politische Beziehungen der Sowjetunion zu Japan, Mandschukuo, chinesisch-japanischen Krieg; Zwischenfälle an mongolisch-mandschurischen Grenze, Band I, ドイツ外務省記録。

(84) 甲谷悦雄「日ソ中立条約への回想と教訓」、三宅、前掲書、四一四頁—四一五頁。

(85) 甲谷、註(81)に同じ、細谷、前掲論文、二五二頁—二五三頁。
(86) 東郷より有田外相への電報、昭和十五年四月二十八日付、「日ソ中立条約関係一件」。
(87) 同上、昭和十五年六月十日付、六月十九日付、六月二十二日付、同上。
(88) 細谷、前掲論文、二五二頁—二五四頁。
(89) 「日ソ中立条約関係一件」。
(90) 東郷より有田外相への電報、昭和十五年七月四日付、「日ソ中立条約関係一件」。
(91) 東郷より松岡外相への電報、昭和十五年七月二十三日付、同上。
(92) 同上、昭和十五年七月二十五日付、同上。
(93) Jane Degras(Selected and Edited by), Soviet Documents on Foreign Policy, Vol.III (Oxford, 1953), pp. 467–468.
(94) 東郷より松岡外相への電報、昭和十五年八月三日付、「日ソ中立条約関係一件」。
(95) 「世界情勢の推移に伴ふ時局処理要綱」、『日本外交年表竝主要文書』下巻、四三七頁—四三八頁。
(96) 東郷より松岡外相への電報、昭和十五年八月五日付、「日ソ中立条約関係一件」。
(97) 同上、昭和十五年八月十六日付、二通、同上。
(98) 『時代の一面』、一二三頁（改造社版）、一四四頁（原書房版）。
(99) 東郷より松岡外相への電報、昭和十五年八月十八日付、「日ソ中立条約関係一件」。
(100) 駐日大使グルー (Joseph C. Grew) より国務長官への電報、一九四〇年八月二十六日付、FRUS, 1940, Vol. 1, p.644.
(101) 以下、松岡構想については、細谷、前掲論文、二六一頁—二七九頁に拠る。
(102) 斉藤良衛「日独伊同盟条約締結要録」、三宅、前掲書、四四八頁。
(103) 細谷、前掲論文、二四二頁。

(104)『時代の一面』、一三三頁（改造社版）、一四五頁（原書房版）。
(105)「東郷茂徳個人記録」、外務省外交史料館蔵。
(106)塚本毅「東郷さんとモロトフの間柄」、『霞関会会報』（昭和四十六年五月号所収）。
(107)『朝日新聞』、昭和十五年十月八日号、十月十二日号、十月十五日号。
(108)門脇季光氏談話。
(109)『時代の一面』、一三七頁（改造社版）、一四九頁（原書房版）。
(110)重光『巣鴨日記』（文芸春秋新社、昭和二十八年）、三七七頁—三七八頁。
(111)細谷、前掲論文、二六五頁—二七九頁。
(112)同上、二六九頁—二七七頁。
(113)モスクワの外務人民委員部から駐日ソ連大使への電報、一九四〇年六月十四日付、および、七月一日付、細谷、同上、三六二頁—三六三頁。この二つの電報は、日本側がハルビンのソ連領事館から入手したものであるという。
(114)グルーより国務長官への電報、一九四〇年八月二十六日付、FRUS, 1940, Vol. I, p. 645.
(115)細谷、前掲論文、二六九頁—二七一頁。
(116)『朝日新聞』、昭和十五年十月二十二日号。
(117)一九四〇年十月十六日付、Büro des Staatssekretärs, Russland, Band 3、ドイツ外務省記録。
(118)一九四〇年十月三十一日付、DGFP, D, Vol. 2, No. 260.
(119)『朝日新聞』、昭和十五年十月二十五日号。
(120)岡田が東郷を買っていたことについては、佐々木源造氏談話。
(121)おなじく、佐々木源造氏談話。
(122)森元治郎『ある終戦工作』（中公新書、昭和五十五年）、一二五頁。

(123) 西春彦『回想の日本外交』（岩波新書、一九六五年）、一一五頁。その氏名は松宮順、重松宣雄、藤村信雄、仁宮武夫である。

(124) 吉田茂『回想十年』（新潮社、昭和三十二年）、第一巻、五〇頁、および、大野勝巳『霞が関外交』（日本経済新聞社、昭和五十三年）、六一頁―六二頁。

(125) 巣鴨遺稿。

(126) 『時代の一面』、二〇六頁（改造社版）、二一八頁（原書房版）。

(127) 同上、二一四頁―二一六頁（改造社版）、二二六頁―二二八頁（原書房版）。

(128) 同上、二一五頁（改造社版）、二二八頁（原書房版）。

(129) 同上、二一五頁（改造社版）、二二七頁（原書房版）。

(130) 『回想の日本外交』、前掲、一二二頁―一二四頁、および、一三七頁―一四二頁。

(131) DGFP, Series D, Vol.12, No. 418.

(132) 当時の電信課長亀山一二氏は、筆者への私信（昭和五十四年九月二十日付）の中で、この趣旨の報告が大島大使からあったことを記憶していると述べているが、当時の関係記録は消滅している模様である。

(133) 『時代の一面』、二四九頁―二五〇頁（改造社版）、二六一頁―二六二頁（原書房版）。

(134) 「時代と外交」、巣鴨遺稿。「（西）次官に」とは、前述の附帯条件への同意を拒めば、東郷を辞めさせ、その後任に「軍人外相」を据える、という「威嚇的言辞」を、西が連絡会議の一員から聞いたことを指している。

(135) 『時代の一面』、二五〇頁（改造社版）、二六二頁（原書房版）、および、吉田茂『回想十年』、第一巻、前掲、四八頁―四九頁。

(136) 『時代の一面』、二四九頁（改造社版）、二六一頁（原書房版）。および、吉田『回想十年』、同上、五〇頁。

(137) 栗原『天皇―昭和史覚書』（原書房、一九七〇年）、一九五頁。なお、『終戦史録』（初版、新聞月鑑社）は昭和二十七年

に刊行された。現在六巻本（北洋社、昭和五十二年―五十三年）として復刊されている。

(138)「時代と外交」、巣鴨遺稿。

(139) たとえば、森島守人『真珠湾・リスボン・東京』（岩波新書、昭和二十五年）、一六三頁。

(140) 外務省外交史料館蔵。

(141)『時代の一面』、二九三頁―二九八頁（改造社版）、三〇四頁―三〇九頁（原書房版）。

(142)『回想十年』、第一巻、前掲、五三頁。

(143) 中村四郎氏談話。ただし、猪木正道『評伝　吉田茂』下（読売新聞社、一九八一年）、四九頁―五〇頁には明記されている。さらに『時代の一面』、三三二頁（改造社版）、三四五頁（原書房版）、大野勝巳『霞が関外交』（日本経済新聞社、昭和五十三年）、四五頁―四六頁。なお、東郷が吉田を買っていたことは、つぎの挿話からもうかがえる。それは東郷の第一次外務大臣時代、外交顧問佐藤尚武が駐ソ大使に転出した直後のことであるが、東郷から佐藤の後任の推薦を依頼されたもうひとりの外交顧問川越茂が、吉田の名前をあげたところ、東郷は、「吉田さんとは、本当は僕も親しいし、いいんだけれども、どうも顧問として朝から晩まで外務省の自動車を乗り回して、『東條内閣打倒』をやられては、僕の立場上困るんでね……」と答え、川越も、「それはやりかねない」とうなずき、このはなしは打ち切られたというのである。その東郷も、やがて半年後に、「東條内閣打倒」を策すことになるのだが。川越茂氏談話。

(144) 東郷文彦『日米外交三十年』（世界の動き社、昭和五十七年）、一三頁―一七頁。

(145) 栗原健解説、『終戦史録』Ⅲ（北洋社版）、一一〇頁。

(146) 東郷文彦氏蔵。なお、『時代の一面』、三二七頁―三二八頁（改造社版）、三三九頁―三四一頁（原書房版）参照。

(147) 森元治郎氏も、「荏再十二日」ということばで、類似の感想を洩らしている、『ある終戦工作』、前掲、一九一頁―一九三頁。

(148)「時代と外交」、巣鴨遺稿。

(149) 昭和五十八年八月二十六日、那須御用邸での謁見のさいのことである。西春彦氏より筆者への私信に拠る。

解説　巣鴨獄中の東郷茂徳

人の子の育てる時と所とは
いみじくもまた運命をさししめすかな
（昭和二十三年作の長詩より、
東京巣鴨拘置所にて）

一　戦いの継続――東京裁判

東郷の令嬢いせ（東郷文彦氏夫人）によると、東郷は「いったん証言台に立つとなると、人間がまるで変ったように、すっかり落着いて元気になり、うれしそうな、ほがらかそうな様子になった」というが(1)、この挿話は東京裁判にのぞんだ東郷の心境をよくつたえている。

東郷がじっさいに証言台に立ったのは、開廷後約一年七カ月が経過した昭和二十二年（一九四七）十二月十七日から二十六日にかけてであるが、東郷はこの日を待ちかねていたのであり、そのための準備と努力の積み重ねが、すなわち東郷の獄中生活であった。

いや、準備は、昭和二十年八月十五日の直後から始められたというべきであろう。戦争責任の問題が自分の身にふりかかることを予期した東郷は、まず「終戦に際して」と題する手記を用意し、これを九月下旬に脱稿した(2)。じじつ、九月十三日の新聞が伝えた最初の戦犯容疑者三十九名のリストの中に、東條内閣の他の閣僚とならんで、東郷の名前が見えた。

ひとことで言って、東京裁判は、東郷にとって「戦いの継続」に他ならない。これに先行する東郷の「戦い」は、太平洋戦争開戦時に、対米交渉の続行をめぐって、統帥部と交えた苦闘であり、さらに終戦工作への挺身である。これらの「戦い」は市ケ谷の法廷の場に持ち越され、そこに「戦勝国」という新しい第三者が加わって、東郷の闘志はいっそう掻き立てられた感がある。

「A級戦犯」として起訴され、東京裁判の被告席に座った二十八名の中で、東郷ほど「戦い」の意識がつよかった人物はすくない。「戦い」の意志を放棄したかに見える被告もまじる中で、東郷の態度はひときわ異彩を放つことになった。「勝者の裁き」との対決――この自覚を持続させつつ、東郷は新しい「戦い」にのぞんだかの如くである。

東郷は第一次戦犯容疑者のリストの中にあげられながら、他の容疑者とちがって、逮捕されることなく、翌昭和二十一年四月二十九日に起訴状の送付をうけるときまで、外出も自由な、「自宅拘禁」の扱いをうけたが、この措置をアメリカ側から取りつけるにあたって、エヂ夫人が大きな役割をはたしたとつたえられる。夫人は東郷が狭心症発作に見舞われる不安な健康の持ち主であることを、戦犯容疑者の逮捕に関する責任者、第八軍司令官アイケルバーガー（R.L.Eichelberger）中将などにくりかえし訴え、この措置を取りつけることに尽力したという(3)。

この「自宅拘禁」の扱いをうけるさいに使用されたものであろうが、当時の東郷の健康状態をしめす医師の診断書（英文）が二通残っているので、そのうちの一通、昭和二十年九月十五日付の、東京聖路加病院の池田医師の診断書をつぎに紹介しておこう。

「東郷茂徳氏は、八年前に悪性貧血を患い、以後規則的に肝臓エキスの服用と、ビタミンB、Cの注射を維持療法として受けていた。同時に同氏は、稀塩酸及びペプシンを経口的に服用している。三、四カ月前より、同氏は時折、心臓部に狭心痛ないし圧迫感を覚えるので、私はジウレチン・カルシウムを経口的に投与すると共に、発作時に使用するように、亜硝酸アミルを与えている。(4)」

しかし、拘置所に収容されることをまぬがれ、「自宅拘禁」を許されたものの、まもなくアメリカのキーナン(J.B.Keenan)検事を首席とする国際検察局が発足し、逮捕令が出された約百名に上る戦犯容疑者の中から「A級戦犯」を選定する作業が開始されると、昭和二十一年三月十一日の最初の会議の冒頭、まず東條英機、東郷、鈴木貞一(第二次・第三次近衛内閣と東條内閣の企画院総裁)の三名が、被告として選び出された。この作業は四月八日までに二十六名の被告を決定し、つづいて遅れて到着したソ連検事をまじえて、四月十七日にさらに二名(重光葵と梅津美治郎)の追加をおこない、ここに「A級戦犯」二十八名の顔触れが最終的に決まった。東郷が東條とならんで、「被告第一号」の如き扱いをうけたのは、太平洋戦争開戦時の外相という立場が、検察側によっていかに重視されたかを物語っている。なお、この「被告第一号」に鈴木が加わっているのは、企画院総裁の英訳名(Chief of Cabinet Planning Board)によるものであろうか。「共同謀議」(Conspiracy)の存在を想定していた検察側は、英訳の字句にかなり引きずられたのかもしれない。(5)

さて、昭和二十一年(一九四六)四月二十九日に起訴状の送付をうけ、五月一日に巣鴨拘置所の門をくぐり、五月三日に東京裁判の開廷を迎えてからの東郷の獄中生活は、数十葉の紙と五冊の大学ノートの両面に記された「法廷メモ」の中に埋もれている。数十葉の紙の多くは便箋であるが、開廷の直後には英文の起訴状の裏面も利用されている。まだ歌稿もなく、読書録もなく、日記をつけていたけはいもない。開廷の日から、判決の前にいったん休廷に入った昭和二十三年(一九四八)四月十六日まで、病気のために二度欠席を余儀なくされた時期を

のぞくと、東郷の消息をうかがう手がかりは、この「法廷メモ」の中にしかない。(6)

東郷の「法廷メモ」の特徴は、法廷での審理の克明且つ正確な要約であり、感想の記入はほとんど見られない。感想といえるものがあるとすれば、審理が東郷自身に係わる場合の要約に付した、「要注意」、「要調」、「要研究」、「取調ベノコト」、「コレハ利用スベシ」、「利用スルコト」、または「要反駁」、「矛盾」、「要訂正」、「虚偽ナリ」、「誤リナリ」といった「符牒」の如きことばだけである。

ともかく審理の流れを克明に且つ正確に要約し、破局にいたる十数年の過程を明確に頭に刻みこむこと、これが休廷にいたるまでの東郷の獄中生活のすべてであったように思われる。それは同時に証言台に立つ日に備えて、長文の宣誓口供書を作成してゆく努力と重なり合うものであろう。

要約と「符牒」だけが粛粛とつづく詳細な「法廷メモ」も、東郷の「戦い」の記録の一部である。

なお、二度にわたる病気とは、昭和二十一年十一月（日付不明）に気管支炎で、翌昭和二十二年三月二十九日から五月八日にかけて肺炎で、それぞれ入院生活を送っていることを指している。入院先は、アメリカ陸軍第三六一病院（本所同愛記念病院）であったと思われる。(7)

ここで東郷の「戦い」を支えた日米両国の弁護人、ブレークニー（Ben Bruce Blakeney）と西春彦にふれておきたい。

一九〇八年（明治四十一年）七月三十日にオクラホマ州のショーニーで生まれたブレークニーは、オクラホマ大学とハーヴァード大学ロー・スクールに学び、弁護士の資格を得たのち、召集をうけて陸軍航空隊に所属し、戦後東京裁判のアメリカ側弁護団に加わった。(8) 最初ブレークニーの担当は梅津美治郎被告であったが、東郷のケースにつよい関心をしめし、その結果東郷の弁護も担当することになった。東郷弁護にそそがれた熱意ばかりでなく、東京裁判全体を通しての、アメリカ側弁護人ブレークニーの見事な活動ぶりは、よく知られているので、再説の必要はないと思う。この弁護人を得た東郷は仕合せであったというべきである。

外務省および同郷の後輩として、東郷と因縁のふかい西春彦は、最初東郷担当が予定されていた弁護人穂積重威を背後から支援するつもりでいたのだが、その穂積は木戸幸一被告の弁護も依頼されており、多忙になりすぎるからという理由で、穂積が西を指名し、西は開廷後約一カ月が過ぎたころ、遅れて東郷の弁護人を引き受けるといういきさつがあった。この旧知の西を得たことも、東郷にとって幸運であった。なお、西の弁護活動を助けた七田基玄（元アフガニスタン駐劄公使）、加藤伝次郎（元ダバオ総領事）、新納克巳（元駐タイ大使館参事官）、斎藤忠（元毎日新聞記者）の名前も逸するわけにはゆかない。(9)

前にも一度ふれたが、(10)西がアメリカ側によって傍受され、解読された東郷からの訓令電報にひどい誤訳があることを発見したのは、開廷後約六カ月半が経過した十一月中旬、検事側の立証が太平洋戦争勃発時にさしかかり、その証人として、国務省顧問バランタイン（J.W.Ballantine）が出廷したときである。西はつぎのように述べている。

「これを私がなぜ見つけたかというと、国務省で日米交渉を担当していたバランタインという人が証人に出てきた。ところが証言に先立って出す宣誓口供書を読んでみると、甲案については何もふれておらず、もっぱら乙案を問題にしている。日本は南部仏印から撤兵すると提議したが、北部仏印に引揚げても情勢次第で明日でもすぐ南部仏印に入れるから、とても信用できない、こんな案は問題にならなかったと説明している。」

「甲案こそ日華事変を解決するための非常に重大な案だと思っていたのに、証人が一言もこれにふれていないのは、私には不思議でしかたない。そこでブレークニー弁護人に頼んで、なぜ甲案のことをはぶいたのか、反対訊問してもらった。ブレークニーの訊問に対するバランタインの説明はこうであった。そのころアメリカでは、日本外務省の電報を傍受しており、甲案に関する説明電報を解読して、日本政府には交渉に対する誠意がないことがわかった。それで日本から出してくる案には、非常に警戒した。だから甲案にふれなかったのだという。」

「しかし私には、交渉の誠意がないと思われるような不真面目な訓令を出した覚えはない。どうにも不思議なので、書類のどこに原因があるのか、いろいろ探してみた。ちょうどその二・三日前に、検事部の方から例のインターセプテッド・メッセージ、つまり傍受電報を英訳したものがきていた。これを見ると、なんとなく似てはいるが、私の記憶とはまるでちがった文句の電報がある。よく読んでみると、それが十一月四日の、東郷大臣発野村大使宛電報第七二六号、つまり甲案の内容とそれに説明を加えた電報の英訳であった。そこで、この向うで作った英訳を、日本文の原文と比べてみると、たいへんなちがいがあることがわかった。英文のほうを読むと、これはだれが見ても、日本政府には交渉に対する誠意はない、アメリカをごまかすために交渉させているのだという印象を受ける。日米交渉当時、ハル国務長官あたりが甲案について何ら反応を示さないので不思議だと思っていたが、この英訳を見て、はじめて原因がわかった。この傍受電報の英訳が日米交渉の決裂した大きな原因の一つだ。いろいろな国際間の葛藤が誤解から起るというが、本当にこういう思いもかけないことから誤解が生れるのだと、今更のように気づいて、その晩はもう寝られないほどだった。(11)」

そこで西は正確な英訳を作成し、これを証拠書類として法廷に提出し、受理された。のちにブレークニーはこの傍受電報誤訳の問題を最終弁論でくわしく取り上げたが、[12] 判決はこの点についてひとこともふれず、且つ誤訳された電文をそのまま判決理由に掲載した。この問題を正当に評価したのは、インドのパル（R.B.Pal）判事の少数意見のみであった。[13]

このときからさらに一年が経過し、検事側の立証から弁護側の反証をへて、審理は被告個人の反証の段階にすすみ、昭和二十二年（一九四七）十二月十五日から、東郷部門に入った。つぎに東郷弁護のため、口供書を提出した人々、それと同時に証言台に立った人々を、この順で紹介しておきたい。なお、岡田と法眼の場合は、審理との関係で、時期がおくれている。

有田八郎、昌谷忠、伊藤述史、クルト・マイスナー、松本俊一、森島守人、門脇季光、田中隆吉、佐藤尚武、島津久大、田辺盛武、湯沢三千男、太田三郎、鈴木貫太郎、迫水久常、大蔵公望、岡田啓介（昭和二十三年一月十二日）

野口芳雄、成田勝四郎、山路章、亀山一二、笠原幸雄、首藤安人、井上孝治郎、富吉榮二、山本熊一、松平康昌、法眼晋作（昭和二十三年二月九日）

つづいて十二月十七日の午後から、東郷自身が証言台に立ち、東郷が用意した長文の宣誓口供書の朗読が開始され、これが十八日の午後までつづいた。この口供書をさらに敷衍したのが、『時代の一面』である。

口供書の朗読がおわると、十八日の午後から、東郷への反対尋問がはじまり、これが木戸被告担当のローガン（W.Logan）弁護人、嶋田繁太郎被告担当のブラナン（J.G.Brannon）弁護人、岡敬純被告担当のロバーツ（S.A.Roberts）弁護人、キーナン検事、ふたたびブラナン弁護人、ローガン弁護人、星野直樹被告担当のハワード

（J.C.Howard）弁護人、ウェッブ（W.Webb）裁判長の順でおこなわれ、最後にブレークニーの質問があって、十二月二十六日の午後、東郷部門は終了した。

この間、二十日（土）と二十一日（日）、それに二十五日のクリスマスの休みをはさんでいたから、反対尋問についやされた日数は、ほぼ五日であるが、東郷と尋問者との間でかわされるはげしい論戦は法廷の内外で注目をひき、「戦い」の人としての東郷の姿をあらためて浮き彫りにした。その過程で、嶋田被告を再び証言台に呼びもどすことになる東郷の発言が生まれたのだが、この「東郷・嶋田論争」については、節をあらためて扱うことにしたい。

ここでは、このときの東郷の態度について、「自己弁護」に終始したという趣旨の批判や非難があることについてだけ、簡単にふれておきたい。[14]

第一に、「唯事実のみ（Truth, truth, nothing but truth）」――これが東郷と、東郷の弁護にあたったブレークニーや西のモットーであったと、西は述べているが、[15]筆者も、東郷は可能なかぎり「事実」を追い求め、それを卒直なことばで語っていたと考える。ただし、「事実」は唯一つなのか、東郷によって認識された「事実」のほかに、別の「事実」は存在しないのかという、一般的な、それゆえ結論を出すことがほとんど不可能な問題がのこること、もうひとつは、「事実」を語ることによって、第三者はもとより、東郷自身も「傷」をうけていたこと、この二点を附記しておきたい。すでに何度か引用した「唯一つ妥協したるがくやしくも」という東郷の獄中での歌は、この自分に向けられた「傷」の深さを物語っている。

第二に、東郷の口供書と発言を全体として眺めると、東郷が執拗に描き出そうとしているのは、軍部の圧迫によって弱体化してゆく外務省の姿であって、その意味で東郷が外務省の「弁護」に努めていることは否定できない。むしろ、次節で「東郷・嶋田論争」を扱うさいにもう一度ふれたいが、東郷は外務省をかばいすぎている嫌いすらある。東郷は「自己弁護」のために、外務省の存在も無視したという種類の批判は当っていない。

さて、年を越した昭和二十三年四月十六日、約二年におよんだ審理は終了し、東京裁判は判決を迎える前の休廷に入った。ここで付け加えておくと、東郷の「法廷メモ」は、東郷自身の個人部門がおわったあとも、この四月十六日まで、依然書きつづけられていたことである。そして、東郷の獄中日記がはじまるのは、この四月十六日からである。東郷は「法廷メモ」に代るものを、この日記に求めたのであろう。

以下は、日記の最初の数日の記述であるが、人名などについては、筆者が適宜補足を加えた。句読点も筆者が附した。

四月十六日（金）　雨　検事団答弁。『ホールキッツ』及『タベナー』、前者法理部門、後者個人部門ニツキ、弁護士弁論ニ答フ。凡テ浅薄ナリ。朝、『ブレークニー』氏ニ面談、奮闘ヲ謝シ、同人ノ南原（繁）氏トノ會談ニ就キ聴ク。昼、エヂ、イセ、文彦来ル。『ブレークニー』氏ヨリ懇篤ナル来状（家庭ノ一員トシテ）、同夫人来ル。午后ニ至リ、検事団ノ答弁ハ本日ヲ以テ終了スルコトトナリ、豫定ノ来週月曜日開廷ヲ見ザルコトトナレリ。即チ此レヲ以テ、一昨年五月以来ノ審理ハ終了シ、判決ヲ残スノミトナレル次第ナルガ、判決日取ハ追テ決定セラルベキ旨、ウエッブ（裁判長）ヨリ申渡シアリ。五時十分閉廷セリ。西（春彦）、七田（基玄）、加藤（伝次郎）諸君来ル。六時、巣鴨帰着ノ后、例ノ通リ身体検査アリ。且又例ノ如ク5—B—16ヨリ1—B—9ニ移ル。夕食ヲ了シタルハ九時。

ブレークニーは一年後の昭和二十四年（一九四九）四月から、東京大学法学部講師に就任するが、南原（当時東京大学総長）との会談というのは、この件を指すものかもしれない。

四月十七日（土）　曇　豫想ノ如ク待遇冷嚴ヲ加ヘ来リタルモ、昨夜来今日モ当所ニ似モヤラズ御馳走スルハ面白シ。

四月十八日（日）　晴　日毎〳〵會ひたるものを此のしばし會はねば淋し一とせと覚ゆ。百とせの永きとに非ず一月の過ぎ行くことはあわたゞしくもあれ。Always self-confident and brave. 最后迄必勝ヲ確信スル理由アリ。但シ若シ破ルレバ、是レ時ノ勢ニシテ、其時コソ諦ルベキナリ。夜、『ブルーム』大尉ニ、書類、手帳、面會ノコトドモ申入ル。第八軍ノ命令ニヨル趣ナリ。『トマス・ハアデイ』ノ『ダァバァヴィル家のテス』ヲ読ム。

四月十九日（月）　晴　火曜が『メール・デー』ナリ。エヂニ手紙（第一信）、（手帳ナク、従テ知人ノ住所ナシ。本城（郡治郎）、『ブレークニー』ニ宜布《よろしく》。弁論ニヨリ事態ヲ世界ニ明ニセルヲ悦ブ。従来ノ書信再読ノコト）。人の世は束の間なるを世の人は千年の如くたのみたりける。

ここに見られるように、東郷は家族への手紙と家族からの手紙の要点を、丹念に日記に書きとめている。本城は女婿東郷文彦の実父である。すでに歌稿も見えている。また読書のことも記されている。このような日記が、昭和二十五年（一九五〇）七月二十三日の死の前々日まで、書きつづけられてゆく。

二　「東郷・嶋田論争」

最初に指摘しておきたいのは、つぎの二点である。第一に、ワシントンの日本大使館員の怠慢にもとづく対米最後通告の遅延という醜態がなければ、この「論争」はおこらなかったと思われること、第二に、それ以前の経過がどうであれ、海軍側も、最終的には事前通告（三十分前）に同意していたことである。そこで、問題は、なぜ東郷が「それ以前の経過」、いわば海軍側との「内輪話」を暴露したのかに移ってくる。(16)

東郷は「自宅拘禁」中の昭和二十一年二月二十二日から四月二十三日にかけて、国際検察局のモーガン（Roy L. Morgan）検事の尋問を数回うけているが、そのさい東郷が提出した供述書と、モーガンとの応答の記録を見ると、東郷は通告遅延にふれて、大要つぎの四点を述べている。(17)

第一に、「ハル・ノート」は最後通牒にひとしく、日本は全面的屈服か戦争かの選択を迫られたのであり、日本が強いられたのは自衛のための戦争であって、必ずしも事前の最後通告を必要としていなかったこと、第二に、しかし東郷は国際法（開戦に関するハーグ条約）尊重の立場から、一貫して事前通告を主張したこと、第三に、海軍軍令部総長永野修身と次長伊藤整一は無通告を主張し、連絡会議全体の雰囲気は、東郷をのぞくと、この海軍の立場を支持したこと、伊藤は何度か東郷に接触し、海軍の立場についての理解を訴えたが、東郷はこれを拒絶し、最終的には東郷の反対によって、海軍側も事前通告に同意したこと、第四に、通告の手交に関して、ワシントンの日本大使館に落度があったこと、この四点である。

東京裁判に提出された東郷の宣誓口供書も、法廷での東郷の証言も、基本的にはこの四点を継承している。

それではじっさいはどうであったのか。「ハル・ノート」到着後の連絡会議の模様を『杉山メモ』に拠って見ると、[18] 十一月二十九日の会議では、「戦ニ勝ツノニ都合ノヨイ様ニ外交ヲヤツテクレ」という永野の発言があり、また永野、嶋田、岡敬純（海軍省軍務局長）などの海軍側が「戦ニ勝ツ為ニ外交ヲ犠牲的ニヤレ」とつよく主張したという記述が見え、これをうけて、東郷が「ヨク分リマシタ」と答え、ワシントンでの外交交渉の引き延しに応じたかの如き印象をあたえる。『杉山メモ』の記述は簡略にすぎるが、これに従うかぎり、海軍側ばかりでなく、東郷も、この日は無通告に傾いていたかに見える。すくなくともこの機会に、東郷が事前通告をつよく主張した形跡は見られない。

前に一度紹介したが、東郷は「ハル・ノート」受領後の心境を獄中でつづって、「其後は働く熱がなくなつた。此れが幾分の過失とも言ふべきか……。軍と戦ふにも力がはいらなかつた。」と書いているが、[19] この二十九日の連絡会議での東郷は、この無力感をまだひきずっていたのかもしれない。

東郷が十二月八日という開戦予定日をはじめて永野から知らされたのは、この日の会議の席上である。それまで東郷は、十二月一日、つまり二日後に武力行動が開始されると思っていたふしがあるから、[20] いっそう無力感をかきたてられていたにちがいない。

しかし、十二月四日の連絡会議になると、交渉打切りの最後通告をおこなうことで、東郷と海軍側が合意し、その文案は東郷に一任され、通告の打電とアメリカ側への手交の日時は、東郷と参謀本部および軍令部との協議にまかせることが決まり、つづいて十二月六日の連絡会議で、通告手交の日時を十二月七日午後一時（ワシントン時間）とすることが確定している。

この三つの連絡会議のあいだをぬって、東郷と伊藤との接触があったのであろうが、伊藤と兵学校同期の岡敬純が、巣鴨出所後、「最初、外務省の申し出に対して、伊藤軍令部次長は『反対だ』と開戦通告に反対した。次いで同時手交を主張した。次いで一時間前、そして三十分前になった。」と語り、伊藤が無通告を主張したことをはっきり認めているのは注目をひく。なお、岡は、「連絡会議の席上で東郷が言うように論争があったことはない。しかし、連絡会議のテーマに上る前に外務省から伊藤軍令部次長に話がきていた。」とも述べているが、『杉山メモ』の記述から推して、これもおそらく事実であろう。[21]

つまり、伊藤にしぼって見るかぎり、東京裁判での東郷の発言は、「自宅拘禁」中のそれをふくめて、場所（連絡会議の席上か否か）と日時に多少記憶ちがいがあるものの、大筋において正確であったことがわかる。そして、東郷は、伊藤が海軍側、すくなくとも総長永野の意向を代弁しているものと判断していたわけである。

それでは伊藤ないし海軍側は、東郷の反対だけで、無通告から事前通告へと立場をかえたのかどうか。十二月二日から四日にかけて、事前通告派の連合艦隊司令長官山本五十六が出陣式のために東京に来ていたというが、この山本の影響が海軍側の態度変更に関係がなかったかどうか、このあたりのことはわからない。[22]

しかし、巣鴨出所後の岡敬純の証言からもうかがえるのは、十一月二十九日の連絡会議以降、開戦予定日まで約一週間がのこされていることを知った東郷が、おそらく「ハル・ノート」の衝撃からも立ち直って、事前通告を主張し、伊藤ないし海軍側の無通告の要求に反対したことである。この点においても、東京裁判での東郷の発言は、大筋において誤りがなかったことになる。

だが、同時に、海軍側が最終的には事前通告に同意したこともたしかである。東郷は「自宅拘禁」中の尋問以来、なぜ「それ以前の経過」を暴露したのであろうか。

考えられることは、つぎの三点である。

第一に、前節で述べたように、東郷は「事実」を語ることをもって、東京裁判にのぞむ基本的な態度とした。たとえばモーガン検事の尋問のさい、東郷が暴露したのは、海軍側の無通告の主張ばかりではない。対米交渉に関する日本側の新提案の甲案と乙案を統帥部に納得させることが、如何に難事であったかも暴露されている。開戦時の外相時代の「事実」を語るとすれば、軍部との苦闘の日々の具体的な説明を避けるわけにはゆかなかったであろう。

第二に、「自宅拘禁」中の、三月二十六日の尋問のさい、モーガン検事は通告遅延に関連して、真珠湾攻撃は「殺人行為」ではなかったのかという問いを東郷に発しているが、これはやがておくられてくる起訴状中の第三十九番目の訴因、「真珠湾不法攻撃によるアメリカ軍隊および一般人の殺害」に該当する質問である。つまり、東郷は「殺人罪」の適用をうける危険がなかったわけではなく、その心理的な圧迫感が作用し、海軍側の無通告の主張に反対し、事前通告を実現した経過を、東郷により強調させることになったのかもしれない。(23)

第三に、それにしても、昭和二十二年十二月十九日、嶋田被告担当のブラナン弁護人の執拗な反対尋問をうけたとき、東郷はやや感情的に激していた嫌いがある。「前年の五月、嶋田と永野が、海軍側が無通告攻撃を主張したということを言わないでもらいたいと、自分を脅迫した」という東郷の発言がこのとき生まれ、それが嶋田を再度証言台に立たせ、嶋田は「脅迫云々」を否定し、東郷がそういうことを言うのは、「東郷自身に疚しいところがあるからだ」と反撃するのであるが、「事実」を語りはじめた者は、それを語りつづけなければならない「重荷」を背負うのかもしれない。「脅迫」であったかどうかは別にして、前述の如き依頼が永野と嶋田からあったことは、事実のようである。なお、嶋田の再度の証言について、東郷の「法廷メモ」は、何の感想も記していない。(24)

しかし、嶋田との対立の根にあるのは、通告の遅延であり、その直接の原因は、まぎれもなく、ワシントンの日本大使館員の怠慢である。この怠慢さえなければ、東郷も「それ以前の経過」をさほど強調する必要もなかったであろう。

嶋田は「海軍の名誉」のために再度証言台にたったが、この問題をめぐって、東郷の側に「外務省の名誉」という意識がまったくなかったであろうか。モーガン検事の尋問以来の、東郷の供述や発言をたどってゆくと、ところなしか、東郷の告発の語気は、海軍側の無通告の主張にたいしてより厳しく、日本大使館員の怠慢にたいしてあまり執拗でない——そういう印象を筆者は禁じえない。

ちなみに、判決において、第三十九番目の訴因は取り上げられず、通告の遅延も不問に付された。

三　判決以後──『時代の一面』

昭和二十三年（一九四八）四月十六日の休廷から、同年十二月四日の法廷再開までの東郷の消息は、日記が語ってくれる。以下はその抜粋である。

四月二十四日（土）　快晴　詩境ハ生存競争ヨリ一歩離レテ自己ヲモ客観視スベシ。人工的インスピレーション。四六時中詩境ニ在ルヲ不可ナリトセバ、日ニ一時間宛テ此境涯ニアル工夫ヲ為スベシ。

四月二十五日（日）　晴　政治家ハ結果ニツキ責ニ任ゼザルベカラズ。又形式的責任ヲトラザルベカラズ。

五月二日（日）　晴　午后運動。文彦ニ手紙（第三信）ヲ認ム。事実ヲ端的ニ陳述セルハ、日本ノ立場ヲ明ニスルノミナラズ、外務省及家門ノ為ニモ必要。Bl.（ブレークニー）ニ感謝。西（春彦）ニ書類。歌。

五月十八日（火）　午前雨、昼ヨリ晴　矢張近頃空虚ノ感アルハ何故ゾヤ。又甚シク眠タシ。

六月四日（金）　晴　近頃狭心症状ヤヽ頻繁ナルニヨリ、医者ニ話ス。

六月五日（土）　曇　処罰セラルル場合、予ハ其正当性ヲ疑フモ、裁判スル方ニモ種々ノ都合アル可ケレバ、ココニ批評論難ハ差控ルベシ。只其処罰ニシテ人類ノ幸福ノ増進、人類ノ進歩ニ益スルトセバ、喜ンデ其犠牲トナルベシ。

六月十二日（土）　晴　足ノムクミ増ス。

六月十四日（月）　晴　いせへ第九信、判決遷延、最后迄奮闘、其間ハ「ガンバル」、済ンダラアキラメル。

六月十六日（水）　世界人類ノ進歩ノ為ノ犠牲。国家主権ヲ制限シテ、共同利益ヲ計ルコト、殊ニ大国ガ犠牲ヲ払フニ非レバ、世界平和ハ来ラズ。国家ニ対スル犠牲（開戦・終戦）。

六月二十五日（金）　曇　今日ニテ休廷后マサニ十週ナリシガ、未ダ猶再開迄ノ半分ヲ経過セシニ非ルヤ。一方益々退屈ヲ覚ユルト共ニ、他方本裁判ノ如何ニ無理強ヒノモノナルヤヲ明ニスルモノナリ。

七月二十六日（月）　本格的夏ナリ　軍医ニ眼ノ充血ノ治療及心臓ノ圧迫度々ナルコトヲ説明。

七月二十八日（水）　快晴　Bl.ニ、一、平和主義者タリシコト、且ツ国際正義ニ熱心ナリシコト、二、事実トシテ三国同盟ニ反対、三、侵略戦、条約違反ノ意思ナシ、四、終戦ニ努力。五、病弱。

八月二十一日（土）　晴　夜騒ガシクモアリ、眠リ難シ。狭心症状モ起レリ。

九月五日（日）　晴　為スベキコトハナシ了ヘタリ。後ハ自然ニ任セルベシ。

九月十日（金）　晴　夜軍医来リ診察。心臓ノ故障悪化セル旨ヲ告グ。腎臓ニ非ズト云フ。

九月二十一日（火）　曇　検査（診察）ノタメ出所。所長ノ自動車ニテ、「ジェネラル・ホスピタル」（聖路加病院）ニテ検査ヲ受ク。

九月二十八日（火）　晴　診察ノ結果大シテ悪イコトナシ。但シ新剤食事毎ニ。

十一月二日（火）　晴　「ケンワージー」中佐来所、明後四日木曜ヨリ開廷ノ旨ヲ伝フ。

東郷が毎日のように作歌を試み、これを日記に書き留めているのは、この休廷中のことである。そのうちのかなりの数を、「歌稿」の部分に収録しておいた。病状の進行をつたえる不吉な書き込みも随所に見られる。九月二十八日の「大シテ悪イコトナシ」とは、気休めの弁であろうか。

さて、十一月四日に法廷が再開され、判決文の朗読がはじまると、東郷の日課は、日記から、ふたたび「法廷メモ」に移った。

日記が再開されるのは、十一月十二日、各被告に判決が下り、東郷に禁錮二十年の刑が言い渡された日からである。

十一月十二日（金）　晴　九（時）、BL.、加藤（伝次郎）。〇・一〇、エヂ、イセ。茂弘（東郷の実弟）、文彦傍聴。九・三〇――一〇・四五、判決文虐待ノ残リノ部。一・三〇――二・四五、訴因及各個人罪責ノ部。三・二〇、個人ニ付宣告。六（時）、巣鴨へ。2―B、南（次郎）大将ト同房。

一　判決理由（事実）ト各人罪責、且又判決主文ト趣旨ニ於テ、且重大視ノ点ニ於テ、一致セザル点尠ラズ。

一　何レニ於テモ、事実且認定ニ於テ誤謬尠ラズ。『予』ニツキテハ、伯林時代ノコト、戦前連絡会議ニ於テ真珠湾攻撃ノ論議アリシコト、最后通告ノ時間ニ付両総長トノ協議ニ任カセラレシコト、親電ノコト、「ホノルル」ヘノ電報ノコト等、何レモ証拠ニツキ充分ナル検証セザリシコトヲ示ス。

一　予ノ平和ヘノ努力等、積極的効績《ママ》ニ付、予ノ証言ハ勿論、証人ノ挙証ヲ全然無視ス。コレ判事等ガ当時ノ国際状勢及日本ノ事情等ニ迂ナル結果、何レヲ直トシ、何レヲ曲トスベキヤニ関スル自信ナカリシ為、二、三証人ノ陳述當ヲ得ザリシ為、カカル大雑把且無責任ナルコトヲナセルモノナルベキモ、其無責任ヤ驚クベシ。

一　『ハル・ノート』ノ意義ヲ曲解ス。四月ノ提案ヲ日本案ナリトス。日本ノ行動ヲ侵略戦ナリト断ズル必要上、事実ノ曲解ヲ敢テセシモノト言フベシ。

一　辞職ノコトヲ曲解。『ハル・ノート』ニヨリ挑発ヲ受ケテ辞職スルハ卑怯ト言ヘルナリ。

一　各被告間ノ刑ノ量定宜シキヲ得ズ。是亦当時ノ実際ノ事情ヲ知ラザリシコトニヨル。尚又陸海外務及首相等ニシテ、指導的行動ヲトリタルモノ数人死去セル為、不合理ナル結果ヲ此点ニモ見タル点モアルガ如シ。兎ニ角廣田氏ニ対スル極刑ノ如キ、甚シキ不當ナリ。日支事変発生及独逸中《ママ》介当時ノ外相、一九三六・八ノ五相会議等、其主因ナラムモ、彼レハ積極政策ヲ主唱セシコトナク、出来得ル限リ陸海軍ヲ押ヘムトセシハ明カナリ。木村（兵太郎）ノ如キモ然リ。

疲レシナラム。休養。一般的気持、終戦ノコトハ考慮セラレ居ラズ。不満アルモ他ノ者ニ比較スルヲ要スベシ。カヽル動揺ノ際ニハ、第一ニ健康、第二ニ悟諦。

十一月十三日（土）　晴　午后運動。各新聞一斉ニ昨日裁判ノ状況ヲ報ズ。各方面ノ意見ナルモノモ附加掲載シアリ。日本国民一般ニ反省スベキヲ説ケルモノ増加セルモ、刑ノ量定ヲ当然ト論ゼル点、何レカノ指嗾ニツクカノ感アリ。印度判事「パル」ノ少数意見ハ、日本ノ進出ヲ当然ナリトシ、交渉ニ熱意アリタルコトヲ認メ、凡テノ無罪ヲ主張スルモノニシテ、堂々タルモノアリ。之ニ反シ「フィ」（フィリピン）判事ノ意見ノ浅薄ナルコト夥シ。「ウェッブ」（裁判長）ノ天皇責任論、アラズモガナ。又同人ノ死刑不適当論モ実際的ナラズ。

東郷に無罪を宣告したのは、法廷で朗読されなかった少数意見のうちの、全員の無罪を告げたインド判事パル（R. B. Pal）と、畑俊六（終身禁錮）、廣田弘毅（絞首刑）、木戸幸一（終身禁錮）、東郷（禁錮二十年）、重光葵（禁錮七年）の五名を無罪と判定したオランダ判事レーリング（B.V.A. Roeling）の二人のそれである。カッコ内は多数判決である。

東郷の有罪判決は、ひとえに太平洋戦争開戦時の外相という地位によるものである。最初東郷が東條とならんで、国際検察局から「被告第一号」の如き扱いをうけたのも、そのためである。「政治家ハ結果ニツキ責ニ任ゼザルベカラズ。又形式的責任ヲトラザルベカラズ。」と日記に書き留めていた東郷は、東京裁判の性格を考えると、刑期の長短は別にして、有罪判決もやむをえまいと、自分に言い聞かせていたと思われるが、やはり衝撃は大きかったようである。

十一月十六日、判決の四日後であるが、東郷は「心職疼痛」（日記）をおぼえ、直ちに病院に移され、十二月九日までつづく三度目の病院生活に入った。

その間、十一月十九日付で、他の被告とおなじく、東郷の訴願（弁護人ブレークニー作成）が総司令部に提出された。ブレークニーは、主としてレーリング判事の意見を援用したが、訴願の末尾に、「米国人は将来この判決を誇りとはしないであろう。[25]」と記した。

十一月二十五日（木）　珍ラシキ晴天ナリ　ＳＣＡＰ（総司令部）ニ於テ原判決ニ変更ナシト発表セル旨ヲ承知ス。予期セシコトトテ失望セズ。唯廣田諸氏ノ不運ヲ想ヒ、感慨無量。

十一月二十九日（月）　快晴　受持医ヨリ動脈硬化、急激ノ運動ヲ為サザルコト云々。

十二月一日（水）　曇　「エヂ」ヨリ来信（第一信）、高松宮妃殿下来信寫。

十二月三日（金）　晴　「エヂ」、「イセ」、Bl.、来訪、華府（ワシントン）ヘ上告セル旨ノ話シアリ。

十二月八日（水）　晴　文彦ニ第五信、検査ノ結果何レモ異状ナシトノコト。

十二月十一日（土）　晴　「エヂ」ヨリ第八信、高松宮ヨリ招待。

十二月二十日（月）　曇　米大審院ノ決定如何。予測ハ「ネガチブ」多シ。今自分ニ尤モ慰メトナルハ、「エヂ」ノ宗教的信念ニ基ク激勵ト、伊勢（いせ）ノ純眞ナ孝道的愛ニ基ク態度デアル。

十二月二十一日（火）　小雨午后曇勝　米大審院ニテ、六対一（棄権二）ニテ却下セル趣報ゼラル。

十二月二十三日（木）　朝雨後曇　今朝零時一分ヨリ三五分ニカケ、東條、廣田、松井（石根）、板垣（征四郎）、土肥原（賢二）、木村、武藤（章）ノ所刑アリタル由、二四日新聞配達后承知。但シカカル状勢ハ見エタリ。

十二月二十八日（火）　黴雨后曇　母上五年祭。終日鹿児島ヲ思フ。

十二月三十一日（金）　曇　医者我レニ活動ノ中止ヲ求ム。獄中正ニ其好機也。忍ハ最上ノ徑也。

東郷の獄中生活は昭和二十四年（一九四九）を迎え、日記は依然丹念に書きつづけられてゆくが、その記述を見ると、家族との間の往信と来信の要約、歌稿、読書後の感想、来訪者名などの他に、他の被告との会話の要約が加わっているのが目につく。つぎに紹介するのは、木戸幸一と交わした談話のそれである。

七月二十八日（木）　曇且晴　散歩中、木戸談。木戸ハ質問ニ応ジ、佐藤（尚武駐ソ大使）進言ノ無條件降伏ガ天皇ヲ IMPRESS シタルコトナシト云フ。米ニ直接申出ザリシコト、通信機関ガ軍ニ抑エラレタルタメト説明セル由。赤（ソ連）ガ南洋諸島ヲトレト云ヘバ、日本人ハ之ニ応ヘルベシ etc.

八月二十三日（火）　曇　木戸ヘ終戦時ノコトヲ確ム。「ポツダム」宣言ニ対シ、陛下ハアンナモノカネト言ハル〔アノママデハイカヌ、シカシ交渉ノ基礎云々〕。阿南（陸相）ハ（八月）十二日朝来リ、陸下ニ再考ヲ願ヒタシ云々。之ヲ拒絶〔割合ニアツサリ帰ツタ〕。

しかし、昭和二十四年の東郷について、まず記すべきことは、「最後の戦い」、すなわち、『時代の一面』の執筆の準備を開始したことであろう。この点については、すでに「伝記」の冒頭（序章）の部分でふれたので、再説を避けるが、その補足として、つぎの日記の記述を引用しておこう。

二月二十二日（火）　曇　午后散歩ノ際、橋本（欣五郎）曰ク、市ケ谷組デハ今後五年ヲココニ生キ延ビ得ルモノナカラム云々。

その後この「五年」ということばが、何度か日記に登場してくるところをみると、狭心症をかかえる東郷は、いよいよ心せかれる思いがしたのであろう。東郷が回想録にあたえた最初の題名は、「時代と外交」であった。

五月五日（木）　曇　「時代ト外交」ノ「メモ」ヲ開始ス。

ここから先は『時代の一面』の領分である。翌年三月の脱稿の日まで、東郷の一切の努力は、この遺稿の完成に注がれた。

東郷は黄疸症状の悪化のため、十月八日から十二月二日まで、四度目の病院生活を余儀なくされ、執筆開始は年を越し、昭和二十五年（一九五〇）一月五日になったが、それから三月十四日の脱稿まで、約二カ月余、東郷は渾身の力をふりしぼって、この「最後の戦い」に挑んだようである。

ところで、第一部の稿をおえた翌日の一月二十八日、東郷は三首の歌を詠んでいるが、そのうちの、「死を賭して三つ仕遂げし仕事あり我も死してよきかと思ふ」に見える「三つ」とは何んであろうか。

第一に太平洋戦争を終結させたこと、第二に東京裁判を通して自分の立場を明らかにしたこと、第三に『時代の一面』の第一部の執筆をすませたこと、この「三つ」ではないかと、筆者は推測している。

まだ第二部（開戦）と第三部（終戦）の執筆が残っていたが、仮りに病魔が自分を倒したとしても、この二度の外相の時期については、東京裁判での宣誓口供書と証言、敗戦直後に用意した手記「終戦に際して」、これらが自分を代弁してくれる、そう東郷は考えたのではないだろうか。つまり、それだけ死の想念がこの時期の東郷につよかったと思われるのである。

さて、『時代の一面』の執筆を終えてからの東郷は、先に紹介した「あとがき」の草稿がしめすように、安堵感と虚脱感の入り交った感情に捕えられていたようである。

そのころ東郷に仮出所のかすかな期待をいだかせたのは、旧連合国側で高まってきていた対日講和条約締結への動きと、この年の三月八日付の新聞がつたえたマッカーサー元帥の戦犯仮釈放に関する声明であろう。後者は刑期の三分の一を終えた者という限定がついていたから、さしあたり「A級戦犯」でこれに該当するのは、重光ただひとりであったが、いずれも「朗報」であることにちがいはなかった。

しかし、病魔の襲来は以外に早く、五月十七日、東郷は五度目の病院生活に入った。黄疸の病名が告げられ、アメリカ陸軍第三六一病院（本所同愛記念病院）に運ばれた。朝鮮戦争が勃発したのは、それから約一カ月半後の六月二十五日である。

入院後の東郷の病状は一進一退をつづけたが、七月に入ると次第に回復のきざしをしめし、七月末には退院という希望が見えはじめた。

日記の七月四日の項につぎの記述が見えるが、文中の「七月十二日」というのは、この日に発送を予定している夫人エヂへの手紙に同封するという意味である。前に述べたように、東郷は家族への手紙の要約を通常日記に書きとめているが、家族全体にあてた手紙の要約は、これが最後のものである。東郷は何事かを予感していたのであろうか。

家族へ（七月十二日）　エヂ、文彦、イセヘ。

一　六月十日朝日記事取調、仮出所見込ナシ。万事再検討。但シ媾和事態ノ急変等ヲ予想シ、絶望セズ、呑気ニ健康ノ維持ニ注意スルタメ、心配セズ、各人元気ニ自己ノ仕事ニ。

二　従ッテ家政ノ整理ハ自分ノ出所迄俟テハ遅シ。児供ノ教育、万一病気ノ際ニ備ヘ、ソチラデ相談。自分名義ノ財産ニツキテハ、先日話シタ通リ、ヤガテ書物《かきもの》ニテ。

三　コドモノ教育。大事業デアルガ完成セザル可ラズ。

a　肉体的ニモ元気、殊ニ茂彦（東郷の孫）ハ神経ヲ強クスルコト。若イ時カラ鍛練。自信ヲナクスルナ。

b　繪ニハ天才ナシ。ソレヨリハ漢字ヲ毛筆ニテ本城（郡治郎）氏ヨリ。

c　小学校モ定メ置クコト。

d　親ガコドモノ為全犠牲トナル考ヘ方ハコドモノ独立心ヲ害シ、又コドモニ多クヲ求ムルコトトナリ悪シ。

e　質問シ説明セシムルコト。印象ヲ統一シ、事物ニ注意スルコトトナリ、内省ヲ「バランス」ス。

f　日本語、漢字ヲ早ク教ヘル必要。

四　各自ノ社会的地位モ動揺。前大臣ハ意味ナシ。謙虚ナルベシ。従来ノ知友関係ヲ維持。

五　如何ナル艱難ニモ耐ヘ得ルカト精神力。栄養失調ヲ避クベシ。

書きつづけられてきた東郷の日記は、七月二十一日でおわった。最後の記述は、七月十四日付の夫人エヂの手紙と、七月十五日付の、避暑先の軽井沢から送られてきた令嬢いせの手紙の要約であった。

この二十一日の午後から容態が急変した。病院で東郷と同室であった中沢佑は、その後の経過をつぎのように記している。

「閣下、今度は前回よりも御機嫌もよく、七月半頃御家族との最後の御面会の頃は、医師よりも、二週間も経過せば御退院も叶ふ可しと申さるる程度に相成られしが、二十一日（金）午後より、少々御気分勝れられず、夕食は全然手をつけられずして、午後五時半頃吐瀉せられ、遂次病勢悪化して、激痛発熱四〇度に及び、病院としても再度の注射、投薬、湯タンポ等、最善の手当を行ひ、翌早朝主治医ニース中佐、ストロード大佐等の来診あり、〇九三〇頃東京病院に転ぜらるることと相決り、一同衷心より速なる御本復を祈りつつ御見送り申上候處、翌二十三日早朝、日無ら《ママ》ずも閣下の御訃音に接し、一同驚愕言ふ處を知らず、萬事意に委せず、在室者一同と共に、心より御悔み申上げ、謹んで閣下の御冥福を祈り上候。[26]」

二十二日の午後、アメリカ陸軍ジェネラル・ホスピタル（東京聖路加病院）に移された東郷は、二十三日の早朝午前五時二十五分、息を引取った。死亡診断書によると、病名は動脈硬化性心疾患、それに急性胆嚢炎を併発していたという。[27] 行年六十七である。

東郷の葬儀は七月二十六日に麻布広尾の自宅でいとなまれ、佐藤尚武が葬儀委員長をつとめた。

東郷の墓は東京青山霊園内にある（一種イ第三号一側より四側西三通り）。高さ約二メートル、幅約八十センチ、厚さ約二十二センチの長方形の自然石（仙台石）の表面に、東郷茂徳、裏面に昭和二十五年七月二十三日没と刻んでいる。この文字を書いたのは、女婿東郷文彦の父本城郡治郎である。墓碑銘のたぐいはない。

それから十二年余が経過した昭和三十八年（一九六三）三月四日、東郷の米人弁護人として奮闘したブレークニーが、夫人マーゴ（Margot）と共に事故死した。ブレークニーは、東京裁判終了後、昭和二十四年（一九四九）四月から東京大学法学部講師としてアメリカ法を講じていたが、この三月四日、愛用のセスナ一七二型機の操縦桿を自ら握り、夫人を同伴して羽田から大阪へ向う途中、伊豆の天城山中湯ケ島附近に墜落し、即死した。夫人もその死を共にした。ブレークニーは行年五十四、夫人は行年六十一である。二人はブレークニーが生前用意していた青山霊園内の東郷家墓地に隣接した場所に葬られた。墓碑にはつぎの文字が刻まれている。(28)

Ben Bruce Blakeney 1908–1963

Margot Blakeney 1902–1963

He practised and taught law as nurtured in his native land, America, and made its spirit his legacy to their beloved home, Japan; 'The application of those wise restraints which make men free'. He also

found expression in writing, music and art, and delight in exploring the sky.
As his life's partner, Margot gave her love and help to bring these efforts to fruition in the land they loved.

さらに四年余を経た昭和四十二年（一九六七）十一月四日、エヂ夫人が病没し、東郷の傍らに葬られた。行年八十、東郷におくれること十七年三カ月である。

昭和六十年（一九八五）四月九日、東郷の女婿東郷文彦（元駐米大使）が病没した。行年六十九である。東郷の『時代の一面』の草稿を書き写し、それを刊行しうるかたちにあらためたのは、東郷文彦と、本郷郡治郎である。

解説　巣鴨獄中の東郷茂徳——註

(1) 東郷文彦氏夫妻談話。
(2) 「終戦に際して」については、伝記「序章」の註(4)参照。
(3) (1)と同じ。
(4) 同年九月十四日付の、軽井沢の医師の診断書も、同趣旨のものである(東郷文彦氏蔵)。なお、池田医師の診断書の訳出にあたって、東京厚生年金病院内科部長山根至二氏の御教示をうけた。
(5) 粟屋憲太郎「東京裁判の被告はこうして選ばれた」、『中央公論』、昭和五十九年二月号、八〇頁―九六頁。鈴木が「被告第一号」に選ばれたことについては、粟屋氏の推測もおなじである。
(6) 巣鴨遺稿。
(7) 獄中日記の末尾に東郷自身が略記した「入院調べ」に拠る。
(8) 東京大学法学部蔵のブレークニーの履歴書に拠る。閲覧にあたって、同大学坂井雄吉助教授の御助力を得た。
(9) 「西春彦氏からの聴取書」、司法省官房司法法制調査部(横溝光暉、豊田隈雄、井上忠男)作成、昭和三十五年七月二十日、七月二十七日。
(10) 解説『時代の一面』について、註(130)。
(11) 西春彦『回想の日本外交』(岩波新書、一九六五年)、一三七頁―一四二頁。
(12) 昭和二十三年三月十五日、極東国際軍事裁判速記録(以下、速記録と略記)、第三九三号。
(13) Justice R.B.Pal, International Military Tribunal for the Far East, Dissentient Judgment (Calcutta, 1953), pp.531—538.
(14) たとえば、重光葵『巣鴨日記』(文芸春秋新社、昭和二十八年)、三一九頁―三二一頁。
(15) 西、前掲書、一三三頁。
(16) 「東郷・嶋田論争」といっても、以下に見るように、両者が直接議論を交わしたわけではない。カッコを付した所以である。この「論争」については、野村実氏の着実な論考「太平洋戦争の開戦通告問題にみる軍事と政治」、『軍事史学』(第二〇巻第二号、昭和五十九年九月一日発行)、二七頁―三五頁に教えられるところがもっとも大きかった。記してお礼を申し上げたい。

(17) 「尋問調書」(英文)。尋問がおこなわれたのは、二月二十二日、二十八日、三月八日、十一日、十三日、十九日、二十六日、四月二十三日であり、東郷は三月六日付、十四日付、三十日付で、三通の供述書を提出している。

(18) 『杉山メモ』上巻(原書房、昭和四十二年)、五三七頁―五三八頁、五六三頁―五六四頁、五六五頁。

(19) 解説『時代の一面』について、註(134)参照。

(20) 野村、前掲論文、三三頁。

(21) 野村、同上、三四頁。

(22) 野村、同上。

(23) 野村、同上、二七頁―二八頁。

(24) 西春彦『回想の日本外交』、前掲、一三三頁―一三四頁。

(25) 原文英文。ブレークニー「東郷茂徳の事件につき極東国際軍事裁判所の判決並びに刑の宣告の審査に関し連合国軍最高指令官に対する訴願」、一九四八年十一月十九日付(邦訳)。

(26) 中沢より東郷エヂへの手紙、昭和二十五年七月二十六日付、東郷文彦氏蔵。

(27) 英文、東郷文彦氏蔵。訳出については、註(4)に同じ。

(28) 以下は筆者の仮訳である。

「ベン・ブルース・ブレークニー、一九〇八―一九六三。マーゴ・ブレークニー、一九〇二―一九六三。ベン・ブルース・ブレークニーは、母国アメリカで学んだ法律を弁護の業に生かし、且つこれを学生たちに講じた。そして、その法律の精神を、愛する第二の母国日本への遺産として残した。その精神は言う、『かの賢き拘束(法)の運用こそ、人間を自由ならしめる』と。ベンは著述、音楽、絵画を能くし、また天空を翔けることを好んだ。マーゴはベンの生涯の伴侶として、二人が愛した日本におけるベンの活動に愛情と協力を惜しまず、その結実を助けた。」

参考文献

一　未公刊史料

(1)　手帖（東郷文彦氏蔵）

東郷が二度の外相時代に常時携行していた小型の手帖で、感想、その日の出来事の要約などが細かく書き込まれている。終戦時の部分は、東郷の口述をそのつど秘書官東郷文彦氏が筆記したものになっている。

(2)　巣鴨遺稿（東郷文彦氏蔵）

『時代の一面』草稿、日記（昭和二十三年四月十六日—十一月三日、昭和二十三年十一月十二日—十二月三十一日、昭和二十四年一月一日—十二月三十一日、昭和二十五年一月一日—七月二十一日）、「法廷メモ」、「時代と外交」草稿、歌稿、読後感、偶感、断片などである。すべて鉛筆を使用し、大学ノート、厚手の罫紙、便箋などの両面に記されている。

(3)　尋問調書（英文）

巣鴨入所以前に、モーガン検事によっておこなわれた尋問の記録である（東郷茂徳記念会蔵）。

(4)　インターヴュー記録

日本側の場合、その大部分は、昭和四十四年から昭和四十六年にかけて、岡義武、故成田勝四郎、安井達彌、池田清、菅肇の五氏によっておこなわれたものである。この時期に筆者が日本を留守にしていたためである。外国側の場合、おなじ時期に、筆者がこれをおこなった。インターヴューに応じて下さった方々のお名前は左の如くである。これらの方々と、筆者に代ってインターヴューの労をとられた上述の五氏にお礼を申上げたい。

赤松貞雄、安倍源基、井上孝治郎、井上成美、岩崎弘重、榎本重治、太田あさ、太田三郎、大野勝巳、大谷敬二郎、小野秀雄、片倉衷、門脇季光、壁谷裕之、亀山一二、賀屋興宣、川越茂、岸本肇、木戸幸一、木村篤太郎、小島秀雄、坂田二郎、崎元良夫、佐々木源造、佐勝賢了、佐藤敏人、佐勝尚武、渋沢信一、嶋田繁太郎、島津久大、末吉雄治、鈴木貞一、鈴木東民、鈴木一、十河信二、高木惣吉、高木八尺、高野雄一、田中梅吉、塚本毅、坪上貞二、寺島健、東郷茂樹、東郷茂弘、東郷文彦・いせ夫妻、富山保、永野芳辰、中村四郎、成田勝四郎、南原繁、西春彦、野口芳雄、野村直邦、浜田常二良、古垣鐵郎、古田徳二郎、法眼晋作、法華津孝太、保科善四郎、星野直樹、堀内謙介、堀切善次郎、牧秀司、昌谷忠、松本俊一、馬奈木敬信、森元治郎、山口文蔵・とし夫妻、寄田則隆（五十音順）

マリー＝ローズ・ブリュッチュ（Marie-Rose Brütsch）、エタ・ハーリッヒ＝シュナイダー（Eta Harich-Schneider）、オイゲン・オット（Eugen Ott）、ヘルマン・フォン・ラウマー（Hermann von Raumer）、B・V・A・レーリング（B. V. A. Röling）、カール・シュヌレ（Karl Schnurre）、ウルズラ・シュルツ＝ド・ララント（Ursula Schulz-de Lalande）、ハインリッヒ・スターマー（Heinrich Stahmer）、ゲプハルト・フォン・ワルター（Gebhard von Walther）（アルファベット順）

(5) 東郷茂徳個人記録（外務省外交史料館蔵）

外務省入省以降の経歴のファイルである。

(6) 外務省外交史料館、ドイツ外務省外交文書室（Politisches Archiv, Auswärtiges Amt, Bonn）、イギリス国立公文書館（Public Record Office, Kew）、アメリカ国立公文書館（National Archives, Washington D. C.）の所蔵する未公刊史料については、使用のつど註記したので、ここでは省略する。

一　公刊史料

使用し、または参照した文献はそのつど註記した。しかし、それらをふくめて、主要な関係文献をここで数え上げてゆくと、昭和十年代の日本の外交、とくに太平洋戦争と、つぎに東京裁判とに関連する重要な研究、伝記、回想録、日記をすべて網羅することになるので、以下、それらを一切省略し、とくに東郷個人についての回想的記述をふくむ著作のみを列記することにする。おなじ理由で、公刊された日本、ドイツ、アメリカ、イギリス、ソ連の外交文書集、および、東京裁判の速記録も、ここに記すことをしない。後者の場合も、使用のつど註記した。

『追憶外相東郷茂徳君』（昭和三十五年十月、非売品）　佐藤尚武、小坂善太郎、有田八郎、賀屋興宣、迫水久常、堤康次郎、吉田善吾、松本俊一、髙木惣吉、森元治郎、西春彦、芳沢謙吉、武者小路公共、川越茂、左近司政三、磯谷廉介、浜田常二良、土居明夫、鈴木東民、富吉栄二、今井一男、津﨑尚武の諸氏の回想を収録している。

『東郷元外相二十年祭記念』（昭和四十五年七月二十三日、東郷茂徳記念会編、非売品）

『故東郷元外相二十年祭追憶録』（昭和四十五年七月二十三日、東郷茂徳記念会編、非売品）　岡義武氏の記念講演「東郷茂徳外相への追想」を収録している。

西春彦『回想の日本外交』（岩波新書、一九六五年）

松本俊一『モスクワにかける虹―日ソ国交回復秘録』（朝日新聞社、一九六六年）

松本繁一「東郷外相と太平洋戦争」（日本国際政治学会編『季刊国際政治　33――日本外交史研究・外交指導者論』、有斐閣、一九六七年所収）
栗原健『天皇―昭和史覚書』（原書房、一九七〇年）
大野勝巳『霞が関外交―その伝統と人々』（日本経済新聞社、一九七八年）
高木惣吉『高木海軍少将覚え書』（毎日新聞社、一九七九年）
森元治郎『ある終戦工作』（中公新書、一九八〇年）
東郷文彦『日米外交三十年―安保・沖縄とその後』（世界の動き社、一九八二年）
坂田二郎『ペンは剣よりも―昭和史を追って50年』（サイマル出版会、一九八三年）

あとがき

ここに収録した東郷茂徳の前半生についての伝記と、その遺著『時代の一面』および巣鴨獄中の東郷についての解説は、東郷茂徳記念会の委嘱にもとづいて執筆したものである。原稿は種々の段階で、同記念会役員数氏の校閲を経た。執筆が予想以上に手間取ったのは、畢竟筆者の未熟の故と言うほかはない。

その間、忍耐づよい激励と支援を寄せられた東郷茂徳記念会役員のうち、左にお名前を列記させていただく方々に、まずお礼を申上げたい。

安東義良、故太田三郎、大野勝巳、佐々木源造、故佐藤尚武、故渋沢信一、島津久大、東郷文彦、中村四郎、故成田勝四郎、西春彦、法眼晋作、古垣鐵郎、松本俊一　(五十音順)

つぎに、インターヴューに応じて下さった方々にお礼を申上げなければならないが、そのお名前は一括して文献目録の項に掲げておいた。

最後に、長期間にわたった執筆の各段階で、史料の探索や提供、解釈についての助言や示唆、インターヴューの代行、ロシア語の解読など、さまざまなかたちで援助をいただいた方々にお礼を申上げたい。そのお名前は左の如くである。

有馬龍夫　粟屋憲太郎　池田清　伊部利秋　今井清一　入江昭　岩尾光代　大井篤　岡義武　小尾俊人　マリア・カイペルト（Maria Keipert　ドイツ外務省外交文書室）　外務省外交史料館　菊地昌典　吉良芳恵　デーヴィッド・クライン（David Klein）　栗原健　栗山尚一　ゲルハルト・クレープス（Gerhard Krebs　早稲田大学）　国立国会図書館憲政資料室　故後藤基夫　ヒラリー・コンロイ（F. H. Conroy　ペンシルヴァニア大学）　坂井雄吉　島本禮一　ウルズラ・シュルツ＝ド・ラランド（Ursula Schulz-de Lalande　在ミュンヘン郊外）　ジェームズ・ジョル（James Joll）　鈴木博之　高瀬昭治　高橋進　高原富保　ジョン・チャップマン（John W. M. Chapman　サセックス大学）　沈壽官　アントニー・ニコルズ（A. J. Nicholls　オックスフォード大学）　西村勇　イアン・ニッシュ（Ian Nish　ロンドン大学）　二宮三郎　野村実　原口虎雄　坂野正高　マリー＝ローズ・ブリュッチュ（Marie-Rose Brütsch　在ベルン）　細谷千博　松田祥子　松本重治　三宅正樹　森元治郎　安井達彌　柳健一　山根至二　横手愼二　脇圭平　（五十音順）

昭和五十九年十二月

萩原延壽

本書は、一九八五年に東郷茂徳記念会編『外相東郷茂徳』の第二分冊として刊行されたものです。

東郷茂徳《とうごうしげのり》 ——伝記《でんき》と解説《かいせつ》
［普及版］

●

2005年7月29日　第1刷

著者…………萩原延壽《はぎわらのぶとし》

装幀者…………田口良明
本文印刷…………株式会社平河工業社
装幀印刷…………株式会社明光社印刷所
製本…………小高製本工業株式会社
発行者…………成瀬雅人
発行所…………株式会社原書房
〒160-0022 東京都新宿区新宿1-25-13
電話・代表03(3354)0685
http://www.harashobo.co.jp
振替・00150-6-151594
ISBN4-562-03952-3